Soigner avec Pureté

sa famille par les produits naturels

Du même auteur

Elvira et cassioppée au royaume des qualités (contes),
Editions Fleurs Sociales (1983)

L'Étoile d'amour, Editions Fleurs Sociales (1986)

Le jardin utérin, Editions Fleurs Sociales (1987)

L'alimentation caméléon, Editions Fleurs Sociales (1997)

Johanne Verdon

Naturopathe Diplômée

Soigner avec Pureté

sa famille par les produits naturels

Éditions
Fleurs Sociales

Conception de la couverture: Didier N. Mekki

Éditions Fleurs sociales
1274, Jean-Talon Est, bureau 200
Montréal, Qué. H2R 1W3
Tél.: (514) 272-9093 poste 228
Fax: (514) 272-6956

Distributeur au Canada: Diffusion Raffin
                                     7870, rue Fleuricourt
                                     St-Léonard (Québec)
                                     Tél: (514) 325-5555
                                     Téléc.: (514) 325-7329
                                     Extérieur: 1-800-361-4293

Commandes par téléphone: Distribution et Services
                                     Ferti 2000 Inc.
                                     Tél.: 1-800-272-1365

Distributeurs à l'étranger: - Multilivres (France)
                                         - Transat (Suisse)
                                         - Vander (Belgique/Luxembourg)

**Bureau de consultation
naturopathique Verdon, Labelle:**   1274, Jean-Talon Est, bureau 200
                                          Montréal, Qué. H2R 1W3
                                          Tél.: (514) 272-0018
                                          Fax: (514) 272-6956

Copyrignt, 1998, Éditions Fleurs sociales.
Tous droits de traduction et d'adaptation réservés; toute reproduction,
même partielle, de ce livre est strictement interdite sans l'autorisation
écrite de l'auteur.

Dépôt légal: Quatrième trimestre 1998
Bibliothèque nationale du Québec
Bibliothèque nationale du Canada
ISBN: 2-920540-20-3

À la Féminité, gardienne de nos sociétés;
au "Grand Renouveau".

AVERTISSEMENT

Les soins de la médecine douce indiqués dans ce livre n'excluent aucunement la nécessité d'un diagnostic de la part d'un professionnel de la santé spécialisé dans l'intervention pharmaceutique si cela s'avérait nécessaire.

Johanne Verdon, n.d

INTRODUCTION

Petite fille d'un grand-père naturiste guéri par un Amérindien, tôt dans ma vie je compris qu'il voulait mourir vieux et en santé. J'avais je crois onze ans lorsque ma mère acheta un extracteur de jus. Je mangeais bien des sortes de légumes, je prenais des comprimés de levure de bière, et je riais de ses tisanes de queues de cerises. Cela me paraissait étrange et sympathique! J'apprivoisai donc quelque peu **les lois de la nature.**

De 18 à 20 ans, je commençai à voler de mes propres ailes. Il fallait donc que je mange des ''sandwichs au bacon'' et du ''riz au ketchup''. Quoi de mieux que l'expérience vécue... quand on a 18 ans, que l'on aime se tremper au coeur des choses et... qu'on a le budget d'une étudiante. Je compris donc durant ces 2 années que la santé ça se cultive, comme tout le reste d'ailleurs, et que l'on n'a rien pour rien. J'étais bien d'accord et ''la vie'' fut vite mon amie. J'étais de celles qui aiment les oiseaux et les fleurs, les flocons de neige et les levers de soleil. Tout allait pour le mieux! Étudiante au Collège Ste-Marie en lettres et philosophie durant 2 ans puis à l'Université du Québec en animation théâtrale, j'étais une fervente des arts mais il me fallait découvrir les secrets de la santé. Et plus tard parler de ce merveilleux alliage corps-esprit!

Un concours de circonstances et me voilà inscrite à l'Institut naturopathique. Je laisse ce monde étudiant dans lequel je rêvais déjà de **l'ère nouvelle.** J'étudie la naturopathie. Dans mon milieu on me trouve un peu spéciale... mangeuse de ''graines et d'herbes bizarres''. Mon grand-père lui, en est très heureux et mes parents m'encouragent fortement. Me voilà plongée et pour longtemps, dans la vie marginale. Car ce n'est pas que de ''la camomille'' mais tout un mode de vie. Je fais mon cours (avec un tuteur), mon stage, ma thèse, des conférences, je suis naturopathe stagiaire puis finalement naturopathe. J'écris des articles et des livres. Et à travers tout cela je vis, j'aide à guérir (car en réalité le corps se guérit lui-même, il s'agit de lui donner les bons outils), je rencontre beaucoup de mères de familles, des parents inquiets, des bébés et des enfants malades. Puis à mon tour j'ai des enfants... trois enfants. Avec eux j'expérimente les lois de la santé qu'ils apprennent aussi à leur tour.

Voilà que je compte les années, cela fait treize ans déjà que cette merveilleuse aventure a commencé. J'ai lu beaucoup d'ouvrages sur la santé et la diététique, j'ai lu les théories de nombreux médecins et naturopathes et je les ai expérimentées. Je veux donc, dans ce volume, faire part de cette expérience. Je ne veux le faire contre personne. La médecine moderne a ses torts mais elle a aussi ses bons côtés. La naturopathie a de grandes qualités mais il faut savoir bien l'appliquer, savoir l'adapter à chaque métabolisme, à chaque pays.

J'écris ce livre en tant que naturopathe et aussi en tant que mère. Grégoire, Victor et Jean-Guillaume connaissent bien l'ail, les graines de tournesol et la vitamine C. Je vous dirai ce qu'ils préfèrent et ce qu'ils ont découvert. Je vous parlerai simplement de ces patients que j'ai soignés et mes patients feront leur part. Ils ont des choses à dire eux aussi!

Ce livre se veut donc écrit au fil de la plume. J'ai pensé partager simplement, sans oublier l'aspect scientifique, les petits secrets de la santé.

Vous remarquerez que je m'adresse particulièrement aux femmes. Comment faire autrement puisqu'il m'est apparu évident, à travers ces treize années d'expérience clinique et de naturopathie, que la femme est au coeur même des besoins de la vie quotidienne, à cause de sa situation de mère de famille ou d'épouse. Mais beaucoup de femmes travaillent à l'extérieur du milieu familial, me direz-vous. Ce n'est pas la majorité! Et, qu'elle soit à temps plein chez elle ou à temps partiel, ou encore qu'elle travaille cinq jours à l'extérieur, la femme où qu'elle soit donne le ton. La femme où qu'elle soit est un jour ou l'autre touchée par des soucis concernant la santé de sa famille ou de son entourage immédiat, même si elle n'a pas d'enfant. Un jour ou l'autre, elle s'aperçoit qu'une nécessaire harmonie doit s'établir dans un mode de vie. Un jour ou l'autre, elle ressent que son environnement doit être beau et propre. Un jour ou l'autre, elle comprend qu'elle possède ce don d'éveiller les êtres, les éveiller à la compréhension de la vie. Dans le coeur de tant de femmes ce don est un bourgeon merveilleux. De simples explications sur les lois de la santé et de la Création en favorisent facilement l'éclosion.

La tendance féministe a éloigné certaines femmes de cette prise de conscience. Le rôle de la femme ne se limite pas à la cuisine, aux soins de santé et au ménage, et c'est ce qu'a mis de l'avant le mouvement féministe. Je suis bien d'accord. Il faut dire que les fils, les pères de famille et les maris ont souvent considéré la femme comme une servante. Ce contre quoi les femmes se sont en grande partie révoltées. Mais cette révolte doit être positive. La véritable féminité a sa place.Et c'est ce que la femme doit revendiquer. Voilà pourquoi dans le domaine de la santé elle doit être un guide. Ce qui n'enlève pas l'utilité des médecins orientés vers les soins naturels et ce qui n'enlève pas le fait très important que l'homme, l'époux, le fils, doit appuyer la femme qui veut guider.

"Les hommes fournissent peut-être l'énergie qui fait avancer le navire de l'état. Mais les femmes en sont le gouvernail — et c'est le gouvernail qui décide de la direction que prend le navire". (Peale, Ruth, l'Aventure d'être une épouse, Éditions "un monde différent", 1978).

Et si le gouvernail agissait autrement. Si toutes ensemble nous changions la direction du **grand navire social,** sans nous choquer, en agissant...

À l'heure où le Gouvernement du Québec dans le cadre du Conseil sur le statut de la femme s'interroge et publie: Essai sur la santé des femmes (1983). À l'heure où de plus en plus d'associations féminines font de la santé un objet de réflexion et de travail, une publication traitant de la médecine douce et de la Féminité est vraiment d'actualité non seulement pour le Québec mais pour le Canada et les États-Unis. En somme pour l'ensemble des pays industrialisés et ceux où la Féminité doit être revalorisée.

1

Soigner avec pureté

Dans la vie de tous les jours, nous vivons des situations qui provoquent des réactions physiques par lesquelles notre corps nous parle. Il a faim, il a soif mais il lui arrive aussi d'avoir des dérèglements, des carences. Il nous manifeste alors ses besoins par différents symptômes appelés douleurs, dérangements intestinaux, maux de tête, maux d'oreilles, boutons etc. Ces maladies, qu'elles soient légères ou plus sérieuses, sont des indications qu'il faut savoir interpréter. La connaissance des lois du corps, la compréhension de la simplicité de leur fonctionnement et l'application des méthodes naturelles de santé permettent de rétablir l'équilibre normal du corps et ainsi, d'éviter nombre d'inquiétudes et de situations pénibles.

Après avoir publié deux livres: <u>Soins naturels de l'enfant</u> (Éditions du Jour 1973) et <u>Soins naturels de la femme enceinte</u> (Éditions du Jour 1975), j'ai voulu écrire un livre pratique, tissé au fil de l'expérience de la vie de tous les jours, celle de la vie de famille, et celle de la **consultation naturopathique** vécue auprès de mes patients. **"Soigner avec pureté"** englobe beaucoup de dimensions.

l. **Pureté de moyens,** (ce qui manque beaucoup dans notre monde moderne). Les aspirines, les antibiotiques, les sirops calmants, les décongestionnants pharmaceutiques ne respectent pas le corps humain. **Tout nouveau, tout beau,** au début cela semble fantastique. Arrêter la fièvre, bloquer une otite, faire disparaître une sinusite. Mais en peu de temps on se rend compte que ça ne donne rien de bloquer les symptômes et qu'il faut régler la cause.

2. **Pureté d'intention et de considération:** le bébé, l'enfant, l'adulte, ne sont pas des robots, mais des êtres humains qu'il faut considérer comme tels. Il faut respecter la vie dans toutes ses dimensions. Soigner doit se faire avec respect et pureté. Le geste de soigner est un geste qui ne doit pas être posé à la légère. Utiliser des moyens dangereux et drastiques (donc pharmaceutiques) est en quelque sorte manquer de considération envers la personne soignée (sauf en cas d'urgence). Évidemment cela est dû à l'ignorance me direz-vous. Voilà pourquoi je ne cherche à condamner personne et j'espère que ce livre vous sera utile.

Soigner avec une intention pure cela suppose soigner en suscitant le renouveau des forces du corps, et vouloir utiliser ce qu'il y a de meilleur. Ce qui est souvent très simple. Cela veut dire aimer dans le vrai et grand sens du terme. Aimer la vie qui se manifeste en chacun de nous!

SOIGNER N'EST PAS HUMILIER

2

La place de la femme
hors du système médical moderne

La place de la femme
hors du système médical moderne

On ne peut contester que la place de la femme hors du système médical moderne soit des plus importantes. Et j'aimerais dans ce livre amener les femmes à cette prise de conscience. Dans son milieu familial, la femme tient et reprend en main le pouvoir curatif qu'elle a eu tout au cours de l'histoire et qu'elle a perdu à la fin du XIXème siècle. Les femmes ont toujours soigné. Elles étaient les médecins non reconnus, les conseillères, les pharmaciennes, les sages-femmes se promenant de village en village et prodiguant leur aide. Elles cultivaient des plantes curatives, se confiant, de l'une à l'autre, les secrets de leur utilisation. Depuis des siècles les femmes furent des médecins utilisant leur intuition et procédant par déduction. Plongées au coeur même de la vie quotidienne, elles étaient à même d'observer le comportement physique, moral et spirituel des êtres. N'ayant pas accès aux livres, leur expérience fut acquise auprès de leur famille et de leurs enfants, entre voisines et de mère en fille, l'expérience de la vie de tous les jours.

Aujourd'hui, en grande partie, les médecins sont des hommes. Les femmes font partie de la masse médicale comme infirmières et exécutent les ordres des médecins. **Pourtant, dans ce domaine, la femme devrait être un guide.** Comment la femme pourrait-elle devenir un guide? Les médecins ont pourtant bien agi. Les laboratoires furent utiles et efficaces. Au XXème siècle, l'espérance de vie s'est grandement améliorée. Les gens sont moins malades.

Voyons ce que nous dit à ce sujet Ivan Illich, historien et philosophe, fondateur à Cuernavaca au Mexique du Cidoc, centre d'analyse critique de la société industrielle. Dans son livre Némésis médicale (l'expropriation de la santé), Ivan Illich nous dit:

"Les acrobaties publicitaires des chirurgiens, que l'on qualifie avec révérence de ''miracles médicaux'', se sont traduites, durant ces vingt dernières années, par une multitude considérable d'interventions et d'épisodes divers ayant toujours le même dénouement: plus de dépenses et plus de souffrances nouvelles sans aucun effet sur les taux de survie. Une étude en cours indique que les médecins qui découvrent dans leur propre organisme les symptômes du cancer retardent, plus que les autres professionnels de même niveau d'éducation, le recours au diagnostic et au traitement professionnels, étant bien conscients de leur valeur proprement rituelle. En ce qui concerne les maladies cardiaques congénitales et rhumatismales, la chirurgie et la chimiothérapie n'ont augmenté les chances de mener une vie active que pour certaines catégories restreintes de ceux qui souffrent de ces affections. Le traitement

médical des maladies cardio-vasculaires communes et des maladies cardiaques est très limité dans son efficacité globale''.

Les traitements de la médecine moderne ne sont en réalité pas si resplendissants qu'ils semblent l'être. Toutefois on ne peut nier l'utilité des ambulances, ainsi que de la connaissance des lois de l'hygiène (que bien des femmes avaient observées dans leur maison). Et il faut reconnaître l'excellent travail de chercheurs bien intentionnés, la nécessité des salles d'urgence et de plusieurs traitements d'urgence: pour l'asthme, pour les allergies en phase aiguë, pour les accidents. Mais, voilà, il y a un **mais**.

Une place beaucoup trop grande est donnée aux soins hospitaliers, aux opérations, aux antibiotiques, à tous les médicaments pharmaceutiques, à tous les symptômes étudiés superficiellement, sans qu'on cherche la cause véritable des maladies. **Ça c'est de la technologie!** Et ce que je tiens à expliquer dans cet ouvrage ne relève pas du féminisme mais de la compréhension et de la nécessité de développer les champs d'action **propre** à la féminité. Voyons encore ce que nous dit Ivan Illich. (Cette citation est longue mais elle vous aidera à comprendre pourquoi la femme doit être un guide sur le chemin de la santé et de la vie).

"Les maladies infectieuses qui dominèrent le début de l'ère industrielle illustrent la façon dont la médecine a fait sa réputation. La tuberculose, par exemple, a atteint son apogée en deux générations. À New York, le taux de mortalité était de l'ordre de 700 pour 100,000 en 1812 et il s'était abaissé à 370 vers 1882, quand Kock était encore en train de cultiver et de colorer le premier bacille. Même si la tuberculose tenait toujours la deuxième place parmi les causes de décès, le taux était déjà descendu à 180 quand on a ouvert le premier sanatorium en 1904. Après la seconde guerre mondiale, avant l'utilisation des antibiotiques, elle était passée à la 11ᵉ place avec un taux de 48 pour 100,000. Le choléra, la dysenterie, la typhoïde ont connu un maximum de la même façon, puis ont disparu en échappant à l'action médicale. Lorsque l'étiologie de ces maladies fut comprise et qu'une thérapeutique spécifique leur fut appliquée, elles avaient déjà perdu beaucoup de leur actualité. En additionnant les taux de mortalité de la scarlatine, de la diphtérie, de la coqueluche, de la rougeole, de 1860 à 1965, pour les enfants de moins de 15 ans, on montre que presque 90% de la diminution totale de la mortalité pendant cette période a eu lieu avant l'introduction des antibiotiques et de l'immunisation à grande échelle contre la diphtérie. Il est possible que l'explication tienne en partie à la baisse de virulence des microorganismes et à l'amé-

lioration des conditions de logements, mais elle réside surtout, et de façon très nette, dans une plus grande résistance individuelle due à l'amélioration de la nutrition. Aujourd'hui, dans les pays pauvres, la diarrhée et les infections des voies respiratoires supérieures sont plus fréquentes, durent plus longtemps et se traduisent par une mortalité plus élevée quand l'alimentation est insuffisante, quel que soit le degré de disponibilité des soins médicaux. Il est bien certain que l'élimination des formes anciennes de mortalité ne peut être portée à l'actif de l'activité professionnelle des médecins, pas plus qu'on ne peut porter à leur passif l'allongement d'une vie qui doit être désormais passée à souffrir de nouvelles maladies. L'analyse des tendances de la morbidité montre que l'environnement général (notion qui inclut le mode de vie) est le premier déterminant de l'état de santé global de toute population. Ce sont l'alimentation, les conditions de logement et de travail, la cohésion du tissu social et les mécanismes culturels permettant de stabiliser la population, qui jouent le rôle décisif dans la détermination de l'état de santé des adultes et de l'âge auquel ils ont tendance à mourir.

Alors que, avec les transformations de l'âge industriel, les anciennes formes pathologiques tendent à disparaître, de nouvelles formes de morbidité apparaissent. C'est de nouveau au régime alimentaire que revient la priorité dans la détermination du type de maladies courantes, particulièrement si on y inclut les consommations de tabac, d'alcools et de sucre. Un nouveau type de malnutrition est en passe de devenir une forme d'épidémie moderne au taux d'expansion particulièrement rapide''. (2)

Voilà donc pourquoi la femme doit reprendre sa place et guider la société dans ce domaine, puisque, en ce qui a trait à l'alimentation, à l'observation des comportements dans la vie quotidienne, à l'établissement des conditions de logement et de travail, à la cohésion du tissu social, elle est plus près de la vie (de par sa nature de femme). Elle est plus sensible à l'harmonie biologique, elle est plus consciente de cette nécessité de vivre dans l'équilibre, de suivre les lois de la nature, d'avoir un mode de vie et une société sachant respecter l'humain dans toutes ses dimensions.

La société moderne a beaucoup développé la production, l'efficacité à court terme, la technique, ce qui est apparu comme un champ d'action proprement masculin. Tout cela a sa place et les techniques modernes ont même grandement soulagé la femme pour l'entretien ménager mais, sans l'apport harmonieux et intuitif de la **Féminité,** la société entière se robotise et s'enlise dans le ciment, les antibiotiques et les machines électroniques. Cela est des plus grave. On ne peut le nier.

"L'être humain moderne est délicat", disait le Dr Alexis Carrel, (ayant reçu le Prix Nobel de médecine en 1940) dans son livre: L'homme cet inconnu. Alexis Carrel était un homme me direz-vous, et pourtant il était très conscient des dangers de cette société robotisée. Je parle évidemment d'une façon générale et si vous êtes un homme conscient de cela vous avez tout mon respect; j'espère que vous avez une femme à la hauteur de votre noblesse de coeur et d'esprit. Peut-être avez-vous déjà constaté ce besoin qu'a la société d'une **Féminité** bien assumée?

D'une façon générale cette médecine moderne, gérée par les hommes, est en relation, semble-t-il, avec un monde secret et très complexe. Les femmes vont consulter, elles prennent des médicaments pharmaceutiques, elles suivent les préceptes de cette médecine dénuée de sagesse et de vie. Et comme dans la maison la femme donne le ton eh bien! ce ton ne se donne plus de la bonne façon.

D'après des études menées par Barbara Ehrenreich et Déirdre English, professeurs du Collège de Old Westbury de l'État de New-York et de l'avis de plusieurs autres (Muriel Joy Hughes, Margaret Alice Murray (Oxford University press), Joseph Kett (Yale University press), Richard H. Shryock (John Hopkings press), Cecil Woodham-Smith (McGraw Hill), Harriet K. Kunt, Frances E. Kobrin (Bulletin of the history of medecine)) règle générale, aux différentes périodes de l'histoire de la médecine, ce sont les professionnels de la santé masculins qui rapidement adhèrent aux doctrines médicales nouvelles et non vérifiées, et s'entêtent à pratiquer les rites médicaux. Les femmes ont, par ailleurs, une approche plus humaine et plus intuitive. La position de la femme dans le système médical moderne actuel n'est pas naturelle. Dans ce domaine de la santé la femme doit guider et non se laisser mystifier par les trusts pharmaceutiques.

Dans ce livre, vous trouverez donc des explications quant à la façon d'être à l'écoute de l'harmonie biologique de votre famille et de votre entourage immédiat. Comment comprendre les douleurs du corps, ses symptômes et ses réactions, l'équilibre du sang, des humeurs, le rôle des organes, des plantes, des vitamines, des minéraux, l'utilisation des tisanes sans oublier les cataplasmes et ce qu'est l'encrassement du corps.

La femme ressent la vie. Elle doit donc retrouver son instinct de guérison. L'homme à sa façon ressent aussi la vie, mais il est plus facilement happé par les théories médicales modernes. Conscient de cette difficulté il devient toutefois un défenseur de la vie, lorsqu'il accepte et comprend les méthodes naturelles de santé. Dans sa dimension paternelle il est d'ailleurs extrêmement important. Guidés par les femmes, les médecins seront plus soucieux des traitements qu'ils appliquent à l'hôpital et qu'ils conseillent en consultation. Il m'est arrivé de rencontrer au cours de mes années de consultation, des hommes et des pères de familles très convaincus de la véracité de cette médecine naturelle. Ce que j'ai toujours trouvé admirable. Et ce que je tiens à faire comprendre c'est que, si la femme reprend en main cette grande capacité qui est la sienne d'observer la vie dans ses moindres détails, si elle est à nouveau à l'écoute de son corps et de celui des membres de sa famille, si elle leur montre comment être à l'écoute... si elle applique à nouveau les secrets millénaires de la médecine naturelle... de la médecine douce... l'homme la suivra avec joie. La femme doit donner le ton. On devrait d'ailleurs la consulter dans l'organisation de l'environnement, et dans les milieux de travail. En réalité l'homme organise mais... la femme lui dit comment organiser! **Voilà toute la différence!**

"Il vient une époque où la mission de la femme prend une ampleur vraiment magnifique". (Godefroy Kurth, historien belge).

"À l'époque des premiers hameaux néolitithiques, le rôle de la femme a été déterminant. Elle a transformé les conditions d'existence. Le village est sa première création". (Mumford, urbaniste américain).

La femme peut définitivement agir sur la vie. Elle **"revendique (...) les droits du coeur et de l'esprit, de la finesse et de l'art, ce qu'en des temps classiques, on appelle l'humanisme. Mais, dans cette quête d'un humanisme nouveau dont elle a plus que l'homme, l'intuition créatrice, <u>la femme, plus que l'homme, subit la solitude de cette bataille pour la vie de demain".</u>** (Revue Missi, janvier 1970, p. 13).

Oui, plus que l'homme, la femme subit la solitude de cette bataille pour la vie de demain. Avec sa grande faculté de compréhension elle devient consciente de l'ampleur de ce **Grand Renouveau.** Et, je l'espère, elle assumera ce **Grand Renouveau.** Ainsi la fin du XXème siècle sera marquée par l'action des femmes au service de la **VIE.** Et je dis ceci: l'homme peut être un très bon médecin mais, **les hommes ne sont pas naturellement bons médecins.** Les femmes ont par contre ce don. **Pensez à la quantité d'infirmières, pensez à toutes ces femmes**

qui à la maison assument nombre de soins. Elles ont ce don, non seulement de soigner, mais de **saisir…** si elles ont confiance en elles, l'art des soins naturels.

Depuis plusieurs années, j'ai souvent donné des conférences sur les **premiers soins naturels.** Les femmes y sont vivement intéressées. Elles comprennent **l'Art médical…**

3

La puériculture et les premiers soins de la médecine naturelle

Parlons un peu de la puériculture naturelle puis des premiers soins naturels, afin de mieux vous situer.

La puériculture a pour but la recherche des connaissances relatives à la reproduction et à la conservation de l'espèce humaine. La conservation de la vie est, dans toute société, au plus haut point importante et plus encore sa conservation... naturelle. La santé globale d'une génération (sur les plans physique et psychique) influence directement l'histoire d'un peuple et de toute société. De là, l'importance d'une multitude de soins et d'attentions données à l'enfant au cours des premières années de sa vie. On ne peut ignorer l'enfance. Toutefois l'étude du statut actuel de l'enfant dans l'urbanisme par exemple, le logement et les équipements socio-culturels, nous amène à constater que sa place est peu importante dans notre vie sociale. Et son statut biologique? Se soucie-t-on de son potentiel biochimique et physiologique? La qualité tissulaire de son cerveau, de son cervelet et de son système nerveux a pour les hommes d'affaires peu d'intérêt. Pourtant l'enfant est l'architecte de demain. Dans vingt-cinq ans, il répondra de l'organisation de nos cités.

Le 20 novembre 1959, au cours de la XIVème session des Nations Unies, la déclaration des droits de l'enfant a été votée par 78 voix sans opposition. En voici quelques extraits;

Article 4: "L'enfant doit bénéficier de la sécurité sociale. Il doit pouvoir grandir et se développer d'un façon saine; à cette fin, une aide et une protection spéciale doivent lui être assurées ainsi qu'à sa mère, notamment des soins prénataux et postnataux adéquats. L'enfant a droit à une alimentation, à un logement, à des loisirs et des soins médicaux adéquats''.

Article 5: "L'enfant physiquement, mentalement ou socialement désavantagé doit recevoir le traitement, l'éducation et les soins spéciaux que nécessite son état ou sa situation''.

Article 6: "L'enfant, pour l'épanouissement harmonieux de sa personnalité a besoin d'amour et de compréhension''.

Article 7: (...) "L'intérêt supérieur de l'enfant doit être le guide de ceux qui ont la responsabilité de son éducation et de son orientation; cette responsabilité incombe en priorité à ses parents. L'enfant doit avoir toutes les possibilités de se livrer à des jeux et à des activités récréatives qui doivent être orientées vers les fins visées par l'éducation; la société et les pouvoirs publics doivent s'efforcer de favoriser la jouissance de ce droit''.

27

Article 8: "L'enfant doit, en toutes circonstances être <u>parmi les premiers à recevoir protection et secours</u>".

Article 9: "L'enfant doit être protégé <u>contre toute forme de négligence, de cruauté et d'exploitation. (...)</u>"

Élever un enfant cela n'est pas toujours facile, j'en sais quelque chose, j'ai trois enfants. Mais l'aider à se développer d'une façon saine, lui donner ce à quoi il a droit: **une saine alimentation, un logement sain, des loisirs sains et des soins médicaux adéquats,** sont des éléments de base des plus utiles dont l'enfant et le bébé ont besoin pour se développer normalement. Le rôle des parents est d'une part de veiller à ce que le corps de leur enfant soit sain, afin qu'il lui serve tout au cours de sa vie sur terre. C'est aussi de lui donner des bonnes habitudes de vie (alimentation, connaissance des facteurs naturels de santé, développement de ses qualités et de sa créativité). Il faut donner à l'enfant ce qui lui est utile et, surtout dans ce monde moderne, le protéger contre les idées et les modes anti-naturelles.

Il faut donc que les parents éveillent en eux ce que certains appellent **l'instinct de vie,** ce que j'appelle la conscience d'exister et la vigilance sur ce grand chemin de l'existence. Un être humain à part entière est non seulement un cerveau mais un esprit, qui doit être soucieux de la qualité de son mode de vie. Et la femme a cette capacité **d'éveiller** sa famille et son entourage immédiat.

"L'instinct est un élément puissant de l'énergie naturelle, peut-être comparable chez les humains à l'électricité ou encore à l'énergie atomique dans le monde mécanique. C'est un don de la nature. L'instinct est directement relié à la volonté de survivre, de grandir et de jouer un rôle important dans la vie d'autres êtres humains. Lorsqu'il est bien utilisé et contrôlé, l'instinct peut fortifier et enrichir l'amour, la pensée et finalement <u>la compréhension</u>". (Margaret A. Ribble, m.d., <u>The rights of infants</u>, New American Library). En somme, cet instinct c'est **l'intuition.** Certes l'intuition est un don de la nature. Et ne craignons pas de le dire c'est un don particulièrement féminin.

Parlons maintenant des premiers soins de la médecine naturelle. Ces premiers soins, qui peuvent être appliqués à la maison, ne sont évidemment pas des premiers soins d'urgence qui seraient appliqués par exemple, dans le cas d'un grave accident, d'un problème cardio-vasculaire très sérieux, d'une crise d'épilepsie (sauf quelques éléments de base qui doivent être appliqués immédiatement) ou d'une crise d'asthme avancée. Cela relève du service d'urgence d'un hôpital ou du service ambulancier. **Mais le domaine des premiers soins naturels**

n'en demeure pas moins très vaste. Nombre de substances naturelles peuvent soulager et guérir plusieurs affections comme: le rhume, la grippe, la fièvre, les maux de tête, plusieurs problèmes de peau, la diarrhée, la constipation, les troubles digestifs, les maux d'oreilles etc. Nous verrons donc, dans un premier temps, comment comprendre la médecine naturelle appelée naturopathie. Je vous expliquerai la démarche que j'ai faite étudiante, puis lorsque j'ai écrit ma thèse et enfin lorsque j'ai donné des consultations. Je vous parlerai de ces médecins naturistes et naturopathes dont j'ai étudié la pensée et les théories et qui m'ont influencée et guidée dans cette compréhension de la santé.

4

Étudier et soigner

J'avais vingt ans. Je me mis donc à l'ouvrage. Je commençai à étudier la naturopathie. C'était un travail assez gigantesque, car je voulais vraiment en comprendre le fonctionnement. L'aspect théorique du cours était comme partout ailleurs moins facile à digérer, mais important: la biologie, l'histologie, la physiologie, les analyses de laboratoire, etc. Puis vint l'aspect plus intéressant, les vitamines, les minéraux, l'hydrothérapie, etc. Mais je dois dire qu'en cela je fus bien guidée car j'avais un tuteur: Jean-Marc Brunet, n.d. (naturopathe) ancien élève de Raymond Barbeau, n.d.

Je fis donc plusieurs travaux de recherche et je commençai à travailler dans une clinique naturopathique en tant qu'aide au comptoir des suppléments et plus tard en tant qu'assistante d'un naturopathe. Puis je devins carrément naturopathe stagiaire. Toutes mes énergies étaient orientées vers mon travail. J'aimais conseiller les gens. J'aimais les aider. Et cela correspondait à la façon dont je voulais utiliser mon existence. N'était-il pas dit dans l'Évangile: **"Donnez et vous recevrez"**. Je baignais donc dans mon cours de naturopathie douze mois par année. J'étais une étudiante plus que zélée. J'étais heureuse. Puis, vint le temps d'écrire ma thèse. Je choisis donc de l'écrire sur les soins naturels destinés à l'enfant. C'était très intéressant mais cela s'avéra bientôt être un travail de pionnière car peu de naturopathes s'étaient spécialisés dans ce domaine. Je n'avais pas d'enfants mais je savais que l'enfant répond aux facteurs naturels de santé aussi bien que l'adulte, sinon mieux car il est moins encrassé. Je consultai donc ce qui se faisait dans le domaine, en particulier les ouvrages des personnes suivantes: le Docteur Paul Carton (La cure de soleil et d'exercice chez les enfants), André & Jeannine Passebecq (Santé et bonheur pour nos enfants), Jeannette Dextreit (Des enfants sains), Docteur Zur Linden (Mon enfant, sa santé, ses maladies), Adelle Davis (Let's have healthy children), etc.

Ma thèse donna naissance à un livre particulièrement orienté vers l'utilisation des facteurs naturels de santé dans la vie de l'enfant. Ce livre fut publié aux Éditions du Jour en 1973. On me dit souvent qu'il fut utile à nombre de mamans. Par la suite, on me posa plusieurs questions sur l'utilisation des facteurs naturels dans la vie de tous les jours, ce à quoi je répondrai en fin de volume dans le chapitre "Questions et réponses". Vint finalement, en 1975, la publication d'un deuxième ouvrage: Soins naturels de la femme enceinte.

À LA DÉCOUVERTE DU DOCTEUR PAUL CARTON

Puis, vint ce jour où je volai de mes propres ailes, à cette même clinique. Je commençai à donner des consultations. À travers tous ces cas, grâce à toutes ces personnes que j'ai pu conseiller, je vérifiai de plus en plus nombre de théories naturopathiques. Plusieurs s'avéraient exactes, d'autres mal adaptées à notre pays, d'autres trop compliquées, etc. Comme en toute chose, c'est après avoir terminé un cours que le véritable apprentissage commence. J'avais à mon actif trois années de préparation clinique, mon cours et ma thèse; cependant on ne cesse jamais d'apprendre, de vérifier des données, de saisir de façon plus précise ce qu'est véritablement l'harmonie biologique et l'équilibre des **humeurs du corps.** En soignant des enfants atteints d'otites, d'eczéma et d'amygdalites, je m'attardai plus que je ne l'avais fait jusqu'alors à l'oeuvre du docteur Paul Carton.

Paul Carton avait écrit au début du siècle une trentaine d'ouvrages, dans la plus pure tradition hippocratique (Hippocrate est le père de la médecine, il a exposé il y a 25 siècles l'art de l'individualisation et de la manoeuvre thérapeutique). Paul Carton fut entre autre interne des hôpitaux de Paris puis assistant de l'hospice de Brévannes. Il réussit par l'application des facteurs naturels de santé et plus encore, par l'utilisation des propriétés thérapeutiques des aliments à soigner plusieurs malades. Son oeuvre est remarquable.

Paul Carton parle en ce sens des aliments dans son livre L'art médical: **"Les aliments n'ont pas que des propriétés chimiques et calorifiques. Ils possèdent des vertus toninutritives; ils déterminent des effets physiologiques spécifiques; ils agissent avec élection sur certains systèmes ou viscères organiques; ils perturbent ou ils rééquilibrent par leur absence ou leur présence, ils peuvent rendre malade ou guérir, suivant leurs dosages ou leurs concentrations".** (Carton, Paul, L'art médical, Librairie le François 1930, p. 28).

Carton mentionne dans ce même livre en page 29: **"Il n'y a rien de plus aveugle en effet, qu'un médecin inclairvoyant des finesses de la diététique".**

Le Dr Carton utilisait les aliments avec tellement de finesse justement que j'intégrai rapidement cette façon de procéder dans mes thérapies. Je connaissais bien entendu l'emploi judicieux de nombre d'aliments puisque le cours de naturopathie y est consacré en grande partie, mais avec Carton j'allais plus loin. Il y avait les aliments acides et les aliments alcalins (anti-acides) mais il fallait les intégrer avec précision, voir les combinaisons de ces différents aliments dans tel type de métabolisme. Le livre de la journaliste Jenny Jordan (Avant que de naître, Éditions Enea) m'avait aussi éveillé aux différents types d'équilibre et de déséquilibre du métabolisme. Je me souviens de ce premier cas d'impétigo que j'avais traité. L'impétigo est une maladie de peau qui peut se répandre rapidement sur toute la surface du corps.

Elle est caractérisée par la formation de **vésico-pustules** desquelles s'écoule un liquide pouvant être contagieux, suivie de l'apparition de plaques jaunâtres. On donne facilement en milieu médical des onguents antibiotiques ou de cortisone accompagnés de la prise d'antibiotiques dans ces cas. Je remarquai donc que l'enfant était d'un type de métabolisme réagissant très mal aux aliments acides. Je fis donc un changement complet de son régime pour une période de deux semaines: riz, millet, filet de sole et turbot, aucune viande rouge, aliments déconcentrés et cuits (ce que faisait Carton dans des cas précis où l'organisme est irrité). J'enlevai donc au petit patient, pour une période de deux semaines, tous les jus de fruits, tous fruits et légumes <u>crus</u>. Il pouvait manger des fruits doux cuits, des légumes doux cuits mais aucun légume vert, ces légumes étant plus concentrés. J'insistai sur les carottes, les pommes de terre et les courgettes. Cela accompagné évidemment de recommandations de tisanes douces et de minéraux alcalins très peu concentrés. Ce fut vraiment une réussite. J'avais vraiment capté les besoins du métabolisme de cet enfant et saisi la finesse thérapeutique des aliments. Au bout de deux semaines tout allait pour le mieux. Je conseillai donc aux parents d'être vigilants quant au régime alimentaire de cet enfant très sensible aux aliments acides: **citrus, viande rouge, sucre blanc, charcuterie, colorants alimentaires, agents de conservation, vinaigre, etc.** J'en donnerai la liste au chapitre: "L'alimentation personnalisée et thérapeutique".

Voyons ce que nous dit ce grand clinicien que fut Paul Carton: **"L'état humoral (c'est-à-dire les humeurs, les liquides du corps) est le reflet de l'alimentation que l'on absorbe. Les aliments trop irritants, trop toxiques, trop acides sont des facteurs de dégradation des forces vitales, de déminéralisation et de réceptivité infectieuse".** (...) **"Ces prescriptions de thérapeutique logique ne peuvent être effectuées avec succès que si le médecin clinicien possède à fond des notions minutieuses sur les vertus et les inconvénients que chaque aliment peut présenter en particulier. En présence d'un état morbide aigu ou chronique, il lui sera possible ainsi de rétablir le jeu des <u>immunités naturelles</u> et des forces de guérison, en détectant les causes alimentaires de désordre et en prescrivant des menus corrects et bien appropriés à chaque cas particulier".** (Carton, Paul, <u>L'art médical</u>, Librairie Le François 1930, p. 31).

Dans ce type de consultation, le patient, ou les parents du patient, sont donc directement impliqués puisqu'ils doivent réviser précisément leur mode de vie, faire des fiches alimentaires, et même dans certains cas tenir un livret d'observations très précises de l'état de santé (digestion, élimination intestinale, urine, symptômes généraux, etc.).

Il est extrêmement regrettable que l'oeuvre de ce médecin naturiste soit si peu connue. Dans son livre: <u>Alimentation, hygiène et thérapeutiques infantiles en exemple</u>, Paul Carton donne des exemples très précis quant aux soins naturels pouvant être prodigués aux enfants, ce qui serait très utile pour soigner dans les hôpitaux. <u>Pour ce médecin, **"l'expérience clinique"** primera toujours sur les données de laboratoire</u>. Cela ne veut pas dire que les analyses de laboratoire sont inutiles mais elles ne sont pas toujours concluantes. Il m'arrive de demander aux patients de passer des tests sanguins (on ne saurait contester leur utilité dans certains cas) mais la médecine moderne s'y réfère trop. Combien de personnes alors qu'elles ne se sentaient pas bien se sont fait dire qu'elles étaient en parfaite santé parce que leurs analyses sanguines étaient à la limite de la normale. C'est là qu'intervient la nécessité de l'expérience clinique humaine où l'être humain est observé et guidé dans sa vie de tous les jours. C'est là que la femme intervient puisqu'elle est au coeur même de cette vie quotidienne.

Certes parmi les praticiens de santé qui m'ont influencée, il y a des hommes. Je vous prie de croire que je ne suis pas féministe mais **féminine.** Puisque je crois au développement des qualités et vertus féminines. Mais je ne peux m'empêcher de réagir devant ce XXème siècle pressé, qui n'observe plus les détails, qui veut la production et les résultats rapides à tout prix. Je ne peux m'empêcher de constater que sur plusieurs milliers de médecins une si petite poignée respecte la nature et la vie. Une si petite poignée sait comment la respecter.

Ces médecins ont amené le laboratoire dans leur bureau de consultation. **Ils sont des machines à donner des pilules!** Ils sont des techniciens et encore… pas de très bons techniciens. **Ils ont perdu contact avec la vie! Avec les lois de la vie régissant la santé.** Ils ont perdu contact avec la vie de tous les jours. Mais il ne faut pas jeter tous les torts sur les hommes me direz-vous, et vous avez bien raison. Car si l'homme, suivant sa nature de constructeur et de technicien, a favorisé l'expansion considérable du XXème siècle dans les technologies de toutes sortes (conservation des aliments, distribution de ces mêmes aliments, motorisation (automobile, avion), fabrication de matériaux nouveaux (plastiques), médicaments pharmaceutiques, énergie atomique etc. **La femme elle, qu'a-t-elle fait?** Elle qui devait le guider et lui rappeler le respect de la vie! Elle n'a pas assumé sa féminité! Car si elle l'avait fait nous n'aurions pas aujourd'hui tous ces aliments dénaturés. Certains penseront que ceux qui popularisèrent la fabrication du pain blanc qu'on pourrait appeler le **mastic soufflé** n'avaient pas le choix, qu'il fallait survivre. Je ne suis pas de cet avis car au bout de la ligne on n'est jamais gagnant, lorsqu'on ignore les règles de la vie.

Avec tous ces aliments dénaturés (pain blanc, sucre blanc) aujourd'hui combien de gens ont un métabolisme pertubé? Cela sans oublier la pollution de l'air, la pollution par le bruit, les villes inhumaines remplies de béton etc.

Hippocrate disait: **"Pour faire tout ce qui constitue le médecin, il faut six choses: des dispositions naturelles, une bonne éducation, de bonnes moeurs, avoir étudié jeune, l'amour du travail et du temps. La première et la principale, ce sont les talents naturels. Puis, il faut travailler beaucoup et longtemps".**

La femme a ce talent naturel. Je l'ai d'ailleurs observé chez de nombreuses femmes depuis treize ans. Si, de plus, elle le fait avec amour et que l'homme l'encourage et accepte de la suivre dans cette démarche, beaucoup de choses changeront alors...

Je ne dis pas que les hôpitaux n'existeront plus mais, je suis persuadée qu'ils seraient beaucoup moins remplis et avec le temps, peut-être pourrait-on y donner des cours sur les facteurs naturels de santé et arrêter de construire de nouveaux centres hospitaliers chaque année.

À LA DÉCOUVERTE DU DOCTEUR SCHUSSLER

J'allais de découverte en découverte car, bien que je connaissais les rudiments de l'application des douze sels biochimiques, j'eus telle-ment l'occasion de vérifier leur efficacité, que je trouvai cela tout simplement merveilleux. Ayant à soigner beaucoup de bébés et d'en-fants il fallait que j'utilise des substances faciles à avaler, autant que possible bonnes au goût, faciles à digérer. Les sels biochimiques, c'était vraiment l'idéal. Les douze sels biochimiques sont des minéraux présents dans le corps humain, ils se combinent avec les substances organiques et aident à maintenir en bon état les milliards de cellules dont est composé le corps humain. Certains de ces sels aident à équilibrer dans l'organisme les substances acides et alcalines. D'autres aident à favo-riser le bon fonctionnement des organes d'élimination ou encore aident à oxygéner le sang.

Le Docteur W.H. Schussler de Oldenberg appela Biochimie (la chimie de la vie) cette méthode d'utilisation de ces sels minéraux, présents dans les cendres du corps. Pour le Docteur Schussler, à l'in-térieur du corps lui-même, donc dans les constituants normaux du corps, devaient être trouvées les armes les plus efficaces pour combattre les maladies. Ayant anaysé le sang humain, y ayant isolé ces minéraux en 1873 ainsi que dans les cendres du corps, il fut vite d'avis qu'une perturbation de l'équilibre de ces minéraux dans le sang, les cellules et les tissus pouvait être à l'origine de nombreuses maladies. En vérifiant avec précision les maladies de ses patients en leur recommandant l'utilisation de un ou de plusieurs sels biochimiques, il obtint des résultats intéressants. Il eut tôt fait de dresser une liste de rapports entre telle affection du système et telle carence ou tel déséquilibre de un ou de plusieurs minéraux. Le Dr. Chapman et son épouse Esther Chapman furent également deux spécialistes de la biochimie des sels tissulaires. Leurs livres à ce sujet sont des plus intéressants. Ces sels sont les suivants:

1. Fluorure de calcium
2. Phosphate de calcium
3. Sulfate de calcium
4. Phosphate de fer
5. Phosphate de potassium
6. Chlorure de potassium
7. Sulfate de potassium
8. Phosphate de magnésium
9. Chlorure de sodium
10. Phosphate de sodium
11. Sulfate de sodium
12. Silice

J'en reparlerai d'ailleurs au chapitre des premiers soins mais je voulais auparavant vous les rendre plus familiers.

À LA DÉCOUVERTE DU DOCTEUR ZUR LINDEN

Avec le Docteur Zur Linden c'était autre chose: l'expérience d'un pédiatre de renom (plus d'une quarantaine d'années de pratique) qui utilisait certes les aliments naturels et bien équilibrés mais aussi les plantes, les enveloppements chauds ou froids, différents types de cataplasmes et avait une approche plus naturelle dans le traitement des maladies contagieuses.

Le Dr. Zur Linden n'était pas du tout en faveur de l'utilisation des médicaments pharmaceutiques pour soigner les enfants. Je trouvai son expérience des plus enrichissantes lorsque je lus son livre, Mon enfant, sa santé, ses maladies. Le Dr. Zur Linden mentionne dans ce livre: **"L'abus des antibiotiques est également très dangereux. L'inventeur de la pénicilline lui-même, le savant anglais Sir John Fleming, s'est vu contraint d'attirer l'attention des médecins et du public sur les dangers qu'entraîne l'abus de sa découverte"**. Comme souvent d'ailleurs dans l'histoire, l'être humain fait des découvertes mais manque de sagesse quand il s'agit de les utiliser. Ce pédiatre nous dit encore: **"Voici ce qu'un des orateurs entendus au Sixième Congrès Médical à Nuremberg, en 1955, dit à ce sujet: "Je ne prétends nullement que les antibiotiques exercent dans tous les cas une action défavorable sur la flore intestinale. Mais une chose est sûre, c'est qu'après l'emploi de ces produits, on a observé des avitaminoses très graves, dont certaines amenant une issue fatale. On oublie toujours lorsqu'on étudie des cas de ce genre, qu'un malade à qui l'on a prescrit des antibiotiques ne peut être comparé à un homme sain; car tout d'abord, du fait même de la maladie, son besoin en vitamines est accru; d'autre part, la nutrition s'effectue mal, et met obstacle à l'apport en vitamines; enfin, les synthèses vitaminogènes dans l'intestin sont paralysées... La plupart du temps, la composition de la flore intestinale est déjà modifiée. Là-dessus, le malade avale les antibiotiques. Si les bactéries intestinales normales sont plus sensibles à leur action que d'autres, qui normalement ne s'y trouvent qu'en petites quantités, les antibiotiques détruisent ces bactéries indispensables, et l'on voit apparaître des troubles graves" "**. (Dr. Zur Linden, Mon enfant, sa santé, ses maladies, Éditions Triades 1968, p. 300).

À LA DÉCOUVERTE DU DOCTEUR SHELTON

En 1951, l'École de santé du Dr. Herbert McGlophin Shelton, de San Antonio au Texas, publia pour la première fois Food Combining Made Easy. En 1967, il était déjà réimprimé pour la seizième fois. Il fut traduit et publié en français en 1955. Ce livre est des plus intéressants pour qui veut connaître précisément comment les aliments peuvent réagir entre eux lors de la digestion. Mais pour qui l'a lu complètement il devient, j'oserais dire, un peu paniquant de continuer à manger. Car en réalité peu d'aliments peuvent être mangés ensemble. Je dirais que les directives du Docteur Shelton m'aidèrent grandement car certaines combinaisons alimentaires sont vraiment nocives et trop de gens mangent n'importe quoi, n'importe comment. Ce que je retins particulièrement de cet ouvrage sont les combinaisons qui peuvent être appliquées plus facilement. Et, à mon avis, certaines combinaisons doivent être tolérées. Tout dépend évidemment du métabolisme. Voici ce qu'il ne faut pas mélanger:

1. Sucre et féculent
2. Viande et pain ou autre farineux
3. Farineux et farineux (pain et banane, spaghetti et pain)
4. Acide et farineux (salade avec vinaigrette et pâtes alimentaires)

5. Deux aliments riches en protéines au même repas (noix et fromage etc.)

De plus il faut autant que possible manger les crudités avant les repas, le melon entre les repas ou au début des repas. D'une façon générale cela est réalisable. Ce qui est plus difficilement réalisable avec une famille, c'est de ne pas manger de fruits et légumes au même repas. Il est difficile de ne jamais offrir de desserts, quand tous les petits voisins en mangent et, afin d'éviter les desserts lourds, les gâteaux, il est préférable de préparer une salade de fruits ou une compote.

À LA DÉCOUVERTE DE GRACE GASSETTE

Avec Grace Gassette, c'est une autre facette de la santé que je découvre, l'aspect des émotions agissant sur le corps. L'évaluation de la santé physique, mentale et spirituelle, l'art médical… l'intuition. Elle parle entre autre dans son livre La santé des expériences du Prof. Elmer Gates du Laboratoire Psychologique et Psychurgique de Washington. Ce professeur mentionne que chaque manière de penser est suivie de changements chimiques dans les activités glandulaires ou viscérales et que la transpiration rejette alors hors du corps les différentes substances chimiques produites à chaque modification de l'état mental.

"Mes expériences, dit-il, démontrent que les émotions: irritabilité, malveillance, et les émotions déprimantes créent dans le système des chimies nocives. Par contre, les émotions heureuses produisent des combinaisons chimiques d'une valeur nutritive stimulante (…)". (Gassette Grace, La santé, Éditions Astra, p. 60).

Grace Gassette avait cette façon de percevoir l'être dans sa totalité, ce qui pour moi était d'une grande importance. Certes pour l'enfant cela a moins d'importance mais si la mère est tendue, si le père est stressé, l'enfant vivra ces tensions et cela aura des répercussions sur sa santé.

Grace Gassette mentionne également: **"Une branche très importante de la guérison, c'est le diagnostic. Le vrai diagnostic est une intuition. On s'éduque soi-même en s'exerçant, en présence de quelqu'un, à voir et à sentir ce qui n'est pas normal en lui, mentalement et physiquement. On peut rendre son esprit si sensible qu'on reçoit les impressions des esprits des organes, des groupements de cellules et les tendances des pensées qui causent le dérangement. En d'autres mots, on voit la cause du déséquilibre. Exactement comme un mécanicien expérimenté sait, en voyant et en écoutant** un moteur, s'il fonctionne parfaitement, où il cloche et l'endroit où il cloche". (La santé, p. 3).

Évidemment il y a dans tout cela beaucoup d'expérience clinique, l'art d'être à l'écoute et de se mettre à la place du patient. Car la véritable médecine est non seulement une science mais un art. Ce que Grace Gassette appelait diagnostic était pour moi une évaluation de la santé. Je m'aperçus rapidement qu'il fallait savoir écouter non pas les esprits des organes mais **l'esprit et l'âme et ce qui s'en dégage à travers les organes.** Écouter le patient mais aussi écouter les quelques instants de silence d'une consultation. Percevoir ce qui se dégage d'un enfant ou d'un adulte, prendre le temps d'écouter ce qui émane de leur corps. J'eus souvent cette impression en consultation, lorsque le contact était bon avec un patient et que je le sentais vraiment dans un état de confiance, d'être pendant quelques instants dans son corps, pour en ressentir les oppressions, les blocages, les douleurs.

Grace Gassette avait par ailleurs beaucoup développé l'utilisation thérapeutique des sels biochimiques. Son livre était d'une grande féminité. Elle termine en parlant du Nouvel Âge: **"Nous vivons dans une époque de transition. Nous vivons le commencement d'un Nouvel Âge. Les anciens concepts, les anciennes pensées, les méthodes d'étudier, les façons de vivre, de sentir, sont en train de se transformer. Toutes choses seront renouvelées".** (La santé, p. 330).

C'était aussi ce que je ressentais et cela depuis très longtemps. Et ce **Grand Renouveau** allait rendre les gens plus attentifs **à toutes les manifestations de la vie.**

À LA DÉCOUVERTE DE LA DIÉTÉTISTE ADELLE DAVIS

Adelle Davis fut une nutritionniste très connue aux États-Unis. Ayant étudié à l'Université Purdue, graduée de l'Université de Californie à Berkeley, elle obtint son "Master of science degree" en biochimie.

Adelle Davis a écrit plusieurs livres dont un sur les soins de l'enfant, Let's have healthy children. Comme nutritionniste elle aida beaucoup à faire connaître l'importance des minéraux et des vitamines. Ce qu'elle expliquait quant à l'importance et aux rôles de ces vitamines et minéraux durant la croissance était très intéressant. Je trouvai particulièrement intéressant **la formule de lait-maison** dont elle donnait la recette dans son livre, pour les mères qui cessent d'allaiter (au lieu d'avoir recours aux préparations de lait en conserve). Mais c'était compliqué, car il fallait à partir d'une base de lait écrémé ajouter de l'huile pressée à froid, un peu de crème, du lactose (sucre de lait), un peu de levure, une petite pincée d'algues marines et de la vitamine E.

Je commençai ensuite à m'intéresser au lait de chèvre. Ce qui était beaucoup moins compliqué. Après avoir eu mon premier enfant, j'eus le bonheur de connaître un couple qui avait une chèvrerie. Le temps de l'allaitement terminé, mon garçon se régala de lait de chèvre et ses deux frères firent de même par la suite. Nous étions très convaincus de la valeur nutritive de ce lait. Bébé, je n'avais jamais digéré le lait de vache et mon mari avait eu les mêmes problèmes. Pendant quatre ans il parcourut à tous les lundis, plusieurs kilomètres en auto pour aller chercher le précieux lait. Au début trois litres, puis six et plus encore, car la famille grandissait.

Mais revenons à Adelle Davis. Ses écrits me guidèrent dans l'utilisation de certains suppléments mais je m'aperçus au fil des années que ma façon de procéder était quelque peu différente. Elle suggérait souvent de forts dosages de vitamines et minéraux, alors que je ne le faisais que dans quelques cas précis. J'aimais beaucoup travailler avec les sels biochimiques qui sont des produits très dilués, avec les concentrés de plantes, avec les gouttes de çi et de ça, avec les cataplasmes, les jus à l'extracteur, les combinaisons d'aliments. Cela était sans doute à l'image de mes propres besoins. Mon organisme tolère bien toute cette façon de fonctionner. Je n'aime pas les dosages élevés... sauf dans quelques cas précis.

À LA DÉCOUVERTE DE L'ÉQUIPE RODALE

C'est mon tuteur qui me mit vraiment sur cette piste, lors de mon cours en naturopathie. Il avait lu le nombre d'écrits de l'Équipe Rodale. Et je m'y intéressai vivement. Il s'agissait de plusieurs gros bouquins de 800 à 1,000 pages chacun, et de la revue Prévention, dont les articles étaient vraiment très au point.

J.I. Rodale était le directeur-fondateur de cette équipe. Ils avaient publié des livres très détaillés comme:

— Our poisoned earth and sky.
— Encyclopedia of organic gardening.
— The complete books of vitamins.
— Best health articles from Prevention (la publication de plusieurs centaines d'articles de leur revue).

Vraiment leurs publications sont remarquables et si jamais vous voyez un de leurs livres n'hésitez pas à l'acheter. Lors de la rédaction de mon premier livre, Soins naturels de l'enfant, j'ai trouvé de précieuses sources d'information dans deux de leurs publications: The encyclopedia of healthful living et The complete book of food and nutrition particulièrement en ce qui a trait à l'analyse des différents composants du germe de riz, des fèves de soya, des quantités d'acide linoléique (vitamine F) contenues dans différentes huile, etc.

À LA DÉCOUVERTE DU DOCTEUR KIRSCHNER

Le Docteur Kirschner fut un médecin généraliste qui avait quarante ans de pratique médicale à son acquis mais sa façon de soigner était différente de celle de ses confrères médecins. Ce médecin s'était soumis au conseil suivant pour conserver sa santé: **pas** de farine blanche, **pas** de sucre blanc, **pas** de thé **ni** café, **pas** d'alcool, **ni** tabac. Il avait connu la thérapeutique des jus crus, c'est-à-dire des jus à l'extracteur par des amis qui lors d'un voyage en Europe séjournèrent à Zurich en Suisse, au sanatorium Bircher-Benner, pour cause de maladie. L'un d'eux fut traité de façon tout à fait inattendue, par des jus de fruits et de légumes crus. Il fit en quelque sorte une cure, ce qui lui permit d'éliminer tous les poisons de son corps. Il retrouva la santé. À son retour de voyage il fit part de cette cure au Docteur Kirschner qui fut vivement intéressé et qui traita nombre de ses patients à l'aide de cette thérapeutique.

Son livre relate l'histoire vécue de plusieurs patients atteints de sérieuses maladies et guéris par les jus de fruits et de légumes frais. J'ai d'ailleurs souvent observé chez mes patients la valeur thérapeutique de ces jus. Dans les cas d'eczéma, dans les cas d'infections de toutes sortes (pour fortifier le système de défense), pour renforcer l'organisme lors d'une maladie contagieuse et dans les semaines suivant cette maladie, dans les cas d'amygdalite, de tendance aux otites, pour nettoyer le foie, les reins et les intestins, etc. Pour l'acné c'est merveilleux.

Le Docteur Kirschner parle particulièrement du jus de carotte mais aussi de l'oignon, du céleri et de la luzerne. Il dit en parlant de la luzerne, que cette plante est la reine des légumes à feuilles et qu'en valeur nutritive, nul ne peut l'égaler. **"Les hommes ont cultivé la luzerne depuis peut-être plus longtemps que tout autre plante. Les Perses la connaissaient comme l'une des herbes les plus médicinales de la Nature. Elle était cultivée en Perse longtemps avant l'ère chrétienne. De l'Irak la luzerne passa en Grèce, en Palestine, en Italie, en Afrique et en Espagne. Plus tard les Espagnols l'introduisirent en Amérique du Sud et au Mexique. Les anciens connaissaient sa valeur curative; cependant les hommes oublièrent la sagesse antique"**. (Kirschner, H.E., Buvez vos légumes, Éditions Kirschner 1957).

Il utilise la luzerne dans sa recette de breuvage vert dont je parlerai plus loin. Enfin ce petit livre Buvez vos légumes resta toujours dans ma bibliothèque. Il me rappelait l'importance inouïe de ces jus. Chez les bébés, l'eczéma part rapidement avec quelques changements alimentaires, du jus de carotte coupé d'eau Évian et l'utilisation judicieuse de sels biochimiques. Je fus toujours très fidèle à ces jus durant mes trois grossesses et surtout après ma troisième grossesse, car notre troisième petit garçon est arrivé plus tôt que prévu. Et même si cela ne fut pas toujours facile pour l'énergie de maman, avec une bonne alimentation et une vision positive de l'existence, tout s'arrangea bien.

À LA DÉCOUVERTE DU DOCTEUR ALEXIS CARREL

Alexis Carrel était un homme de science. Il reçut le Prix Nobel de médecine en 1940. Il était pour moi assez étonnant de lire les écrits de cet homme qui dès les débuts du siècle perçut les dangers du XXème siècle, les dangers de la productivité à outrance. D'ailleurs dans son livre L'homme cet inconnu, il parlait de la nécessité d'avoir une société à la mesure de l'être humain véritable. Beaucoup de conditions de travail lui paraissaient franchement inhumaines. Cela ne s'est guère amélioré depuis le temps. Il y avait donc des êtres humains marginaux!

C'est ce que je ressentis en lisant les écrits d'Alexis Carrel. Il disait par exemple: **"Dans l'organisation du travail industriel, l'influence de l'usine sur l'état physiologique et mental des ouvriers a été complètement négligée. L'industrie moderne est basée sur la conception de la production maximum au plus bas prix possible afin qu'un individu ou un groupe d'individus gagnent le plus d'argent possible. Elle s'est développé sans idée de la nature vraie des êtres humains qui conduisent les machines et sans préoccupation de ce que produit sur eux et sur leur descendance la vie artificielle imposée par l'usine. La construction des grandes villes s'est faite sans plus d'égards pour nous"**. (Carrel, Alexis, L'homme cet inconnu, Le livre de poche, p. 56).

Mais cet homme de science parlait aussi d'alimentation: **"Notre vie influencée dans une très large mesure par les journaux. La publicité est faite uniquement dans l'intérêt des producteurs, et jamais des consommateurs. Par exemple, on a fait croire au public que le pain blanc est supérieur au brun. La farine a été blutée de façon de plus en plus complète et privée ainsi de ses principes les plus utiles. Mais elle se conserve mieux, et le pain se fait plus facilement. Les meuniers et les boulangers gagnent plus d'argent. Les consommateurs mangent sans s'en douter un produit inférieur.**

Et dans tous les pays où le pain est la partie principale de l'alimentation, les populations dégénèrent. Des sommes énormes sont dépensées pour la publicité commerciale. Aussi des quantités de produits alimentaires et pharmaceutiques, inutiles, et souvent nuisibles, sont-ils devenus une nécessité pour les hommes civilisés''.

Cela me portait à réfléchir et ne faisait que renforcer cette motivation qui était mienne d'oeuvrer pour la vie. Cet homme de science respectait l'humain. Carrel avait une dimension spirituelle que je ne pouvais ignorer et... il lançait un cri d'alarme: l'humain parviendra-t-il à maîtriser les forces que lui procure le développement des sciences? Je doutais fortement que l'humain eût acquis cette sagesse. En moi s'éveilla une grande volonté d'action et plus que jamais je voulus orienter mes énergies vers le respect global de la vie. Mais cela devait se faire premièrement dans la connaissance des lois de la santé. Le corps n'était-il pas un outil donné par le Créateur? Et ce corps n'était-il pas la base de lancement de l'esprit?

Il fallait permettre à la vie de se manifester et cela je le voyais dans chaque bébé, dans chaque petit enfant malade. Leur redonner la santé, à eux et à leurs parents. Leur permettre de connaître les lois de la nature et de les appliquer. Ma vie avait un sens. Déjà, enfant, assise sur les genoux de mon père, je l'écoutais me parler de la création du monde, en me lisant la Bible. Je lui posais des questions précises sur l'existence. Mon enfance fut des plus heureuses mais j'avais si hâte de vieillir! Il y avait en moi comme une impatience de servir et d'aider tout ce qui vibrait dans la vérité. Alexis Carrel fut pour moi un soutien et un réconfort.

À LA DÉCOUVERTE DU PROFESSEUR JOSEPH FAVIER

Joseph Favier fut mobilisé en 1914 lors de la première grande guerre en tant que médecin auxiliaire. Par la suite, longtemps professeur d'histoire naturelle, il fut amené à exposer à ses élèves ses idées sur la génétique et la santé des plantes et des cultures. Les travaux du Professeur Pierre Delbet sur le magnésium et son importance dans la nature et la santé de l'animal et de l'être humain retinrent son attention. Il s'inspira donc de ces travaux, mais aussi de ceux de Jacques Loeb sur l'équilibre entre le sodium, le potassium, le calcium et le magnésium.

Les recherches qu'il avait entreprises lui confirmèrent l'importance de cette notion mise de l'avant par Jacques Loeb selon laquelle cet équilibre précis entre ces minéraux doit se retrouver dans le sol, dans l'eau de mer, dans les végétaux se nourrissant du sol, chez les animaux et les êtres humains. Il en va de même pour d'autres minéraux. Mais l'équilibre entre le potassium, le sodium, le calcium et le magnésium est très important. Si bien que le déséquilibre dans ce rapport à cause d'une mauvaise nutrition ou d'un sol carencé peut favoriser l'apparition de certaines maladies. Je trouvai les travaux de Joseph Favier fascinants. Cela rejoignait les conclusions du Docteur W.H. Schussler et sa théorie des sels biochimique. De plus, il s'inspirait des travaux de plusieurs autres chercheurs. Parlant des dangers des antibiotiques qui détruisent les microbes mais souvent aussi les cellules, il citait Pierre Delbet: **"L'antisepsie vise les microbes et tue les cellules. Je rêvais d'augmenter la résistance des cellules pour qu'elles pussent triompher des microbes"**.

Les écrits et les recherches de Joseph Favier parlaient entre autre de l'administration de chlorure de magnésium ou de composés magnésiens pour améliorer le fonctionnement du système de défense, en fortifiant les globules blancs. Il se référait également aux travaux du Docteur Neveu qui avait expérimenté cette thérapeutique dans le traitement des rhumes, grippes, maux de gorge, bronchite, etc. Il conseillait: **"Puisque les déséquilibres et carences, minérales ou, du moins leur accroissement toujours plus accusé sont la conséquence de certaines erreurs de la civilisation, dont les principales ont été dénoncées par Pierre Delbet, le mieux n'est-il pas de corriger ces erreurs elles-mêmes?**

1) **Il faudrait, d'abord et surtout, nous assurer un pain convenablement minéralisé. (…)**

2) **Cette réforme du pain devrait être rendue possible et complétée par une réforme de l'agriculture. (…)**

3) **Le retour au bon sel d'autrefois, malgré le léger inconvénient de son hygroscopie, (il absorbe facilement l'humidité, il colle) ne devrait pas être négligé"**. (Favier, Joseph, <u>Équilibre minéral et santé</u>, (sixième édition), Éditions Dangles 1951, p. 170-171).

Le sel gris d'autrefois contient du chlorure de magnésium. Malheureusement les industries alimentaires ignorant les besoins du corps, ont travaillé ce sel afin de le rendre plus facilement utilisable, au lieu de suggérer l'adjonction d'éléments naturels dans le pot de sel qui pourraient absorber cette humidité. Toutefois, les magasins d'aliments naturels offrent une variété de sels bien équilibrés. Non seulement le sel de mer blanc (ce qui est mieux que rien) mais le sel de mer gris ou encore le sel végétalisé (sel de terre et de mer auquel on a ajouté une variété d'aromates et de légumes pulvérisés, ce qui augmente sa richesse en minéraux. Selon une recette du nutritionniste bien connu dans le domaine de l'alimentation naturelle, Gayelord Hauser).

À LA DÉCOUVERTE DU PROFESSEUR J. TAPP

Comment ne pas m'intéresser à ce Professeur Amérindien qui avait guéri mon grand-père, plusieurs années avant ma naissance. Mon cher grand-père, je le revois encore prenant ses capsules d'herbes et se faisant des emplâtres de terre, comme il disait. Il était très soucieux de la santé de son corps et... de son esprit.

Il utilisait le poivre de cayenne (poivre rouge) pour se gargariser et en saupoudrait ses aliments. Il utilisait aussi des gouttes d'iode dans ses cataplasmes d'argile. C'était un peintre en bâtiment et dans ce temps-là, au début du siècle, les peintres faisaient eux-mêmes leurs couleurs et utilisaient des produits riches en plomb. Il fut donc empoisonné par le plomb et les autres substances toxiques de la peinture. Comme il n'avait jamais fait attention à sa santé auparavant et qu'il mangeait n'importe quoi vraiment, il allait mourir bien jeune. Il n'arrivait plus à digérer. Il vit le médecin qui lui prescrivit toutes sortes de comprimés de pharmacie mais, rien à faire, sa santé ne s'améliorait guère et n'eut été du Professeur Tapp je ne l'aurais sans doute jamais connu.

Il était le moins résistant de mes grands-parents. Et pourtant, ayant compris les lois de la santé et ayant réformé son mode de vie, il eut par la suite une bonne santé et une bonne résistance au travail. Mes deux grands-mères et mon autre grand-père moururent bien avant lui. Mais qu'avait donc fait le Professeur Tapp? Il lui fit prendre des herbages. Des litres et des litres de tisanes. Des herbes pour nettoyer le foie, les reins, l'intestin, le sang quoi! Dès les premières pages de son livre: Les merveilles de la nature par les plantes, le Professeur Tapp dit ceci: **"Ce volume se résume en quatorze mots: Tenez votre sang en bonne condition avec des remèdes naturels afin d'éviter toutes maladies"**.

C'est ce qu'avait fait mon grand-père. Il avait jeté ses médicaments aux poubelles, changé son alimentation et purifié son sang. Cela peut vous sembler radical mais c'est ce qu'il fit en désespoir de cause, et il ne l'a jamais regretté. Les connaissances du Professeur Tapp étaient des plus intéressantes. Il parlait d'ailleurs de remèdes faits de plantes poussant au Québec et de gomme de sapin, gomme de pin, herbe à dinde, épinette rouge, écorce de bouleau blanc etc.

À LA DÉCOUVERTE DE BERNARD JENSEN

Durant mon stage clinique et par la suite en consultation, je découvris les merveilles de l'iridologie. L'iridologie est une science qui fut confirmée par des liens de cause à effet à la fin du siècle dernier. Il résulta des observations de différents chercheurs la formation d'une carte de l'iris de l'oeil.

Cela m'intriguait et observer différentes colorations, signes et taches dans l'iris demandait un travail précis et très minutieux. Le Docteur Bernard Jensen avait beaucoup travaillé la question et le Docteur Jausas aussi, en France. Leurs travaux en quelque sorte se complétaient. Sans en faire la base d'une évaluation de santé, je conclus rapidement que l'observation de l'iris de l'oeil était dans certains cas un complément ou un support à l'évaluation de la santé d'un patient. Particulièrement la densité des fibres de l'iris. Très souvent, les personnes ayant de sérieuses maladies ou une vitalité vraiment très amoindrie depuis longtemps (ou congénitale), avaient des fibres relâchées dans l'iris et des colorations très précises à certains endroits de l'iris représentant le foie, l'intestin et le système lymphatique selon la carte iridologique.

Il est malheureux que cette méthode d'évaluation de la santé soit si peu connue. C'est le docteur Ignace Peczeley, un médecin hongrois, qui le premier publia en 1881 un ouvrage dans lequel il jetait les premières bases de l'iridologie. Un élève de Peczeley, le Dr. Schlegel publia quelques années plus tard, un petit opuscule sur le diagnostic des maladies par les yeux. Toutefois, en Suède le Pasteur Liljequist fit aussi de curieuses remarques entre une coloration trouble autour de la pupille de certains enfants et l'administration de pavot qu'on avait l'habitude de leur donner pour dormir.

Plus tard, le Dr. Léon Vanier publia en 1923 le **diagnostic des maladies par les yeux** et en 1925, le Dr. Léon Walter fit de même. J'adoptai plus particulièrement la méthode iridologique du Docteur Gilbert Jausas, expliquée dans son livre Traité pratique d'iridologie médicale publié aux Éditions Dangles. Beaucoup d'autres chercheurs se sont intéressés à l'iridologie mais ils constituent une très petite minorité dans le monde médical.

À LA DÉCOUVERTE DU DOCTEUR KERVRAN

Louis Kervran était membre de l'Académie des sciences de New York. Ses travaux de recherche apportaient de nouvelles perspectives sur la santé, l'alimentation et la biologie en général. Dans son ouvrage À la découverte des transmutations biologiques il expliquait les lois relatives à la transmutation biologique. Jean Lombard, géologue de réputation internationale, appuya Louis Kervran dans sa recherche scientifique. Dès les premières pages de son ouvrage, Louis Kervran dit:

"Au début de l'été 1959, arrivé à un stade de conclusion au sujet de plusieurs années de recherches systématiques, je m'employais à faire connaître ma conviction, ma certitude qu'il y avait une propriété de la matière qui était restée inconnue, largement utilisée cependant, mais inconsciemment; que cette propriété nouvelle, que je démontrais à la suite de milliers d'analyses convergentes, consistait en une possibilité, pour ce qui vit, de transformer les atomes eux-mêmes, et non pas seulement les molécules (ce qui est le domaine de la chimie); bref qu'il y avait transmutation de la matière, passage d'un "corps simple" à un autre, d'un atome à un autre".

Il expliquait par exemple une expérience de passage de sodium à potassium, en présence d'oxygène. Il serait long d'expliquer toutes les expériences dont il fait part dans son livre, mais ce qui retint particulièrement mon attention du point de vue thérapeutique fut la transformation de la silice en calcaire (en calcium pour que cela soit plus clair). Je trouvai cela très intéressant et plus encore, je pus comprendre les conclusions de Schussler quant à l'utilisation du sel biochimique no. 12, la silice, pour aider à fortifier les os et les solidifier en cas de fracture. À ce sujet Kervran spécifiait:

"Nous avons cité les pierres silicieuses qui deviennent calcaires sous l'effet de micro-organismes. Ce n'est là qu'un exemple et nous avons dans nos ouvrages, montré qu'en fait cette propriété était connue et utilisée depuis longtemps, puisque même depuis l'antiquité on utilisait la prêle, riche en silice, pour se recalcifier; (...) Nous avons montré, par des radiophotos, que les fractures se réparent beaucoup plus vite par des extraits de silice organique de prêle que par l'administration de calcaire (...) Pour recalcifier ce n'est donc pas du calcaire minéral qu'il faut donner, mais ce qui permettra à l'organisme de "fabriquer" son calcaire. La nature dispose de plusieurs voies; nous y reviendrons, mais l'une, et très importante, est la silice; pour l'homme c'est la silice organique (...)". (Kervran C. Louis, À la découverte des transmutations biologiques, Le courrier du livre 1966, p. 78-79).

Autrement dit, la silice celle qu'on retrouve dans les plantes. Moi qui enfant n'avait jamais digéré le lait et n'assimilait aucunement les suppléments de lactate de calcium (calcium venant du lait) et de poudre d'os (provenant d'os de veaux sélectionnés), je devins amie de la prêle! J'en recommandai à mes patients en tisanes ou en capsules (prêle broyé).

Une autre source de silice, c'est l'argile. Quoique n'ayant pas passé par le règne végétal, les cataplasmes d'argile sont à recommander sur les membres endoloris et les entorses car l'organisme assimile des minéraux à travers les pores de la peau. L'eau d'argile blanche est aussi recommandée (voir chapitre: "Un bouquet de santé").

À LA DÉCOUVERTE DU DOCTEUR BEN F. FEINGOLD

Je découvris le Docteur Feingold en lisant son ouvrage <u>Why your child is hyperactive?</u> qui par la suite fut traduit en français (<u>Pourquoi votre enfant est-il hyperactif?</u>). Ce pédiatre américain ayant traité nombre d'enfants allergiques, hyperactifs, ayant des difficultés de comportement, de concentration, d'attention etc., était arrivé à la conclusion, suite à des observations cliniques et observations du mode de vie, particulièrement de l'alimentation de ces enfants, que les additifs chimiques et les colorants alimentaires perturbaient leur métabolisme, les rendant nerveux, hyperactifs. Ces substances sont inassimilables et intoxiquent l'organisme. Lorsque ce livre fut publié en 1974, il y était dit que plus de cinq millions d'enfants américains souffraient d'hyperactivité et de difficultés d'apprentissage liées à cette condition. Ce pédiatre entreprit donc d'établir des rapports précis entre l'alimentation et l'état de santé de ces enfants à qui plus souvent qu'autrement on donnait des calmants (ce qui n'aide en rien leur santé et leur développement psycho-moteur). Les explications du Docteur Feingold sont appuyées de témoignages de parents dont les enfants ont été soignés suivant cette approche bien située dans la tradition hippocratique. Mais les travaux de ce pédiatre n'éveillèrent l'intérêt que d'un faible pourcentage de parents et d'un très faible pourcentage de médecins.

Pour lui aussi, le chemin ne fut pas toujours facile. Il parlait également de la réaction de certains enfants ayant le système nerveux très sensible aux salicylates contenus par exemple: dans le jus d'orange, les cornichons, le vinaigre de cidre, le vinaigre de vin, le ketchup (en plus des produits chimiques), la sauce chili, certaines sortes de moutarde. Il recommandait de faire attention au jus de pomme et au jus de prune. Mais il s'agit bien sûr avant de déconseiller ces jus, d'observer le comportement de l'enfant. Et d'accompagner tout cela de sérieuses restrictions concernant la télévision et tout ce qui dans le mode de vie moderne peut surexciter les enfants. Quand je pense à tous ces jeunes qui boivent des jus instantanés faits de cristaux synthétiques! Le livre du Docteur Lendon H. Smith <u>Improving your child's behavior chemistry</u> publié en 1976, apportait aussi un point de vue très précis sur cette question.

À LA DÉCOUVERTE DE ÉRIC NIGELLE

Toutes ces personnes, dont j'appréciai les connaissances et l'expérience, étaient tantôt impliquées dans le milieu purement médical (j'entends par là, la médecine moderne) tantôt impliquées dans un milieu naturiste et naturopathique, appliquant une médecine douce mais efficace.

Éric Nigelle, dont les recherches étaient proprement naturopathiques avait à son actif plusieurs livres sur les propriétés préventives et curatives de l'oignon, de l'ail, de la pomme, du citron, de l'argile et du miel. Dans Le pouvoir merveilleux de l'ail il expliquait que les Arabes, les Juifs, les Romains, les Grecs recouraient à ce bulbe précieux en de nombreuses circonstances. Pour certains troubles respiratoires comme la bronchite par exemple. Il expliquait comment l'essence d'ail désinfecte les voies respiratoires, empêche la prolifération microbienne, prévient les complications et aide à faire disparaître le mucus. Des professeurs russes N. Akrassilnikov, G.F. Gause et A. Imchenietzki ont d'ailleurs constaté au cours de différentes expériences et, Éric Nigelle se réfère à ces expériences, que plusieurs végétaux dont l'ail avaient cette capacité de tuer les microbes et les bactéries. J'ai souvent conseillé des tartines à l'ail pilé et l'ingestion de capsule d'huile d'ail lors de problèmes respiratoires, quoique l'ail ne soit pas le seul remède naturel dans ce cas mais, je dois dire que pour les rhumes, les grippes et les bronchites c'est très efficace. Nigelle parlait également de l'efficacité de l'ail pour tuer les vers (lombrics et oxyures) dans l'intestin. **"L'avantage de l'ail employé comme vermifuge est qu'il n'est pas toxique, au contraire. Il n'en est pas de même, pour la plupart des vermifuges médicamenteux".** (Nigelle, Éric, Les pouvoirs merveilleux de l'ail, La diffusion nouvelle du livre 1959, p. 48).

Il suggérait lorsqu'il y a présence de vers dans l'intestin, un lavement dont la recette est du Docteur Agasse-Lafont:

* **"Bulbe d'ail frais: 1 à 4 (selon l'âge de l'enfant)
Eau bouillante: 125ml (¼ tasse)
Ajouter, au moment de l'utiliser, un jaune d'oeuf pour éviter l'irritation de l'intestin. Le lavement est donné tiède, et doit être gardé le plus longtemps possible".** (Idem, p. 47).

Il parlait aussi d'un sirop d'ail. Je donnerai une recette de sirop d'ail et miel au chapitre des premiers soins. Je voudrais aussi vous faire remarquer que **"Des staphylocoques, des streptocoques, des bacilles tuberculeux et autres bactéries mises en contact avec des émanations des produits volatils provenant d'une pulpe d'oignon** fraîchement râpée en petite quantité sont tués en un court espace de temps''. (cf.: idem, p. 8).

Concernant cet adage **manger une pomme par jour éloigne le docteur pour toujours,** Éric Nigelle mentionne: **"Les médecins constatent souvent que de très nombreux troubles fonctionnels et maladies infectieuses ou autres ont pour origine un déséquilibre alimentaire. Dans les pays occidentaux, on peut dire que, quelle que soit la classe à laquelle il appartient, l'enfant en général, ne mange pas ce qu'il doit, mais ce qu'il veut. Il n'est pas rare qu'il soit gavé de sucreries et de pâtisseries, et que ses rations à l'endroit des protéines et sels minéraux soient dangereusement carencés. Je ne vais pas prétendre que la pomme constitue l'appoint indispensable pour rétablir l'équilibre. Nous savons bien que ce fruit n'est pas une panacée. Au sujet de l'équilibre des rations, c'est à la mère de famille qu'il appartient de s'informer des besoins de l'enfant et de l'adulte et d'établir ses menus en conséquence. Cela dit, la pomme et le jus de pomme devront avoir une place de choix; ils permettront en toute saison d'équilibrer les calories fournies par le sucre directement assimilable, le potassium et le calcium, les oligo-éléments, les vitamines et l'eau de végétation''.** (Nigelle, Éric, <u>Les pouvoirs merveilleux de la pomme</u>, La diffusion nouvelle du livre 1966, p. 32). Évidemment quand on parle de jus de pomme on parle de jus de pomme **brut,** donc peu dilué et non sucré, ou de jus de pomme fait à l'extracteur.

* Dans le cas présent il faut remplacer le mot bulbe par le mot gousse et lire la recette comme suit: 1 à 4 gousses d'ail (<u>selon l'âge de l'enfant</u>).

À LA DÉCOUVERTE DU DOCTEUR GRÉGOIRE JAUVAIS

Je ne voudrais pas trop insister sur les écrits, les connaissances ou les expériences de tous ces gens mais je sens que, malgré tout, je dois le faire. On a trop tendance à croire que la médecine naturelle n'a pas de racines, n'a pas d'antécédents et que les gens ne se sont jamais soignés avec autre chose que de l'aspirine et n'ont jamais ingurgité autre chose que du pain blanc et du steak.

Le XXème siècle s'est incroyablement coupé de l'Histoire: nous vivons dans une ère où règne la technologie à outrance... Grégoire Jauvais ne mâchait pas ses mots. Il disait par exemple: **"(...) pour vivre sainement, pour éviter de tomber malade et pour guérir, il suffit de savoir nourrir son propre moteur (aliment solide, liquide** et fluide). **De la qualité de l'aliment, de la façon de manger et de respirer dépend donc la santé ou la maladie. "Faux" s'écriront les inexpérimentés ès sciences naturelles, l'alimentation ne joue aucun rôle essentiel dans le dysfonctionnement de la mécanique animale et dans l'étiologie de la maladie. Cependant, il ne viendrait à l'idée des négateurs de la transcendance de l'aliment d'inhaler, par exemple, de l'oxyde de carbone, de donner du mazout en guise de breuvage à un chameau, de nourrir des lapins avec du chocolat, ou bien encore, d'alimenter un moteur à essence avec de l'acide sulfurique. La vérité saute aux yeux. Suivant son propre plan d'organisation physiologique intrinsèque, chaque espèce animale (comme chaque moteur industriel), pour fonctionner normalement, sans heurt ni préjudice, a besoin d'un carburant spécifique et naturel, carburant qu'elle ne peut changer ou altérer impunément sans porter atteinte à son intégrité organique"**. (Jauvais, Grégoire, L'aliment biologique humain, Presse de l'imprimerie Jean Barbezieux 1965, p. 12).

Membre de l'Académie des sciences de New York, professeur de médecine botanique et vice-recteur des universités étrangères affiliées, Grégoire Jauvais n'était pas le dernier venu. Et ses écrits me furent grandement utiles en ce qui concerne la théorie et la pratique de la naturopathie et l'utilisation thérapeutique de plusieurs fruits et légumes.

ET... TOUS CES AUTRES

Il y aurait de quoi en faire un livre! Plusieurs chercheurs, médecins et naturopathes ont parlé de la médecine douce et naturelle ainsi que de l'alimentation naturelle. Mais plusieurs d'entre eux sont restés dans l'ombre. Pourtant le travail de tous ces gens n'a pas été utile puisque malgré tout, on prend conscience plus qu'avant qu'il n'est pas normal que tant de gens soient malades.

Les frères Shute, Evan B. et Wilfrid E. Shute, cardiologues parlent de la valeur de la vitamine E naturelle (extraite de l'huile de germe de blé). Le livre publié par Wilfrid W. Shute et Harald J. Taub Vitamin E for ailing and healthy hearts m'a renseigné en profondeur sur la question. De plus, je fouillai aussi les écrits de l'équipe Rodale sur la valeur de la vitamine E. On la conseillait fortement pour prévenir les fausses couches, pour assurer un bon travail du placenta et augmenter le taux d'oxygène et même le doubler dans le sang du bébé, ce qui donne une marge de sécurité plus importante à l'accouchement. Beaucoup moins de risques de bébés bleus!

Le Docteur A. Vogel de Suisse, dont l'oeuvre incontestée en médecine naturelle prône l'emploi judicieux des plantes et des aliments naturels, est un auteur qu'il ne faut pas oublier. Ses livres, et les concentrés de plantes, les tisanes, les divers composés de minéraux et de plantes qu'il suggère sont de haute qualité.

David et Barbara Reuben ont écrit le Régime alimentaire sauveur, un livre touchant et passionnant. Ayant vu pendant cinq ans son père mourir du cancer du côlon, David Reuben (après la mort de celui-ci) lut un petit article paru dans une revue médicale, sur l'importance des fibres végétales dans le régime alimentaire. Il lut donc pendant quatre ans tout ce qui s'écrivait dans le domaine de la santé de l'intestin. Il se rendit vite compte que l'usage du germe de blé, de mélasse noire, de yogourt qu'il ridiculisait un peu lui-même, était au plus haut point important. Il fallait donc conseiller l'utilisation de son, de céréales complètes telles que le blé complet, le riz brun, les fruits et légumes frais crus ou semi-cuits et réduire la consommation de sucre blanc, de boissons sucrées et de viande. Ceci assure une bonne santé de l'intestin (réduisant les risques de cancer du côlon) et prévient la formation excessive de cholestérol et de triglycérides dans le sang. À cette question qui lui était posée: Y a-t-il un risque à ajouter des déchets à un régime alimentaire habituellement pauvre en déchets? (C'est-à-dire en fibres alimentaires) David Reuben répondait **"On ne voit guère quel pourrait être ce risque, puisque nous ne faisons que remettre en vigueur le mode d'alimentation pratiqué depuis plus de cinquante mille ans jusqu'à 1880''**. (C'est-à-dire jusqu'au temps où les aliments commencèrent à être raffinés et chimifiés). (David et Barbara Reuben, Le régime alimentaire sauveur, Buchet-Chatel 1979, p. 36). Sans oublier le Docteur Harold Rosenberg, président de l'Académie Internationale de médecine préventive auteur de The book of vitamin therapy.

Raymond Dextreit auteur de nombreux ouvrages sur la santé naturelle ainsi que Jeannine et André Passebecq. Jéthro Kloss auteur de Back to Eden. Ce livre explique l'utilisation de nombre de plantes en tant que remèdes-maison. Et vraiment je sais que je vais en oublier: Maurice Mességué, herboriste bien connu et "Grand prix scientifique américain", Linus Pauling prix nobel de la chimie, dont les travaux sur la vitamine C sont des plus en vue. Docteur J. Bonhours, La santé de mon enfant par les plantes.

Raymond Barbeau nd, naturopathe québécois, ayant écrit plusieurs livres sur la naturopathie, l'alimentation naturelle, le magnésium, le rôle des plantes, les méfaits du café, etc. Ses travaux de recherche n'ont pas été vains. Il fut un pionnier et récipiendaire en 1983 du prix

Dag Hammarskjöld dans le domaine des sciences. Il reçut ce prix à l'Université d'Evora au Portugal.

Jean-Marc Brunet nd, a également écrit plusieurs livres sur la question s'inspirant de recherches de scientifiques et de naturopathes d'autres pays. Il a particulièrement aidé dans le domaine de l'éducation populaire. De même de nombreux naturopathes membres du Collège des naturopathes du Québec et des herboristes, membre de l'association des Herboristes du Québec.

Serge Mongeau md, est un médecin québécois dont les articles sur les dangers de la médecine moderne sont toujours fort au point.

ET... CES FEMMES

Et ces femmes qui signèrent combien de livres de recettes, de puériculture, de diététique. La liste serait longue. Puéricultrices, infirmières, nutritionnistes, diététistes, naturopathes etc., leurs oeuvres sont nombreuses. Certes dès le début de mon cours je me suis intéressée à Jeannette Dextreit Des enfants sains Éditions Vivre en harmonie, à Jeannine Passebecq Santé et bonheur pour nos enfants, Institut de culture humaine, à Grace Gassette et à Adelle Davis.

Puis il y eut Esther Chapman pour ce qui a trait aux sels homéopathiques et toutes celles qui signèrent des livres sur l'allaitement maternel. Mais ce n'était qu'un début. Il y eut bientôt Johanna Brandt et son merveilleux livre sur la cure de raisin. Ann Wigmore, DD, N.D Healthy children nature's way, Hippocrate Health Institute; Sharon Yntema, Vegetarian baby, Mc Books press; Juliette de Baïracli-Lévy, Nature's children, Schocken books; Sophie Lamiral et Christine Ripault, Soins et beauté de votre enfant, livre de poche pratique; Jenny Jordan, Gynécothérapie et eugénisme homéopathique, Éditions Dangles; Barbara Ehrenreich et Deirdre English, Witches, midwives and nurses, The feminist press; Frances Moore Lappé, Sans viande et sans regrets, Éditions l'Étincelle; Deanna Smith Sudweeks, Gluten (the economical meat substitute), Hawkes Publishing Inc.; Nancy Snider, Soybean recipe ideas, Éditions Arco; Louise Lacey, Lunaception, Éditions l'Étincelle; Madeleine Guénette, Recettes culinaires de santé et Cuisine végétarienne à la portée de tous, Éditions Laroche; Danièle Starenky, Le bonheur du végétarisme, Publications Orion; Elsa Michaels, The vegetarian menu cookbook, Éditions Drake.

En somme la liste est longue et je me suis rendue compte que nombre de femmes si près de la diététique, si près de la nutrition, si près des soins à donner à l'enfant, à l'adolescent, à la famille, allaient être de par leur rôle de mère, d'épouse, d'infirmière, de médecin, de naturopathe ou de diététiste ou tout simplement, par leur simple action féminine et leur prise de conscience de la santé pure et vraie, **le poids** qui allait faire changer la balance. Elles sont là qui attendent et parlent d'accouchements plus naturels. Elles sont là qui luttent pour le désarmement et contre l'énergie atomique. Elles sont là qui désespèrent dans les salles d'urgence, souvent pour des problèmes qui peuvent être réglés à la maison. Elles sont là qui soignent dans les hôpitaux (et souvent en désaccord avec le traitement du médecin). Eh bien! maintenant, je l'espère, elles agiront autrement.

Je m'en voudrais de passer sous silence d'autres écrits: Cornellia Aihara, Macrobiotic child care, Georges Oshawa Macrobiotic foundation; Akiko Aoyagi dont les recherches sur le tofu, le miso et le tempeh sont remarquables; Penny C. Royal et son recueil d'herboristerie, Herbally yours; Lise Aubin De Monceaux et son recueil sur les huiles essentielles, Santé beauté, longévité par les huiles essentielles; Lucie Cuillerrier, Recettes naturistes pour arthritiques et rhumatisants, Éditions du Jour; Danielle D'Anjou, Recettes d'apprêts-nature, Éditions D. D'Anjou; Vicki Chelf Hudon, 150 délicieux desserts, La grande cuisine végétarienne, Maigrir par la cuisine végétarienne, Éditions Alain Stanké; Lise Dauphin, Recettes naturistes pour tous, Éditions de Mortagne.

Je n'ai jamais cessé d'en découvrir. Et les oeuvres écrites des femmes m'apparurent peu nombreuses dans l'histoire de la santé, si je puis dire à travers les siècles, par rapport à leurs actions. Car elles ne furent pas toujours placées dans une **situation de vie** leur permettant d'écrire et de livrer leurs secrets. Mais, un fait est certain, elles ont toujours eu un rapport particulier pour ne pas dire **privilégié** avec la nourriture. Hasard penseront certains ou certaines, nécessité croiront les autres... En somme, il me semble que la véritable réponse est au-delà de ces froides considérations. Connaissant l'importance du sang et considérant que le corps est et fut à travers l'histoire la base de lancement de l'esprit, ce rapport privilégié avec la nourriture permit la formation des générations d'êtres humains et, il ne faut pas craindre de le dire, de la continuité de l'histoire. Au fond, je me surpris un jour à penser que les femmes étaient les gardiennes de la qualité du sang. Mais on a ignoré la grandeur de leur rôle et elles-mêmes s'en désintéressèrent. Évidemment les femmes n'ont pas que cela à faire. Je suis bien d'accord et je ne passe pas ma journée dans la cuisine. Mais le temps que j'y consacre, je le sais, a des répercussions bien au-delà des assiettes et des fourchettes.

Au chapitre "Premiers soins" et "L'alimentation personnalisée et thérapeutique", je vous parlerai plus précisément des livres de ces femmes. Elles apportent souvent des points de vue et des conseils très pratiques. Elles développent certes un aspect théorique mais étant au coeur même de la vie quotidienne ce qu'elles suggèrent sera très utile dans les premiers soins et la nutrition. Je terminerai cette liste en citant le volume de Micheline Cotté, <u>Les secrets bienfaisants de la levure de bière vivante</u>, Édinat; Louise Lambert-Lagacé, diététiste dont les livres sur la diététique tendent de plus en plus vers l'alimentation naturelle, Francine Simard, diététiste, <u>Initiation à la cuisine minceur</u>, centre de nutrition Multimodial et Manon Poissant Laurin, Céline Raymond et Josée Rouette (diététistes), <u>La nouvelle cuisine santé</u>, Éditions Stanké.

C'est d'ailleurs aux femmes que l'on s'adresse pour qu'elles achètent des produits de toutes sortes. C'est reconnu, leur influence est là, du point de vue nutritionnel, du point de vue de l'organisation du milieu familial et de l'environnement. Cependant elles ne doivent plus accepter que les aliments soient raffinés et traités artificiellement. Elles doivent exiger que les aliments qu'on leur présente soient de qualité. Des aliments sains et naturels peuvent être préparés d'avance et congelés par exemple. C'est à la femme d'exiger que cela soit fait et disponible sur le marché.

5

La naturopathie

ou l'art de contribuer sainement
à l'évolution de la nature humaine

J'ai tenté de dresser, dans la première partie de ce volume, un tableau des médecins, des naturopathes, de tous ceux et celles dont les écrits m'ont intéressés lors de mon cours de naturopathie, lors de mes stages et plus tard au cours de toutes ces années de consultation clinique. Sans oublier la vie quotidienne et familiale qui m'offrit des occasions d'appliquer mes connaissances théoriques et pratiques.

J'ai encore le souvenir du jour où je venais à peine de commencer mon stage clinique, quand un nouveau patient se présenta à la Clinique, comme cela arrivait souvent durant la semaine. Je vis donc ce patient car je devais, en tant que stagiaire, préparer les dossiers; l'historique du cas de chacun, le poids, le pouls, la pression, l'état de l'iris de l'oeil, etc. Ce patient qui m'apparut fort sympathique faisait de l'arthrite. Son cou était croche, il souffrait beaucoup. Il nous avait été référé par un ami qui avait été guéri d'un eczéma par les méthodes naturelles. Il avait réfléchi pendant sept mois avant de se décider. C'était donc pour lui une démarche mûrement réfléchie. Il avait à son actif deux ans à la faculté de pharmacie de l'Université de Montréal et onze ans de travail en pharmacie. Il était désorienté, car durant tant d'années il avait tenté d'aider les gens en pharmacie mais de ces milliers de prescriptions de médicaments de toutes sortes, il avait constaté qu'on ne guérissait toujours pas. Il s'était jusque là très mal nourri, il le savait. Il était donc prêt à changer son mode de vie. C'était un homme d'une grande volonté. Le directeur de notre clinique lui donna des conseils très judicieux quant aux aliments qu'il ne devait plus manger, quant aux jus frais à l'extracteur et aux tisanes qu'il devait boire sans oublier les suppléments.

En peu de temps, il devint un homme neuf. Je peux dire que peu de gens ont aussi bien suivi les recommandations naturopathiques comme lui. Il prenait, en plus, des bains chauds d'algues marines et sel de mer. Son père suivit son exemple: il se mit à boire des jus de carottes et de légumes frais, prit des suppléments alimentaires et cessa de fumer. La guérison de son fils le convaint et miracle: il courut le marathon de Montréal à l'âge de 70 ans.

Quelques mois plus tard, notre patient commença son cours en naturopathie. Ce fut de nouveau un zélé qui faisait sans cesse des travaux et se procurait tous les livres sur la santé naturelle qu'il pouvait trouver. Il était assidu douze mois sur douze. Grâce à ses études en pharmacie, plusieurs cours théoriques lui furent crédités.

Rapidement, il devint stagiaire et termina son cours par une thèse sur l'arthrite qui fut d'ailleurs publiée en 1973 aux Éditions du Jour. Il a fait des recherches très poussées sur la vitamine C à partir des travaux de Linus Pauling et de plusieurs autres. Il se rendit même au *Human Dimension Institute* et à la librairie de l'Académie médicale de New York, pour consulter les thèses et travaux de nombreux chercheurs.

Il s'est de plus guéri de l'hypoglycémie et les recherches qu'il mena avec beaucoup de persévérance dans ce domaine lui ont permis d'aider plusieurs personnes atteintes de déséquilibres glandulaires. Il est fortement conscient du fait que l'être humain, pour fonctionner physiquement, psychiquement et spirituellement, normalement, doit avoir un sang dont les irradiations* sont normales et bien équilibrées. Pour nous naturopathes, cela ne fut pas toujours facile. La vie marginale recèle de grandes joies mais aussi des difficultés. Il faut être persévérant car pour vivre en marge de la société, cela demande beaucoup de courage.

Mon père me faisait déjà remarquer, à l'époque, que nous avions une profession en marge de la société, un mode de vie différent, et que nos convictions spirituelles étaient souvent marginales. C'était vrai! Nous avions cherché la vérité, la qualité, l'harmonie, cela nous avait amenés dans un monde différent. Mais ce monde différent est pourtant simple et beau, noble et vrai.

Nous nous sommes souvent encouragés mutuellement car ayant travaillé pour cette clinique naturopathique durant de nombreuses années, il nous fallut toutes nos énergies lorsque plus tard, nous avons vraiment volé de nos propres ailes en ouvrant notre propre clinique. Un jour ou l'autre, même dans un monde marginal, on rencontre des situations de vie difficiles. Mais alors une bonne nutrition, l'application de la pensée positive et les ressources d'une dimension spirituelle sont des aides précieuses. Je fus alors lectrice de nouvelles dans un poste de radio FM. Cette expérience bien enrichissante dura , je crois, un an et

---

* On entend par irradiations du sang l'émission d'une forme d'énergie issue de l'activité des glandes (hypophyse, hypothalamus, thyroïde, pancréas, surrénales, glandes sexuelles). Ces glandes amènent dès l'adolescence la formation de la force sexuelle, grâce à leurs hormones. La force sexuelle n'est pas la puissance sexuelle ou l'instinct sexuel. C'est une énergie présente dans la matière. Une énergie qui, si elle est harmonieuse (grâce au fonctionnement normal des glandes) devient un pont entre l'esprit (le noyau spirituel) de l'être humain et son corps, lui permettant d'œuvrer et d'évoluer dans la Création.

demi (à temps partiel). Cela me changea les idées mais ce n'était pas ma place. Les nouvelles! Je ne voulais pas les lire, je voulais les faire! Je n'en pouvais plus de lire ces nouvelles d'un monde en démolition. Je voulais changer ces nouvelles en agissant au service de la vie. Mes enfants grandissaient et je m'interrogeais sur ma condition de femme. Comment agir? Il y a la maison, la vie quotidienne, les enfants et la famille, il y a ma profession, mes convictions et cette volonté d'agir qui jamais ne s'était endormie.

J'aimais mes enfants, je jouais et je riais avec eux mais les aimer n'était pas seulement les cajoler et faire le lavage. C'était pour moi quelque chose de plus subtil, de plus précieux et de plus grand. Être fidèle en tous points et marcher sur ce chemin de la vraie vie, leur donner les véritables connaissances: les lois de la nature, la santé et les lois de la Création qui graduellement éveilleraient leur âme et plus tard leur esprit. J'étais une mère mais j'étais avant tout une **femme.** C'est alors que je compris réellement ce que j'avais toujours ressenti, ce pour quoi je luttais, ce pour quoi je m'étais épuisée même. Je n'allais pas me réaliser dans mes enfants (pourtant je les aimais de tout mon cœur. J'ai même fait des conférences sur le respect de la vie).

Je n'allais pas me réaliser à travers l'homme, (qu'il s'agisse d'un mari ou d'un patron). J'allais me réaliser en tant que **femme** dans tout ce qui vibre dans la vérité et cela, par l'application des lois de la santé et de la Création. **Je voulais du plus profond de mon être contribuer à l'évolution positive de l'humanité.** Je cherchai donc l'harmonie du corps et de l'esprit, je cherchai la clarté, la pureté…

Moi qui avais cru porter le monde sur mes épaules durant tant d'années d'adolescence et de vie adulte, je compris que j'étais femme et que l'ouverture de mon cœur, ma compréhension de l'existence, mes besoins de répandre la beauté, l'harmonie, la douceur et l'équilibre étaient particulièrement liés à cet état de femme. Dans mon corps certes, par la maternité mais surtout dans mon esprit. **Et j'allais le réaliser avec d'autres femmes.** Pour moi, cette pensée se précisa. Rééquilibrer l'expansion et l'explosion du XXème siècle par la **Féminité.** Oser parler du "**Grand Renouveau**". Il fallait au nom de la Vie, au nom des petits êtres qui naissent sur cette planète et y poursuivent leur destin… il fallait au nom des fleurs dont le simple parfum, la couleur et la structure confirment l'existence d'une volonté supérieure régissant la Création. Il fallait qu'enfin ce "**Grand Renouveau**" rétablisse cette priorité du respect des lois inscrites dans tout ce qui vit. Afin que revienne la santé, afin que revienne l'équilibre psychique, que le progrès de la civilisation ne soit plus une course effrénée remplie d'inventions de toutes sortes et d'agressivité.

Je compris également que j'allais m'ouvrir à ce renouveau, parce que j'avais su assumer ma vie quotidienne (le lavage, le ménage, les soins de santé et la nutrition) et partant de là, je pourrais l'assumer dans tous les secteurs de la vie où peut s'épanouir la féminité.

Plus que jamais j'aspirais à écrire ce livre. Je voulais partager cette démarche quant au rôle de la femme dans le domaine de la santé et de la médecine naturelle. J'espérais que d'autres femmes fassent leur cours de naturopathie et se spécialisent dans les soins pour enfants par exemple. Je prenais conscience que tant d'enfants et de bébés étaient bourrés d'antibiotiques, eux dont la saine croissance est si précieuse. Mais elles étaient peu nombreuses à y venir et cela, malgré ma déception, je le comprenais. C'est un milieu marginal. Il faut vraiment soi-même, lorsqu'on est naturopathe, assurer sa sécurité au travail et ce n'est pas toujours facile. Je croyais pourtant que quelque chose devait arriver. Toutes ces femmes que je rencontrais en consultation étaient pourtant vivement intéressées par la médecine naturelle et elles comprenaient facilement ce que je leur expliquais. De plus, en consultation ou lors des conférences sur les premiers soins naturels, les femmes constituaient 90% de l'assistance. Les hommes ne me semblaient pas avoir les mêmes aspirations. Il devenait clair que dans le domaine de la médecine, dans plusieurs tâches et travaux, l'homme et la femme devaient se compléter. Il ne fallait pas s'opposer, se dénigrer mais constater les différences et favoriser l'établissement de cette complémentarité. Je crois que la femme se doit de précéder dans cette voie, en se plaçant où elle doit oeuvrer. Je crois qu'elle peut apporter beaucoup dans le domaine de la santé. Et la façon dont elle s'y prendra pour amener la joie, la chaleur et le bonheur sur la Terre, qui pourrait le faire avec autant de douceur et d'amour si... elle sait bien le faire?

D'autre part, mon implication dans le domaine artistique m'amena à considérer que **le sens artistique fait partie de la féminité.** Voilà pourquoi, quand il s'agit de soigner, la femme a deux avantages:

1. Elle connaît le fonctionnement des êtres dans la vie quotidienne.

2. L'art qui est en elle lui permet de capter la finesse des soins naturels avec plus de précision.

Il faut, et cela est urgent, **"Soigner avec pureté".** Voilà ce que dans ma vie de mère et de femme j'ai compris. **Et c'est un puissant levier qui peut réformer la société moderne.** Voilà ce que la femme peut accomplir, alliant l'art et la science médicale. Si elle le veut...

Jean Palaiseul, auteur de Tous les espoirs de guérir, Éditions Robert Laffont, cite une remarque du Dr. Choain (auteur de La voie rationnelle de la médecine chinoise). Jean Palaiseul mentionne que dans notre monde occidental, le premier geste qui marque l'esprit de l'étudiant en médecine dès sa première année est celui de la dissection, ce qui est bien à l'image de cette médecine moderne technique, remplie de tiroirs, de compartiments et de spécialités. Le Dr. Choain par contre mentionne: **"L'oriental sourirait de cette croyance de l'avènement d'une médecine supérieure consécutive à l'ouverture des cadavres; pour lui, il semble complètement impossible et illogique de chercher à tirer un enseignement quelconque sur les phénomènes de la vie à partir d'un matériel qu'elle n'habite plus. C'est l'observation de la vie elle-même qui peut être fructueuse, c'est-à-dire de son mouvement, non pas de sa structure"**. Il faut, on ne peut plus en douter, agir. Il faut observer **la vie en mouvement!**

Une voie d'accomplissement des plus merveilleuse s'ouvre devant les femmes. Aider et soigner la vie en mouvement: les êtres humains dans la vie quotidienne.

6

Un bouquet de santé

Un bouquet de santé

Le Docteur Paul Chauchard md, dans son livre <u>Une morale des médicaments</u> dit ceci: **"(...) ce n'est pas d'une simple information que l'homme d'aujourd'hui a besoin, mais d'un art de vivre devant la tentation médicamenteuse"**. (Chauchard, Paul, <u>Une morale des médicaments</u>, Le signe Fayard 1966, p. 18).

C'est ce qui me fut sans cesse confirmé, en soignant mes patients. Développer **l'art de vivre**. Cela suppose utiliser entre autre l'alimentation avec finesse pour en faire un outil au service non seulement de l'entretien de la santé (en prévenant les maladies), mais aussi lorsqu'il y a maladie. La cuisine est en quelque sorte le laboratoire de la nature. Et Paul Chauchard mentionne en page 24 et 25 de ce même volume: **"L'animal a ici une supériorité sur nous. Ses besoins sont réglés par les modifications de la composition de son sang qui provoquent automatiquement par action sur les centres instinctifs de la base du cerveau des modifications du goût aboutissant à la consommation élective de ce qui est nécessaire. Il n'a pas de science, son bien lui est imposé. (...) C'est le privilège (et le drame) de la supériorité cérébrale de l'homme que ce dont il a besoin ne lui est pas imposé par son organisme; il s'alimente et se soigne d'après les usages d'abord, en suivant les découvertes de la science ensuite"**.

C'est ce drame que j'ai constaté. Donner des aspirines et du sirop de pharmacie, parce que la tante et la voisine le font. Donner tel antibiotique parce que le médecin le dit et que c'est une nouvelle découverte. Pourtant, l'aspirine, c'est connu maintenant, **peut amener de sérieux troubles dans le métabolisme d'un enfant et même d'un adulte, et les antibiotiques détruisent la flore intestinale.** Comme s'il n'y avait que cela au monde pour soigner! Oui, l'animal a un instinct mais il faut dire aussi que, vivant dans la forêt, son comportement n'est pas perturbé; il arrive que des animaux domestiques vivant dans un milieu antinaturel n'aient pas des goûts en accord avec leurs besoins. Toutefois je me dis ceci: l'animal donc a un instinct, mais l'être humain lui a un esprit, et cet esprit devrait le guider! Éveiller son sens critique devant tous ces médicaments et ces aliments qui détruisent la santé. Son esprit devrait l'amener à lutter contre cette quasi auto-destruction qui s'opère actuellement dans nombre de familles. Intuitivement l'être humain devrait sentir qu'il n'est pas sur la bonne voie. Mais... l'esprit lui-même s'est tu...

Yannick Villedieu, journaliste et collaborateur de <u>Québec-Science</u> mentionne dans son livre <u>Demain la santé</u>: **"Dix ans après la création, en novembre 1966, de la Commission d'enquête sur la santé et le bien-être social (Commission Castonguay-Neveu), la question de la santé est plus que jamais d'actualité au Québec. Malgré le cham-**

bardement des structures, malgré l'invasion toujours plus marquée de la technologie médicale et malgré l'escalade, la prodigieuse escalade aux dollars, l'état de santé de la population reste en effet stationnaire, quand il ne se détériore pas". (Villedieu, Yannick, Demain la santé, Les dossiers de Québec-Science 1976, p. 9). Et de plus il ajoute en page 11: "Il faut donc, pensent plusieurs, "prendre le virage vers la santé". Car investir encore et encore dans la maladie, c'est chercher à remplir un tonneau sans fond. Le petit hic pourtant, c'est que personne ne sait vraiment par quel bout commencer (...)".

La solution est pourtant simple: observer l'être humain dans son comportement de tous les jours et **instruire les femmes,** leur faire confiance.

Avant de parler des premiers soins naturels proprement dits, je veux parler d'une cinquantaine d'aliments, de tisanes ou de substances naturelles que j'ai utilisés et dont j'ai constaté l'efficacité. Je ne suis pas la seule à l'avoir fait d'ailleurs car, comme vous avez pu le constater, la médecine naturelle a une histoire. Une histoire vieille comme le monde et nombre de praticiens en suivent les préceptes dans différents pays. Toutefois, ils ne constituent qu'une petite poignée. Dans cette mer d'habitudes anti-naturelles et de publicité tapageuse pro-médicaments, ils et elles enseignent courageusement les lois de la santé. Je dis **bouquet de santé** car ces conseils je veux les offrir comme un bouquet de fleurs.

1. Le bouillon d'oignon
2. La chlorophylle
3. Le millet et le riz
4. Le lait et le fromage de chèvre
5. La compote de pommes et de dattes
6. La mélasse de Barbade ou Blackstrap
7. La carotte
8. La betterave
9. Le cataplasme merveilleux: l'argile
10. Les graines de lin
11. Le bain d'algues et de sel de mer
12. L'onguent à la vitamine E
13. L'aloès
14. Le boldo
15. Le thym
16. La verveine
17. Le miel, le pollen et cie.
18. Le massage des pieds

19. La rose
20. les enzymes de papaye
21. La levure alimentaire et le kéfir
22. Le phosphate de fer
23. Le potassium et l'iode
24. Le tofu et le quark
25. Les pâtes à dent naturelles-maison
26. Le caroube
27. Le poulet de grain
28. Les amandes
29. Le jus de pomme jaune et poivron vert
30. L'huile essentielle d'eucalyptus
31. Le gargarisme au vinaigre de cidre
32. L'huile d'olive de première pression
33. La cure de raisin
34. La valériane
35. L'eau de fleurs d'oranger
36. Les savons naturels
37. Le shampoing-mayonnaise
38. Le sepia
39. Le bain de bras
40. La tisane d'anis
41. La bouillotte
42. Le baume de tigre
43. La galette de sarrasin
44. Le bois de réglisse
45. La poudre de carthame et l'aubier de tilleul
46. La gomme de myrrhe
47. La sauge
48. Le jus de tangerine et oignon
49. Le vinaigre des quatre voleurs
50. La tisane de vigne rouge

Ayant plus d'information sur la nature et l'efficacité de ces substances, il vous sera plus facile d'en comprendre la nécessité pour soigner différents problèmes de santé, au chapitre des premiers soins naturels.

1. Le bouillon d'oignon

Le bouillon d'oignon ou tisane d'oignon est une petite merveille. Je l'ai souvent conseillé dans les cas de rhume ou de grippe. Particulièrement lorsque les voies respiratoires sont chargées de mucus. Je me souviens encore de cette maman qui n'en revenait pas que son jeune enfant ait évacué une grande partie du mucus encrassant ses voies respiratoires. Elle s'était bien rendue compte que le bouillon avait été d'une grande efficacité. Il est très bon au goût. Il est légèrement sucré. Il sera donc particulièrement utile l'automne et l'hiver pour tous les membres de la famille. On peut le boire à la tasse ou au biberon, et même en faire un base de soupe. Le bouillon d'oignon est également diurétique. Il est donc à conseiller dans les cas d'inflammation de la vessie (cystite).

Il s'agit pour cela de prendre trois gros oignons et de les couper en menus morceaux. Il faudra les arroser de 1 pinte (1 litre) d'eau et faire cuire le tout **à feu très doux,** durant deux heures. Pour un jeune enfant le bouillon peut être par la suite dilué avec de l'eau de source. Si vous en faites une base de soupe, si tout le monde chez vous est grippé, il faudra faire cuire les légumes à la vapeur: carotte, céleri, courgette, brocoli, très peu de pomme de terre puis passer le tout au mélangeur.

Les Romains et les Égyptiens savaient bien utiliser l'oignon. Même pour soigner des blessures. Des oignons chauds peuvent également être placés sur la poitrine, dans un ''coton à fromage'', pour soulager la toux. Les oignons doivent toujours être cuits à la vapeur. Pour soulager les maux d'oreilles, ce cataplasme (placé sur l'oreille) est remarquable lorsqu'un enfant a pris froid. Il fait également ''aboutir'' les furoncles.

Beaucoup de petites écorchures pourront être soignées et désinfectées avec la pellicule très mince se trouvant entre deux pelures d'oignon. C'est un pansement antiseptique léger et naturel. Il s'agit pour cela d'enlever la première épaisseur de l'oignon et de recueillir délicatement cette pellicule. Une fois appliquée, on la recouvre d'un coton léger ou d'un pansement adhésif.

Il est utile de mentionner que l'oignon est **riche en silice,** ce minéral si important que l'organisme peut transformer en calcium. De plus, la silice lutte contre l'infection. Le bouillon d'oignon ou tisane d'oignon est donc un remède naturel facile à utiliser lorsque l'occasion se présente. L'oignon peut aussi être consommé cru mais en général, présenté ainsi, les enfants n'en raffolent pas. Il faudra donc l'intégrer très progressivement dans les salades. Les quantités suggérées de bouillon d'oignon sont les suivantes:

Bébés, 6 mois à 1 an: ½ à 1 once (15 à 30ml), trois fois par jour.

1 an à 3 ans: 1 à 2 onces (30 à 60ml), trois fois par jour.

4 ans à 7 ans: 2 à 3 onces (60 à 90ml), trois fois par jour.

7 ans et plus: 3 à 6 onces (90 à 180ml), trois à quatre fois par jour.

2. La chlorophylle

La chlorophylle c'est le vert des plantes, c'est le sang de la vie végétale. Il est important de manger des légumes verts, de faire ses salades avec différentes sortes de laitues bien vertes et de manger de la luzerne. On peut la faire germer soi-même (et aussi les germes de luzerne se vendent dans les magasins). La luzerne peut être consommée dans les sandwiches, les salades et même dans omelettes et les galettes de tofu. C'est de la luzerne d'ailleurs qu'est extraite la chlorophylle naturelle vendue dans les magasins d'aliments de santé, en comprimés ou en liquide. Cette douce et pure chlorophylle, je la recommande à mes patients.

Pour le mal de gorge: laissez simplement fondre quelquefois par jour un comprimé sur la langue. Vous verrez comme c'est efficace! La chlorophylle désinfecte alors la gorge et y détruit toutes les bactéries et les toxines qui peuvent s'y loger.

Pour le muguet: si votre bébé fait du muguet, cet espèce de dépôt blanc qui se loge un peu partout dans la bouche. (Ce sont des petits champignons qui poussent sur la délicate muqueuse buccale des bébés). Règle générale, l'application de chlorophylle liquide sur ces champignons les fait disparaître en peu de temps. On l'applique avec un coton tige plusieurs fois par jour (particulièrement après les boires). Il arrive qu'en plus certaines rectifications de régime s'imposent.

Pour les boutons: pour celui ou celle qui a tendance à faire des boutons ou des clous, la chlorophylle est le remède naturel indiqué puisqu'elle purifie le sang, à raison de deux comprimés par repas.

"C'est le Dr. Richard Willstater, un chimiste allemand, qui a découvert que la molécule de la chlorophylle ressemblait étrangement à l'hémoglobine, la substance rouge dans le sang. L'hémoglobine est composé d'atomes de carbone, d'hydrogène et de nitrogène groupés autour d'un seul atome de fer. La chlorophylle diffère de l'hémoglobine par son atome central qui est du magnésium au lieu du fer". Ces informations sont fournies par le Dr. Bernard Jensen, nutritionniste et iridologue dans son livre <u>Chlorophyll Magic from living plant life</u>.

Pour les brûlements d'estomac (et les fermentations du système digestif et de l'intestin): faire fondre un comprimé ou deux de chlorophylle dans une tasse de tisane de verveine après les repas.

En douche vaginale: au lieu d'utiliser des produits très forts et chimiques qui irritent la muqueuse vaginale, la chlorophylle, qui nettoie très bien, peut être conseillée. Faire fondre dans 2 onces (60ml) d'eau chaude de 2 à 4 comprimés de chlorophylle. Lorsqu'ils sont bien fondus, ajouter 3 tasses (750ml) d'eau bouillie. Cette douche est indiquée dans les cas de pertes vaginales odorantes.

Je pourrais vous citer bien d'autres cas mais j'aurai sûrement l'occasion de vous en parler au chapitre des premiers soins. Je veux cependant ajouter que la chlorophylle régularise le fonctionnement de l'intestin et qu'elle peut être prise au coucher (2 à 4 comprimés). Lorsqu'on prend de la chlorophylle, les selles ont alors une couleur verte. Ne vous inquiétez pas, c'est le pigment naturel de la chlorophylle qui donne cette couleur verte aux selles.

Je vous ai parlé du **breuvage vert** du Dr Kirschner eh bien! voici les ingrédients de sa recette. Quand aux quantités de chaque ingrédient, il ne s'agit pas de mettre beaucoup de chaque ingrédient dans le mélangeur mais de le faire régulièrement soit trois fois par semaine. Le Dr. Kirschner mentionne: (...) **"Je commençai à préparer une liqueur dans mon liquéfieur avec du jus d'ananas non sucré comme base. À ceci j'ajoutai de la luzerne, du persil, des feuilles d'épinards, des amandes, du germe de blé, de la poudre d'os et des algues séchées. Avec un verre de ce "breuvage vert" comme supplément quotidien à leurs diètes fortes en amidons et faibles en fer, je vis les patients faire des progrès remarquables en poids, accompagnés d'un sentiment de bien-être, de corrections digestives et intestinales et d'une amélioration de l'hémoglobine".** (Kirschner, H.E., m.d., Buvez vos légumes, 1957, p. 88).

Évidemment, ne croyez pas que ce breuvage soit une panacée universelle mais si vous êtes fatigué (e), surmené (e), si votre taux d'hémoglobine (fer dans le sang) n'est pas assez élevé et si vous avez la persévérance de le prendre trois fois par semaine et même tous les jours, il vous fera du bien. Pour les écoliers, c'est un breuvage ravigotant! Ce médecin a constaté que le **breuvage vert** aide à régulariser le poids des personnes maigres mais si vous devez perdre du poids, il ne vous fera pas engraisser. Donc placer dans un mélangeur:

1 tasse (250ml) de jus d'ananas non sucré
1 c. à soupe (15ml) de luzerne germée
1 c. à soupe (15ml) de persil frais
1 c. à soupe (15ml) d'épinards frais
3 amandes brunes (avec la pelure)
¼ c. à thé (1ml) de poudre d'os

¼ c. à thé (1ml) d'algues en poudre
1 c. à thé (5ml) de germe de blé
Bien homogénéiser au mélangeur et boire immédiatement.

N.B. Il faut faire ce breuvage juste avant de le boire. Il arrive que l'épinard frais soit difficile à trouver, il faudra alors doubler la quantité de persil frais. Si vous ne digérez pas bien la poudre d'os, remplacez-la par une capsule de prêle que vous prendrez avec le **breuvage vert**. Si vous faites le jus d'ananas à l'extracteur, c'est encore mieux, car l'ananas contient des enzymes (bromelaïne) qui faciliteront la digestion de ce mélange. Initialement ce que le Docteur Kirschner conseillait était la luzerne telle qu'elle pousse dans les champs. Si vous en trouvez, tant mieux pour vous!

3. Le millet et le riz

Ces deux céréales ont une propriété particulière, elles peuvent alcaliniser l'organisme. Autrement dit, elles aident à réduire l'acidité. Mais le millet n'est pratiquement pas connu, dans l'ensemble de la population et le riz est raffiné. Il m'est souvent arrivé de recommander au déjeuner un plat de millet chaud recouvert d'une compote de pommes jaunes, et d'une tranche de fromage maigre. J'ai remarqué que les gens ont tendance à consommer des céréales complètement dénaturées, colorées et sucrées; d'autres exagèrent dans la consommation de céréales naturelles constituées certes de bons ingrédients mais quelquefois trop lourdes pour leur système digestif. Encore là, il s'agit de connaître ses capacités biologiques et d'être à l'écoute de son corps. Les céréales **type granola** sont de très bonnes céréales mais elles contiennent une grande quantité d'avoine et l'avoine laisse dans l'organisme un résidu acide. Donc, si vous souffrez de brûlements d'estomac ou d'arthrite ou encore si votre enfant a tendance à faire des amygdalites ou des sinusites, il sera préférable d'éviter la consommation de ces céréales. Elles sont très concentrées, et si l'organisme ne les **brûle** pas suffisamment afin de les transformer en capital énergétique, elles amèneront la formation de fermentations dans le système digestif, pour ensuite encrasser le sang, ralentir le foie et amener des résidus qui risquent de surcharger le corps. Toutefois, l'automne ou l'hiver elles sont particulièrement recommandées à ceux qui travaillent fort physiquement et aux écoliers qui passent de longues heures à jouer dehors. Par contre les céréales dénaturées pauvres en fibres et remplies de sucre peuvent constiper et privent l'organisme d'éléments naturels dont il a besoin.

Sharon Yntema dans son livre Vegetarian baby parle du millet de façon très positive. Mentionnons que le millet est riche en fer, qu'il se digère aussi facilement que le riz et qu'il forme, combiné avec le lait, une protéine complète. Il contient d'autres minéraux tels que le zinc, le cuivre, le calcium, et la silice.

Le millet contient également de la vitamine A. Le millet se cuit à feu doux. Durant la cuisson il double de grosseur, il faut donc le faire cuire avec trois parties d'eau pour une partie de millet. L'excédent se conserve bien au réfrigérateur. Il peut être, pour le repas du matin, aromatisé avec un peu de vanille et recouvert de noix de coco râpée. Le millet peut être intégré à nombre de recettes: soupes, gratin de millet et de légumes, etc. Le Dr. A. Vogel le recommande pour sa richesse en acide silicique (silice).

Maintenant le riz. Je mentionnais déjà dans mon livre <u>Soins naturels de l'enfant</u>, m'inspirant des recherches de l'Équipe Rodale que: **"Le riz possède d'indéniables propriétés nutritives. Toutefois, lorsqu'il est raffiné, 10% de ses protéines, 85% de ses lipides (acides gras non saturés), 70% de ses minéraux et de larges quantités de vitamines lui sont enlevés. Le riz raffiné et poli ne contient ni son, ni germe".**

Le riz non raffiné est une excellente source de vitamines du complexe B. Lennie Richards et Al Bauman dans un petit livre appelé <u>Rice and the ten day rice diet</u> (The George Oshawa macrobiotic foundation) parlent du riz complet comme d'un aliment très utile pour alcaliniser le sang. Ils suggèrent même cette diète de 10 jours au riz complet pour rééquilibrer les réserves alcalines du sang. Sans aller jusque-là, je l'ai à plusieurs reprises recommandé aux enfants atteints d'impétigo, à ceux qui sont très nerveux et qui ont tendance à faire de l'eczéma, accompagné toutefois d'autres aliments alcalins. Il faut savoir utiliser de façon équilibrée les céréales.

Paul Carton parlait de l'avoine comme d'une céréale très bonne pour les chevaux! Cela vous fait peut-être sursauter! Ce qu'il faut comprendre par là c'est que c'est une céréale très énergétique, donc il faut savoir quand la consommer. Durant quelle saison par exemple, et être certain qu'elle ne dépasse pas notre potentiel d'assimilation. Au fond c'est simple. Nous avons tous une hérédité particulière et les membres d'une même famille ne sont pas héréditairement identiques. Je comprends qu'une maison n'est pas un restaurant et que l'alimentation ne peut être différente pour chaque membre de la famille mais il arrive que certains aliments doivent être évités si nous percevons certains symptômes tels qu'amygdales enflées, boutons, accumulation de mucus, constipation ou diarrhée, urine brûlante, mauvaise haleine, etc. Un ajustement alimentaire durant quelques jours peut souvent éviter bien des problèmes. Nous reparlerons d'ailleurs des aliments acides, des aliments formateurs de mucus, des aliments pouvant constiper, etc. En résumé disons que:

Le riz est très alcalin.

Le millet est très alcalin.

Le tapioca est très alcalin et de digestion facile.

Le maïs est moyennement alcalin, particulièrement recommandé l'été, car il ralentit la glande thyroïde souvent plus active, durant cette saison.

L'orge est moyennement alcalin.

Le sarrasin est moyennement alcalin, particulièrement riche en vitamine P (rutine), fortifie les capillaires.

Le seigle est légèrement acide, appelé souvent la céréale anti-allergie. Elle est plus facile à digérer que le blé. Le seigle est bon pour la circulation.

Le blé est légèrement acide et est riche en vitamines B et E et en minéraux. Il est important de consommer du pain de blé entier. Le blé germé est un aliment fortifiant et le blé bulghur (blé précuit) peut être utilisé dans toutes sortes de recettes.

L'avoine est une céréale lourde et acide. Raymond Dextreit dans son livre Vivre sains (Éditions de la revue Vivre en harmonie) mentionne en page 145: **"Beaucoup de naturistes font une grande consommation d'avoine, ce qui n'est pas toujours indiqué. Si l'avoine contient presque autant d'hydrates de carbone (producteurs d'énergie) que le blé, sa teneur en substances grasses et minérales est, par contre, plus élevée que le blé. Renfermant: soude, fer, phosphates, magnésie, chaux, l'avoine donne de la force et de la vigueur aux muscles, mais elle est excitante, et les personnes nerveuses doivent s'abstenir d'en faire usage. L'avoine stimule la glande thyroïde, aussi est-il préférable d'en éviter la consommation pendant la belle saison; elle constitue d'ailleurs l'aliment-type des saisons et des régions froides"**. Renforçant ainsi la pensée et l'expérience thérapeutique de Carton, ce que mentionne Raymond Dextreit est très juste. Les mélanges granola (à base d'avoine) doivent donc être consommés l'automne et l'hiver seulement et pas avec du sucre brut. Je suggère également le muesli qui est moins lourd et qui permettra plus de variété au déjeuner. Mais il sera préférable de faire la recette de muesli avec des flocons de blé ou de seigle plutôt que des flocons d'avoine. Le muesli se prépare de cette façon:

1. Faire tremper de 1 à 3 c. à soupe (15 à 45ml) de flocons de seigle, de blé ou d'avoine (au choix) pendant douze heures.

2. Ajouter aux flocons déjà trempés, 1. c. à thé (5ml) de jus de citron.

3. 1 pomme râpée (ou 1 poire ou 1 pêche coupée en petits morceaux ou ½ poire + ½ orange). Mélanger le jus de citron et les flocons auparavant.

4. 1 c. à table (15ml) de noisettes concassées ou d'amandes. (Les noisettes sont les noix les plus faciles à digérer. D'autre part les amandes sont les noix les plus alcalines).

5. Il est souvent suggéré d'ajouter du miel au muesli. Je préfère suggérer l'adjonction de 1 c. à soupe (15ml) de raisins secs ou deux dattes coupées en petits morceaux. Cela provoque moins de fermentations.

6. Arroser de lait de chèvre ou de lait de vache.

Cette recette de muesli s'inspire de la recette suggérée par le Dr Bircher-Benner, dans son livre Children's diet.

Le triticale est cette nouvelle hybridation du blé et du seigle qui nous fournit une céréale nouvelle. Le triticale, est plus riche en protéines et est moyennement alcalin. La farine de triticale pourra donc être utilisée dans les préparations de biscuits, de muffins, de crêpes, etc.

J'aimerais enfin mentionner une recette pauvre en hydrates de carbones pour les gens sensibles à la formation de mucus. C'est un type de déjeuner différent, constitué d'un mélange de caroube, de graines de citrouille, de graines de tournesol, de graines de lin, d'amandes, et de millet. Mélange auquel sera ajouté un fruit râpé et coupé en petits morceaux et quelques raisins secs ou de la noix de coco râpée.

"Déjeuner arc-en-ciel"

Ingrédients

2 c. à soupe (30ml) de millet pulvérisé au robot culinaire
1 c. à soupe (15ml) d'amandes finement broyées
½ c. à thé (2ml) de poudre de caroube
1 c. à thé (5ml) de graines de citrouille finement broyées
1 c. à thé (5ml) de graines de lin finement broyées
1 c. à thé (5ml) de graines de tournesol finement broyées

Les ingrédients étant finement broyés, bien les mélanger et les recouvrir de lait. Faire cuire à feu doux pendant 15 à 20 minutes. Retirer du feu, laisser tiédir et recouvrir d'un fruit râpé ou coupé, de quelques raisins secs ou de noix de coco râpée.

4. Le lait et le fromage de chèvre

Le lait de vache est certes un bon aliment pour nombre de personnes mais il arrive que pour certains bébés, certains enfants ou certains adultes il devienne un aliment formateur de mucus et de toxines de toutes sortes, parce qu'il est mal assimilé. J'ai pu, croyez-moi, vérifier cela à maintes reprises, particulièrement dans les cas de constipation chronique, d'eczéma, de bronchite chronique, d'otite chronique, etc. Je sais qu'il vaut mieux suggérer de boire du lait que des liqueurs douces mais reste à savoir quel lait.

Le lait de chèvre et les produits à base de lait de chèvre font de plus en plus leur entrée dans le marché de l'industrie laitière. Alors pourquoi ne pas l'essayer! Mais qu'est-ce qu'il a de si spécial ce lait de chèvre, me direz-vous?

Avez-vous déjà vu un chevreau? Avez-vous déjà comparé son ossature avec celle d'un veau? Puis l'ossature de la vache avec celle de la chèvre? Si vous les regardez attentivement, vous avez des chances de comprendre ce que je veux dire. L'ossature du chevreau est beaucoup plus fine. Et le lait que produit la chèvre, puisqu'il est fait pour son petit, est un lait moins lourd que le lait produit par la vache. Même si le lait de vache est dégraissé et qu'il ne contient que 2% de gras, ce lait demandera au système digestif humain un travail d'assimilation beaucoup plus grand, car les molécules en sont plus lourdes.

Nombre de fois j'ai constaté qu'après l'allaitement un bébé ou un jeune enfant à qui on a donné du lait de vache (et qui présentait dans son métabolisme le terrain propice à une difficulté d'assimilation) fut surchargé de mucus ou encore de divers résidus toxiques. Cependant, après avoir opéré un changement de régime: diminution du lait de vache, intégration de jus frais, fromages (au lait de vache maigre), fromage ou yogourt de chèvre, lait de chèvre et quelquefois d'autres rectifications alimentaires (car ce n'est pas une règle générale), j'ai pu constater une amélioration sensible de l'état de santé chez nombre de ces petits enfants.

Si votre enfant est atteint d'otites chroniques, s'il a toujours le nez qui coule et les voies respiratoires qui sillent et qu'il est un **gros buveur de lait,** pourquoi ne pas tenter ce changement de régime. Ce que je vous dit est évidemment général, voilà pourquoi je suggère quelques consultations naturopathiques dans ces cas, car ce changement ne doit pas être fait à la légère. Dans certains cas, s'il est difficile de se procurer du lait de chèvre, je suggère la consommation de fromages au lait de vache maigre mais j'ajoute un supplément de calcium et pas n'importe quel supplément de calcium. Un supplément qui s'assimile bien et correspond aux capacités d'assimilation du bébé ou de l'enfant. À ce sujet il sera pour vous certainement intéressant de lire au chapitre des premiers soins les différents témoignages que plusieurs personnes ont eu la gentillesse d'écrire.

En Espagne, une légende (que l'on retrouve dans les manuels scolaires) raconte que la Voie lactée des étoiles, c'est du lait de chèvre ayant coulé des mamelles d'une chèvre extraordinaire qui fut choisie pour nourrir le jeune Prince d'un royaume dont les montagnes touchaient au ciel. Mais, parti à la chasse avec son père le Roi, le petit enfant fut perdu. La fidèle chèvre partit donc à sa recherche. Elle refusait de nourrir de son lait tout autre personne que cet enfant. Elle le retrouva et le sauva, avec tout ce lait qu'elle n'avait gardé que pour lui. Mais durant sa recherche, il s'écoula du lait de ses mamelles, ce qui constitua la Voie lactée. Plus tard le Roi y déposa des diamants, qui devinrent les étoiles de cette Voie lactée. Juliette de Baïracli-Lévy relate cette légende dans son livre Nature's children. Elle explique d'ailleurs que, n'ayant pu allaiter son deuxième enfant à cause d'un accident, celui-ci fut nourri au lait de chèvre et s'en porta très bien. Expérience dont elle parle en détail dans un de ses livres Spanish mountain life.

Le professeur Arnold Ehret, médecin, mit au point une diète qu'il expérimenta sur plusieurs patients atteints de diverses maladies. En 1922 fut publiée la première édition de cet ouvrage Mucusless diet healing system (Ehret Literature Publishing Co., Beaumont Californie). C'est la diète sans mucus. Évidemment cette diète sans mucus n'a pas à être appliquée de façon stricte dans tous les cas; mais ce que le médecin (qui expérimenta et observa de façon précise la formation du mucus dans le corps humain) mentionne est hautement valable. Parlant du lait de vache, il dit que ce lait peut faire une bonne colle. Qu'il ne convient pas aux adultes et qu'il devrait être dilué pour les bébés et aussi souvent pour les enfants. Vous pensez peut-être aux formules de lait vendues dans les pharmacies. Ces formules furent mises au point pour remplacer le lait maternel car, malheureusement, l'allaitement avait perdu de sa popularité.

Il n'y a qu'à donner ces formules aux bébés durant la première année de leur croissance! C'est la réaction de nombre de mères. Cela peut être une solution mais c'est la dernière. Ces laits sont quand même fortement travaillés en laboratoire. Le lait de type S.M.A. à cause de son taux de lactalbumine proche de celui du lait maternel est celui qui me semble le plus acceptable. (lactalbumine: protéine présente dans le lait maternel). Il y a aussi le lait avec lactosérum ajouté. Mais ces laits sont très riches et le type de sucre qu'on y ajoute n'est pas celui que je recommanderais. Certes c'est mieux que rien mais il est préférable d'utiliser du lait de chèvre auquel on ajoute du lactose (sucre de lait) et une petite pincée de levure alimentaire (contenant de la niacine). Le lactose peut être remplacé par du sirop d'érable naturel lors d'intolérance au lactose.

Il y a aussi la recette de formule-maison (au lait de vache) d'Adelle Davis. J'ai souvent recommandé cette formule aux mamans dont les bébés ne souffraient pas de sérieux problèmes d'assimilation à cause du lait de vache. Par exemple, les bébés qui avaient un peu de constipation, un sommeil agité, des croûtes de lait (au cuir chevelu) ou la digestion un peu lente, se portaient mieux avec cette formule. J'en profite pour mentionner que l'apparition des croûtes de lait au cuir chevelu n'est pas comme on le croit souvent, due aux shampoings ou au lavage de tête qu'il faut faire plus fréquemment mais à certains gras ou autres substances du lait difficiles à assimiler. Le corps alors les rejette et souvent par le cuir chevelu. Dans ces cas, un lait plus facile à assimiler, un peu de jus de carotte coupé avec de l'eau de source, des céréales bien équilibrées (additionnées d'un peu de levure alimentaire) peuvent souvent grandement améliorer l'état du cuir chevelu de ces bébés. Revenons donc à la formule de lait d'Adelle Davis. Il s'agit d'utiliser:

• 1pinte (1 litre) de lait de vache contenant 3.5% de gras (acheté dans les épiceries) ou 1 pinte (1 litre) de lait non dégraissé (en poudre) reconstitué (vendu dans les magasins d'aliments de santé) mélangé à 6 onces (180ml) d'eau bouillie (dans les deux cas).

Je préfère toutefois suggérer une eau de source **type Evian** que les services de santé français recommandent depuis nombre d'années pour les nourrissons dans le coupage des biberons. Son rapport calcium/magnésium est presque identique à celui du sang humain et le rapport entre ces deux minéraux est très important durant la croissance.

• 2 c. à thé (10ml) de lactate de calcium en poudre (ou la moitié de la coquille d'un oeuf (brun de préférence) broyé au mélangeur avec peu de lait).

• Adelle Davis suggère de plus 1 pincée d'oxyde de magnésium.

• ¼ à ½ c. à thé (1 à 2ml) de vitamine C liquide.

M'inspirant des travaux d'Adelle Davis, je suggérais dans mon livre Soins naturels de l'enfant, publié en 1973 d'ajouter du sirop d'églantier riche en vitamine C au biberon des bébés nourris au lait de vache, pour fortifier leur immunité.

Toutefois, l'expérience thérapeutique m'a démontré qu'il est préférable de ne pas l'ajouter aux biberons. Il faut le donner le matin au réveil et avant les boires. Le mélanger d'avance à une formule de lait lui fait perdre de son efficacité. De plus je suggère maintenant une vitamine C liquide **en ampoule** de 500mg. Ces ampoules peuvent être trouvées dans les magasins d'aliments de santé. La vitamine C y est mélangée avec de l'extrait pectique de pulpe d'orange, ce qui en facilite l'assimilation et permet une meilleure conservation de la vitamine C dans les tissus du corps. On donnera ¼ à ½ c. à thé (1 à 2ml) de cette vitamine C au lever. Une fois l'ampoule brisée, il faut placer le restant du liquide de l'ampoule au réfrigérateur, dans un petit bocal bien fermé. Elle se conservera deux jours. Si votre bébé ou votre enfant n'en prend pas suffisamment, un autre membre de la famille pourrait en prendre. (Maman par exemple, qui en a souvent besoin car la vitamine C aide à l'assimilation du fer).

• ¼ à 1 c. à thé (1 à 5ml) de levure alimentaire (pouvant être augmentée graduellement à 1 à 2 c. à thé (5 à 10ml) par bouteille). Je crois personnellement que 1 c. à thé (5ml) de levure est le maximum pouvant être atteint par biberon.

• 1 pincée à ¼ de c. à thé (1ml) d'algues en poudre.

• 1 comprimé de bactéries de yogourt (ou 1 à 4 c. à soupe (15 à 60ml) de yogourt nature fait à la maison de préférence). Les bactéries de yogourt aident à l'assimilation du lait de vache.

• ½ c. à thé (2ml) d'huile pressée à froid (carthame, soya ou tournesol).

• ¼ c. à thé (1ml) de lécithine granulée.

• 3 à 5 c. à table (45 à 75ml) de lactose ou sucre de lait. Ce sucre venant du lait de vache peut être trouvé dans les magasins d'alimentation naturelle.

Il est important d'ajouter à la formule de lait une source de sucre mais pas n'importe laquelle. Le lait humain contient près de 10% de lactose, il est donc très sucré et cela est nécessaire car le sucre sanguin est vraiment un aliment du cerveau et du cervelet. Le sucre sanguin aide également à fortifier et à former le système musculaire. Toutefois il ne faut pas donner un lait trop sucré; ajouter 5 c. à table (75ml) de lactose par litre c'est trop si votre bébé a été nourri au sein durant quelques mois. Alors 1½ à 3 c. à table (23 à 45ml) de lactose par litre de lait suffiront (selon l'appétit). Bien homogénéiser la préparation au mélangeur. Lorsque l'on craint que le métabolisme puisse présenter des difficultés d'assimilation de produits de la vache, le sirop d'érable naturel a certes des avantages. Il faudrait alors ajouter de 1 à 3 c. à soupe (15 à 45ml) de sirop d'érable par litre de lait pour remplacer le lactose provenant du lait de vache.

Évidemment, comme tout autre formule de lait, cette formule-maison doit être intégrée **progressivement** durant une période de deux à trois semaines. Au début, vous pouvez n'ajouter que quelques ingrédients à la formule de lait, par exemple du lactose, de la levure, du yogourt. Si votre bébé a plus de trois mois, le 6 onces (180ml) d'eau ajouté à la formule pourra être réduit régulièrement durant ces trois semaines d'adaptation à la formule, si la digestion est bonne, afin que le lait soit suffisamment concentré.

Il faudra mettre tous ces ingrédients dans le mélangeur, bien les homogénéiser avant de remplir les biberons, et ne pas congeler cette préparation.

De plus il est souhaitable, si votre bébé n'est pas nourri au sein, qu'il reçoive un supplément de vitamine E naturelle. Le lait humain contient, si la mère s'alimente bien, beaucoup plus de vitamine E que le lait de vache et de chèvre. Cette vitamine prévient l'anémie chez les bébés, elle aide à augmenter le taux d'oxygène dans le sang, ce qui est très important. Mais cette vitamine E doit être de source naturelle. Je suggère quelle soit donnée en supplément durant la première année de la croissance, lorsqu'un enfant n'est pas nourri au sein.

Maintenant, parlons des enfants plus âgés. Les enfants plus vieux s'adaptent bien au lait de chèvre. Au goût, lorsqu'il est frais, le lait de chèvre n'est pas tellement différent du lait de vache. On peut le servir aromatisé au caroube ou encore avec un peu de miel et de la vanille. Le yogourt et le fromage de chèvre (à pâte molle) sont également délicieux mais différents au goût des yogourts et des fromages habituels.

Je pourrais vous parler pendant des pages et des pages des bienfaits des produits à base de lait de chèvre et des méfaits que peuvent occasionner chez certaines personnes les produits à base de lait de vache mais je crois que dans tout cela, l'expérience vécue doit intervenir et confirmer la théorie. Cela, je dois le dire, je le vérifiai très souvent depuis 13 ans. Plusieurs médecins et naturopathes sont aussi de cet avis, quoique cela soit loin de faire l'unanimité dans le milieu médical.

Le Dr. Rudolph Ballentine, m.d., auteur de <u>Diet and nutrition</u> (holistic approach), Himalayan International Institute) mentionne dans son livre que: **"Plusieurs personnes évitent les produits laitiers car ils les disent formateurs de mucus dans les sinus, la gorge et les bronches, par exemple, et cela est vrai. Le lait est un aliment constructeur, il aide à la croissance et à la formation des tissus. C'est donc un aliment riche. En langage Ayurvedic, il est dit que le lait aide à la formation du "kaph". C'est la partie solide et plus**

substantielle du corps humain et quand cela est déficient dans le corps, une personne peut être maigre, sous-développée et instable psychologiquement. Durant les périodes de croissance, après une maladie, lorsqu'une personne a besoin de prendre du poids, le lait peut alors être utile dans le régime alimentaire. Mais, si le corps n'a pas besoin d'augmenter son "kaph" ou encore s'il est pour une quelconque raison difficile à assimiler, le lait (les éléments qui le constituent) est alors rejeté par le corps. Le "kaph" inutilisable est ce qui est connu en occident comme le "mucus"; en anglais "cough" (la toux) tire son origine du mot Sanskrit "kaph". En Inde le lait était connu comme formant moins de mucus, lorsqu'il était coupé d'eau bouillie, bu chaud, avec du gingembre".

Le Docteur Ballentine mentionne également que le lait de chèvre est reconnu par nombre de gens comme formant moins de mucus que le lait de vache. Gandhi vécut pendant un certain temps en se nourrissant exclusivement de lait de chèvre. Et il est dit que, lorsqu'il partit de l'Inde pour se rendre à Londres, il amena une chèvre pour boire de son précieux lait.

Il est intéressant de constater cette ralation expliquée par le Dr. Ballentine entre kaph-mucus-cough quand on connaît l'effet que peut avoir le lait de vache mal assimilé et la formation de mucus qu'il peut entraîner. J'en profite également pour mentionner que certains enfants qui ne tolèrent pas le lait de vache assimilent bien le yogourt de vache écrémé et le fromage cottage 2%. Ils retrouvent dans ces aliments une excellente source de protéines et de calcium. Ces aliments sont en quelque sorte pré-digérés (le cottage contient de la présure et le yogourt est un lait fermenté contenant de bonnes bactéries).

Le Docteur Grégoire Jauvais dans son livre Erreurs scandaleuses des théories officielles en matière de santé, Éditions Série Radieuse, mentionne au sujet du fromage blanc (cottage): **"Buvez moins de lait et manger plus de fromage blanc. Le fromage blanc est un lait "prédigéré" pour l'unique estomac de l'homme.** (Il mentionne cela en comparaison avec le veau qui a plusieurs estomacs). **En le mangeant, l'être humain broie le "caillé" avec ses dents et facilite ainsi l'action des sucs digestifs".**

Les jeunes aiment bien le fromage cottage. Ils peuvent le manger avec des fruits et un peu de miel. Il peut aussi être incorporé à une recette. Règle générale je préfère consommer le cottage avec 2% de gras. Quant au lait de vache eh bien! si les membres de votre famille le tolèrent bien, il peut être ajouté aux recettes de crèmes de légumes, tapioca, etc.

Le lait humain est facile à digérer et contient toutes les substances nutritives dont le bébé a besoin et de la vitamine D l'été.

Le lait de vache demande au corps de grands efforts de digestion et la sécrétion d'un suc gastrique fort et abondant. Ce lait qui est plus lourd peut amener la formation de mucus et d'autres substances toxiques. Il requiert un supplément de vitamine C, de vitamine E et de vitamine D. Il est préférable de ne pas donner de lait de vache aux bébés avant qu'ils aient 10 mois.

Les laits maternisés (de pharmacie) sont équilibrés mais très concentrés. Ils sont assez souvent difficiles à digérer. Ils peuvent donner des coliques et constiper. (Particulièrement ceux ayant un double dosage de fer.) Les sucres qu'ils contiennent peuvent être irritants et surchargeants pour le système digestif du bébé. Toutefois, le lait de type S.M.A., le lait avec lactosérum ajouté ou les formules de lait de soya peuvent être recommandées dans certains cas.

Le lait de chèvre, après le lait humain, est le lait le plus facile à digérer. Les risques de constipation, de mucus, d'infection, d'eczéma et d'otites sont fortement diminués. Ce lait demande toutefois un supplément de vitamine E et de niacine (vitamine B_2) source: (levure alimentaire). Il requiert un supplément de vitamine A (jus de carotte: de ½ à 3 onces (15 à 90ml) par jour coupées d'eau Évian (à part égale les premiers temps) puis ⅔ de jus de carotte pour ⅓ de jus de pomme jaune Délicieuse par la suite: source de vitamine C et de minéraux. Huile de foie de morue (aromatisée naturellement à la menthe) comme supplément de vitamine D naturelle.

Pour l'enfant ou l'adolescent: fromage blanc **cottage,** yogourt (chèvre ou vache), fromage de chèvre, lait de chèvre ou de vache et si bien tolérés, divers fromages durs maigres.

Il est intéressant de noter que le lait de chèvre contient du fluor naturel et que les ⅔ de la population mondiale consomment du lait de chèvre et des produits faits avec ce lait. Quant au lait de soya, lorsqu'il est donné à un bébé qui est encore au régime liquide, il y a deux points importants à retenir:

a) Ce lait est riche en phosphore, il nécessite donc un supplément de calcium.

b)Pour que la croissance du bébé soit normale **une source de protéines animales doit lui être donnée (par exemple, du yogourt de chèvre).**

N'oublions pas que nous sommes des mammifères!

5. Compote de pommes et dattes

Cette compote est délicieuse et aussi très énergétique car la datte est un fruit riche en fructose. Le fructose est un sucre naturel facilement assimilable donnant au corps une réserve énergétique qui dure plus longtemps que tout autre sucre.

Il faudra donc faire cuire environ 5 livres (2.275 kilos) de pommes délicieuses jaunes qui sont les pommes les moins acides. Les faire cuire dans très peu d'eau et ajouter de 1/4 à 1/2 livre (115 à 225gr) de dattes dénoyautées. Faire cuire le tout à feu très doux et réduire en crème au mélangeur. L'automne et l'hiver cette compote peut être servie chaude accompagnée de fromage cottage. Assurez-vous toutefois d'avoir des dattes de bonne qualité qui ne sont pas recouvertes de sucre blanc.

Les dattes sont connues depuis l'antiquité pour leur goût délicieux et leur pouvoir énergétique remarquable. Elles sont riches en minéraux et en vitamines: calcium, phosphore, potassium, fer, magnésium, vitamine A et B. Elles sont également laxatives. La compote de pommes jaunes apportera de plus nombre de minéraux. Mes patients souffrant de constipation et cherchant de nouvelles idées pour leur déjeuner furent toujours heureux de goûter cette compote.

6. La mélasse de Barbade ou Blackstrap

La mélasse est une source de fer, c'est bien connu. Toutefois, il faut utiliser une mélasse de bonne qualité, ne contenant aucun sucre blanc et aucun produit chimique. Ce que je conseille concernant la mélasse, ce n'est pas la mélasse sur des tartines de pain ou des galettes de sarrasin mais la mélasse dans de l'eau chaude. 1 à 2 c. à thé (5 à 10ml) de mélasse de Barbade ou Blackstrap dans 1 tasse (250ml) d'eau chaude au lever ou encore l'après-midi constitue un breuvage fortifiant. Au coucher elle apaise, favorise le sommeil et aide à l'évacuation intestinale.

La mélasse Blackstrap ou mélasse verte est plus amère que la mélasse de Barbade. Toutefois, elle est plus riche en fer. La mélasse contient également des vitamines du groupe B. Donc, si un membre de votre famille a besoin d'un apport supplémentaire de fer naturel, n'oubliez pas le breuvage à la mélasse.

Il existe également dans les magasins d'alimentation naturelle, un tonique à base de levure, de fruits, de légumes, de plantes et d'extrait de céréales riche en fer naturel. Utiliser à la place de fer synthétique, ce tonique, accompagné d'une alimentation riche en: persil, épinard, abricot, datte, prune, raisin, cresson, amande, riz brun, noix de grenoble, oeufs, etc., peut vraiment être d'une grande utilité.

7. La carotte

La carotte, toujours la carotte pour les lapins et les être humains! Je ne veux pas vous étourdir avec les carottes mais vraiment elles ont des propriétés thérapeutiques multiples.

La salade de carottes râpées arrosée d'huile d'olive de première pression et de jus de citron, est très bonne pour décongestionner le foie. Elle est donc laxative.

Les carottes cuites accompagnées de riz brun, peuvent enrayer la diarrhée et apaiser l'irritation de l'intestin. De plus, la carotte laisse dans l'organisme un résidu alcalin. Elle donne de l'énergie, elle contient de 3 à 7% de sucre directement assimilable. Elle aide à combattre l'anémie.

Le jus de carotte est une petite merveille. Il fortifie, nettoie le sang, assouplit la peau, etc. Le jus de carotte peut être ajouté à un bouillon de soupe, afin d'en améliorer la qualité nutritive. Il peut également être mélangé avec du jus de céleri et du jus de tomate, dans une sauce à spaghetti, ce qui diminue de beaucoup l'acidité de la sauce. La carotte est une source de carotène (provitamine A).

8. La betterave

La betterave est un légume dont on ignore les propriétés thérapeutiques. Ici et là, les gens disent que la betterave est bonne pour le sang, mais ils ignorent pourquoi.

La betterave, qui est un légume-racine, nettoie l'intestin. Je l'ai souvent fortement recommandée à ceux qui souffrent de constipation. En examinant le régime alimentaire de personnes souffrant de divers troubles de santé, je fus toujours surprise de constater que la betterave était consommée de façon régulière par à peu près 3 à 5% de ces gens seulement. Dans l'ensemble de la population, les betteraves sont consommées de façon très occasionnelle et dans le vinaigre. Les pauvres, il ne leur reste alors plus grand chose à offrir.

Les betteraves peuvent faire partie du régime alimentaire de la famille plusieurs mois par année. Elles peuvent être mangées crues, râpées dans les salades. Elles sont également très bonnes cuites à la vapeur (avec la pelure) ou au four (avec la pelure). Il ne faut pas oublier l'extracteur: un jus de carotte-céleri-betterave-pomme, c'est délicieux.

La betterave est riche en sucres directement assimilables. Elle contient du magnésium, du phosphore, du potassium et des vitamines B, etc. Elle fortifie donc le sang et le système nerveux. De plus, comme elle vidange littéralement l'intestin, elle débarrasse le corps de nombre de toxines.

J'ai mentionné que la betterave est un légume-racine, mais elle n'est pas le seul légume à faire partie de cette famille. La carotte en fait également partie ainsi que le navet (rutabaga), l'oignon, le panais, la pomme de terre, le radis, etc. Tous ces légumes sont fortement minéralisants pour l'organisme.

Dans les cas de constipation chronique, je recommande pendant un certain temps de manger une grosse betterave par jour et de boire beaucoup d'eau. Enfin, d'une façon générale, il serait bon de l'intégrer au menu deux fois par semaine. (Ne la faites jamais cuire dans l'eau). Elle doit être donnée régulièrement aux enfants. Elle est très bonne au goût et ces derniers l'acceptent en général très facilement. Évidemment quand les petits voisins n'en mangent pas, c'est quelquefois plus difficile. Voilà pourquoi les enfants doivent être habitués jeunes à manger de ce légume fortifiant et nettoyant.

9. Le cataplasme merveilleux: l'argile

On ne peut parler de premiers soins naturels et oublier l'argile. Cette terre, cette boue extraordinaire préparée par la nature, naturellement radio-active et riche en minéraux. J'ai souvent soigné les petits bobos de mes enfants avec de l'argile. De plus, ce qui est très important, l'argile aide à faire baisser la fièvre. Est-il possible que certains produits naturels fassent baisser la fièvre? Eh oui, cela est possible et je ne parle pas à travers mon chapeau. Depuis treize ans, je l'ai recommandée à beaucoup de mères qui furent étonnées de ses propriétés fébrifuges. Oui l'argile fait baisser la fièvre! Mais comment doit-on l'utiliser et quel est ce petit miracle qu'accomplit l'argile lorsqu'un enfant est fiévreux?

Il s'agit premièrement de savoir quel argile utiliser et comment l'utiliser. Il faut se procurer de l'argile verte ou grise et préparer une pâte avec un peu d'eau tiède, dans un bol en bois avec une cuillère de bois, afin d'éviter les oxydations. La boue étant préparée, il faut placer l'argile sur une épaisseur de ''coton à fromage'' et recouvrir l'argile d'un autre ''coton à fromage''. Le cataplasme sera alors mis sur le bas ventre, c'est-à-dire, en dessous du nombril. Ce cataplasme n'est aucunement dangereux. Il peut être laissé durant ¾ d'heure à 1 heure et être renouvelé si nécessaire de 2 à 4 fois par jour. Règle générale, l'épaisseur de cette boue sera de ½ pouce (1.25cm). Pour les bébés, elle pourra être de ¼ de pouce (.62cm).

L'argile n'est pas la seule substance naturelle ayant cette propriété de faire baisser la fièvre. Il y a la verveine, le phosphate de fer qui est un sel biochimique et plusieurs autres. Nous en reparlerons d'ailleurs au chapitre des premiers soins. Vous pourrez y lire un article que j'ai écrit il y a plusieurs années déjà et qui explique ce qu'est la fièvre, son utilité et ce qui la déclenche dans l'organisme.

Dans les cas d'amydgalite, de toux, de maux de tête, de boutons, de douleurs au foie, etc., l'argile verte ou grise est toujours très utile. L'argile blanche peut être utilisée lors de douches vaginales. On peut également faire de l'eau d'argile avec 1 à 2 c. à thé (5 à 10ml) d'argile blanche qu'on laisse tremper toute la nuit, dans un verre d'eau. L'eau d'argile (et non pas l'argile) peut alors être bue la matin avec une paille. Cette eau aide à minéraliser et à alcaliniser l'organisme. Elle apaise les irritations de l'intestin et aide à cicatriser les ulcères.

10. Les graines de lin

Les graines de lin, souvent utilisées dans le passé, ont été beaucoup oubliées. Pourtant, en cataplasme, elles sont très efficaces pour lutter contre la toux. De plus, elles sont laxatives et sont recommandées au dernier mois de la grossesse. Elles aident l'évacuation du placenta.

Comment faire un cataplasme de graines de lin? C'est bien simple. Faire cuire à feux doux, ½ tasse (125ml) de graines de lin dans 1 tasse (250ml) d'eau et cesser la cuisson lorsque les graines de lin ont vraiment une apparence gélatineuse. Il faut alors placer ces graines sur un ''coton à fromage'' assez grand pour recouvrir la poitrine de l'enfant ou de l'adulte. Y mettre ce cataplasme qu'on recouvre ensuite d'un autre morceau de ''coton à fromage''. Si l'enfant tousse beaucoup, s'il a les voies respiratoires très embarrassées par le mucus, on peut placer en même temps un autre cataplasme dans le dos, à la même hauteur que celui mis sur la poitrine. Ce cataplasme est très doux, on peut donc facilement le laisser en place pendant deux heures. L'idéal c'est de l'utiliser pendant la sieste ou au début de la nuit. Ce qu'il ne faut pas oublier, non plus, c'est la bouillotte chaude sur le cataplasme. Ainsi, il sera encore plus efficace.

Comme laxatif, les graines de lin peuvent être ajoutées aux céréales, aux préparations de biscuits, aux salades, etc. On peut aussi les prendre au coucher. On peut faire tremper 1 c. à soupe (15ml) de graines de lin dans un peu d'eau chaude et lorsqu'elles sont gélatineuses, les avaler telles quelles. Prendre la même quantité au lever. C'est un laxatif doux.

Durant la grossesse, il sera préférable de prendre les graines de lin seulement durant le dernier mois avant l'accouchement. Lors de la venue au monde de bébé, elles favoriseront l'élimination du placenta.

Certains suggèrent également d'utiliser 1 graine de lin (placée dans l'oeil) lorsque des poussières sont difficiles à évacuer et amènent une irritation. (Ce que mentionne Diane Simoneau dans son livre Les médecines populaires au Québec).

11. Le bain d'algues et de sel de mer

Si vous êtes fatigué(e) et courbaturé(e), si vous avez mal à la gorge, si vous avez une mauvaise circulation, si vous avez de l'arthrite, le bain d'algues micro-éclatées vous fera beaucoup de bien. Pourquoi les algues micro-éclatées? Parce qu'elles sont si finement pulvérisées que leur contenu en minéraux est plus facilement libéré dans l'eau du bain et est ainsi absorbé par les pores de la peau. Associé à un régime alimentaire précis, ce bain est à recommander, accompagné de la prise régulière de tisanes, dans les cas d'obésité et de cellulite par exemple.

On placera donc dans le bain, un sachet d'algues micro-éclatées et 1/2 tasse (125ml) de sel de mer. Mon fils aîné apprécie beaucoup ce qu'il appelle son **bain de mer.** L'hiver, s'il lui arrive d'avoir un peu mal à la gorge et d'être fatigué, il me dit qu'il veut prendre son bain de mer.

J'aimerais aussi mentionner que les algues peuvent être mangées et prises en comprimés. Il y a différentes sortes d'algues. Celles que l'on mange, règle générale, il faut les faire tremper. On peut alors les ajouter à la soupe, aux plats de riz.

Les algues en comprimés sont aussi à recommander. Elles sont très riches en minéraux: iode, calcium, phosphore, fer, sodium, potassium, magnésium, soufre, chlore, cuivre, zinc, manganèse, chrome, silice, vanadium, lithium, etc. Elles sont d'un grand secours pour les petits enfants qui ont mal aux jambes (douleurs de croissance ou début d'arthrite). Car il y a des enfants qui souffrent d'arthrite, voyez-vous! Et moi, vraiment ça me fait mal au coeur quand je les vois ingurgiter leurs médicaments. 90% de ces cas peuvent être grandement améliorés et guéris, non seulement par les algues car elles ne sont pas une panacée universelle, mais par différentes substances naturelles, par exemple: aubier de tilleul sauvage, magnésium, vitamine C, silice, plantes désintoxicantes variées. Les petits comprimés d'algues du Pacifique font partie de ces suppléments que j'affectionne plus particulièrement. Ce sont des algues de très bonne qualité et les comprimés peuvent être avalés facilement par les enfants. Il y a également des comprimés constitués d'autres variétés d'algues et les algues micro-éclatées en comprimés. Pour soulager les douleurs menstruelles elles sont d'une grande efficacité. Je les ai souvent recommandées à raison de 1 à 2 comprimés par repas et de 2 à 3 par repas la semaine précédant les menstruations et pendant les menstruations. Elles fortifient les glandes, nourrissent la muqueuse de l'utérus et facilitent la dilatation du col utérin. Elles favorisent également le fonctionnement normal de la glande thyroïde, dans les cas d'hypothyroïdie, lorsque celle-ci fonctionne trop lentement. Elles aident à régulariser le poids, fortifient le système de défense du corps, améliorent la digestion, etc.

Eric F.W. Powell, D. Ph, n.d., dans son livre Kelp, Health Science Press, dit avoir observé chez les enfants une réduction des rhumes, des grippes et des bronchites lorsqu'ils prennent des comprimés d'algues régulièrement.

En terminant, mentionnons que Eric F.W. Powell suggère la confection d'un onguent maison fait à base d'algues et d'une gelée (peut-être pourrait-on suggérer de l'huile de soya ou tournesol). Il s'agit de mêler 1 c. à thé (5ml) comble d'algues en poudre et 2 onces (55gr) de lanoline ou d'une autre crème non-parfumée. Cet onguent peut être conservé au réfrigérateur. Il est antiseptique et favorise la cicatrisation.

Il y a aussi les algues **spirulina** cultivées en eau douce. Ces algues sont non seulement riches en minéraux, mais elles contiennent diverses vitamines et des acides aminés. Elles peuvent être mélangées, lorsqu'elles sont réduites en poudre, à du jus de fruit non sucré. Elles constituent ainsi une excellente collation. Chez l'enfant ou l'adulte hypoglycémique (porté à faire des baisses de sucre sanguin) elles favorisent la stabilisation du taux de sucre, aidant ainsi la concentration. Durant la grossesse, elles sont un supplément alimentaire de grande qualité. Dans un régime amaigrissant, prises en comprimés avant le repas, elles aident à réduire l'appétit.

12. L'onguent à la vitamine E

Cet onguent doit faire partie de la trousse de premiers soins naturistes, car il est particulièrement utile dans les cas de brûlures et d'écorchures (il favorise la cicatrisation). Si bébé a des rougeurs aux fesses, une application d'onguent à la vitamine E après un bain à la fécule de maïs ou à la camomille est tout indiqué. L'hiver, il protège bien les joues des enfants, dans le grand froid. Il lubrifie et cicatrise les mains gercées, etc. La crème (non pas l'onguent) est une crème de jour que les femmes apprécient. Elle peut même servir de crème de nuit. Dans les **cas de brûlures graves,** les capsules de vitamine E 400u.i sont indiquées, en application locale plusieurs fois par jour. Je suggère alors d'en consommer de 100u.i à 800u.i par jour selon les cas.

Il m'est arrivé de soigner deux cas de brûlure avancés. Une petite fille d'environ un an et demi brûlée au visage. Le traitement fut très efficace: fort dosage d'ampoule de vitamine C avec pulpe d'orange (pour lutter contre l'infection et aider la cicatrisation), vitamine E liquide, de source naturelle évidemment (extraite de l'huile de germe de blé) et application de gelée d'aloès et de capsules à la vitamine E au visage. Et voici l'histoire d'une petite fille d'environ quatre ans et demi brûlée au dos (troisième degré) deux ans avant sa première visite. Vraiment l'état de la peau du dos était déplorable. Je crois qu'elle avait été brûlée par de l'eau bouillante. La peau s'était reformée très graduellement mais avait formé des masses rouges et bouffies. Ce n'etait pas beau à voir. Évidemment deux ans après cette grave brûlure, il ne fallait pas s'attendre à des miracles; pourtant, avec un dosage quotidien de vitamine E naturelle, l'application de vitamine E sur la peau et un fort dosage d'ampoule de vitamine C naturelle, sans oublier des rectifications alimentaires, la peau s'améliora remarquablement. Il resta certes des marques, car il aurait fallu agir deux ans auparavant, mais l'amélioration était tout de même évidente. Peau beaucoup plus rosée, moins bouffie, cicatrisation plus normale.

L'application de vitamine E est également conseillée lors de l'allaitement. J'ai toujours mis fidèlement environ la moitié du contenu d'une capsule de vitamine E 400u.i sur chaque mamelon (après les tétées) durant les trois premières semaines de l'allaitement. Je l'ai conseillé très souvent à mes patientes. Cette application prévient la formation de crevasses. Il existe plusieurs autres onguents ou substances naturelles très efficaces comme la lanoline naturelle.

L'onguent à l'échinacea est un désinfectant qui soulage les piqûres de moustiques, l'herbe à puces, les démangeaisons, etc.

Les onguents aux herbes du "Curé Künzle" sont recommandés en cas d'écorchures, dermatites, boutons purulents, eczéma, psoriasis, etc.

L'onguent de vitamine A, D, E, + zinc est recommandé pour l'érythème fessier et les mains gercées.

L'huile de calendula est une huile qui nourrit les peaux sèches et fatigués.

L'huile de lin est recommandée pour les brûlures légères.

92

L'huile de germe de blé + l'huile d'amande douce + l'huile d'olive, lorsque mélangées en parties égales, préviennent les vergetures de la grossesse.

Je passe des onguents aux huiles, je m'en excuse mais j'écris au fil de la plume. Et il m'arrive plusieurs idées et conseils pour la peau en même temps. Comme je ne veux rien oublier (ce qui est impossible) je vous en indique plusieurs.

La peau doit être bien entretenue, de même que les cheveux; pour cela il est important d'utiliser des produits de beauté naturels et des shampoings naturels. Ici la liste serait très longue car les produits sont multiples. À base d'essence et d'huile de rose, de concombre, de verveine, de mauve, de germe de blé, de miel, etc. Les shampoings au yogourt, au jojoba, à l'argile, au bois de panama, à l'huile de cade, aux essences de pamplemousse etc. Et voilà que je pense aux savons naturels (j'en parlerai plus loin), aux diverses substances naturelles pouvant désinfecter les blessures, à toutes les variétés de compresses, de bains et de cataplasmes. Il y a tant à dire et à expliquer. Mais je parlerai des bains, des compresses et des variétés de cataplasmes au chapitre des premiers soins.

13. L'aloès

L'aloès est une plante dont les propriétés thérapeutiques sont connues depuis des millénaires. Dans l'Égypte antique, elle fut grandement utilisée. De plus les Romains, les Grecs, les Algériens, les Marocains, les Tunisiens, les Arabes, les Indiens et même les Chinois ont relaté ses propriétés médicinales dans divers documents historiques. La gelée d'aloès ou l'onguent d'aloès soulage les brûlures, les coups de soleil, les fonds de tête irrités (par l'utilisation des teintures), le psoriasis. On en fait des suppositoires pouvant soulager les hémorroïdes (douleurs et démangeaisons). Le jus d'aloès purifie le sang. Il est donc indiqué dans les cas de douleurs arthritiques causées par une trop forte concentration d'acide urique dans le sang; de plus il améliore la digestion. L'aloès fait partie des substances naturelles pouvant soigner les animaux.

14. Le boldo

Cette plante c'est l'amie du foie. En tisane ou en concentré liquide, je l'ai souvent recommandé et des résultats sont très appréciables. Évidemment comme nombre de plantes améliorant le fonctionnement du foie, son goût est amer. Aux bébés ou aux enfants ayant héréditairement le foie lent, les gouttes de boldo (qui se présentent souvent combinées avec de l'artichaut) sont des plus utiles. Elles permettront d'améliorer le fonctionnement des intestins, d'atténuer la formation de mucus, l'urticaire, les allergies.

On peut ajouter ces gouttes au jus de carotte ou à l'infusion de verveine. Chez les adolescents et les adultes, la tisane de boldo quelquefois combinée avec les gouttes d'un concentré contenant du boldo améliorera la digestion, les ballonnements après les repas, les maux de tête, les vertiges, le manque d'appétit, les maux de coeur. Peut-être pensez-vous aux maux de coeur du début de grossesse. Les gouttes contenant du boldo sont alors indiquées. Mais la tisane, elle, n'est pas indiquée à cause de son goût amer.

15. Le thym

Cet aromate merveilleux peut servir à bien autre chose que l'assaisonnement d'un plat de viande. Le thym est aussi connu depuis très longtemps. Si quelqu'un chez vous a **le rhume de cerveau,** n'hésitez pas à changer le lait pour le thym. À raison de 2 à 4 tasses (500 à 1,000ml) par jour, cette tisane accompagnée d'une diète légère et de bains chauds aide à décongestionner les sinus. C'est une tisane qui fait moucher! Évidemment quand cela est nécessaire. Lorsque les sinus sont endoloris, on peut également appliquer des cataplasmes d'argile verte en haut des sourcils et sur le haut des joues. Pour les enfants, la tisane peut être prise telle quelle ou ajoutée à un jus de pomme dilué (non sucré). Il y a également l'huile essentielle de thym qui peut être ajoutée à l'eau de la baignoire ou à l'humidificateur. Les inhalations au thym soulagent la toux et l'enrouement.

16. La verveine

Cette infusion douce au goût, favorise la digestion, fait baisser la fièvre et aide à alcaliniser l'organisme. De plus, elle est calmante. Je la recommande donc en cas de fièvre, lors des maladies contagieuses et des crises d'urticaire. Pour les enfants hyperactifs, c'est un breuvage délicieux qui se boit chaud ou froid (avec un peu de miel). Il remplace le jus de pomme. Comme les enfants hyperactifs ont avantage à ne boire que des jus très alcalins, la verveine est un bon substitut. De plus, elle alcalinise l'organisme et calme le système nerveux. La camomille est également une tisane qui convient très bien (aromatisée avec un peu de miel). Si l'enfant est rébarbatif, on peut mélanger ces tisanes avec un peu de jus de poire. La poire est un fruit alcalin.

94

17. Miel, pollen et compagnie

Le miel remplace avantageusement le sucre blanc. De plus il a des propriétés thérapeutiques trop souvent ignorées. Pour adoucir la gorge, en gargarisme, comme fortifiant (combiné avec du vinaigre de cidre et de l'eau: recette du Dr. Jarvis), en application locale sur les brûlures, piqûres d'insectes et gerçures ou encore en sirop mélangé avec des huiles essentielles ou de l'ail, le miel a vraiment des propriétés multiples.

En gargarisme, ajouter à 1 tasse (250ml) d'eau, 1 c. à soupe (15ml) de miel et le jus d'un citron. De préférence le miel de sapin ou de thym. Si vous ne pouvez trouver ces miels, le miel de trèfle convient très bien.

En sirop

Miel + thym: on ajoutera tout simplement 1 ou 2 gouttes d'huile essentielle de thym à 1 c. à thé (5ml) de miel.

Miel + ail: mêler 1 gousse d'ail pilée et 1 c. à soupe (15ml) de miel (si l'enfant a moins d'un an, il serait préférable de remplacer le miel par le sirop d'érable pur ou du sucre brun fondu).

Comme breuvage, le Docteur C. Jarvis dans son livre Ces vieux remèdes qui guérissent (Éditions Robert Laffont), suggère un breuvage de vinaigre de cidre, eau et miel pouvant aider à rétablir dans l'organisme ce qu'on appelle l'équilibre acidobasique. Cet équilibre, j'en ai déjà parlé en début d'ouvrage (voir travaux du Dr. Schussler, Jacques Loeb et Joseph Favier). Règle générale, les miels contiennent de la silice, du phosphore, du calcium, du magnésium, du sodium, du potassium et des vitamines B. De plus, le vinaigre de cidre provenant de la pression de la pomme entière transformée en cidre contient du potassium, du calcium, de la silice, de l'oxyde ferrique, du chlore et diverses vitamines: A,B,C etc.

L'expérience thérapeutique du Dr. Jarvis (médecin de campagne du Vermont) a confirmé que, lié au vinaigre de cidre, le miel permet de refaire l'équilibre acido-basique, du moins, il y contribue fortement. **Il rapporte même que les paysans du Vermont utilisent souvent ce breuvage 15 jours avant le début de la période de fièvre des foins et durant toute la période de la fièvre des foins.** Ils prennent ce breuvage deux fois par jour et cela les soulage grandement, diminuant même l'écoulement nasal. En page 131 de son volume, il mentionne, parlant de l'importance du miel dans la santé: **"J'ai dénombré neuf avantages du miel sur ses succédanés raffinés:**

1. Il n'irrite pas le tube digestif.
2. Il est d'assimilâtion rapide et facile.
3. C'est un stimulant énergétique de premier ordre.
4. C'est le charbon du muscle.
5. De tous les sucres, le miel est celui que les reins supportent le mieux.
6. Il possède une légère action laxative.
7. C'est un sédatif indiscutable.
8. On se le procure facilement.
9. Il n'est par cher''.

Il est intéressant de constater que dans certains pays comme l'Allemagne, des expériences ont confirmé l'utilité du miel en remplacement du glucose dans les **injections intra-veineuses** et dans les cas de troubles cardiaques.

Quelques mots maintenant sur **la gelée royale,** dont vous avez sans doute entendu parler. J'ai souvent constaté son efficacité après l'accouchement ou encore chez les personnes surmenées et déprimées. Il va de soi, cependant, que l'ingestion de gelée royale doit être accompagnée d'un régime alimentaire bien équilibré et qu'il faut choisir une gelée royale de bonne qualité. Ce n'est pas le genre de substance que l'on avale juste avant de prendre un café ou une liqueur douce.

Vous trouverez dans les magasins d'alimentation naturelle différentes sortes de miel: miel de bleuet, de fleurs d'oranger, de tilleul, d'acacia, etc. Le miel de sarrasin est un miel foncé plus riche en minéraux que les autres. Il est donc particulièrement à conseiller durant la grossesse ou la poussée de croissance de l'adolescence. J'aimerais également mentionner qu'au Vermont, le miel est souvent utilisé comme **médicament naturel** pour les enfants souffrant **d'énurésie** (pipi au lit). Le Dr. Jarvis explique d'ailleurs dans son volume, que le miel est fortement hydrophile, c'est-à-dire qu'il retient l'eau à cause du lévulose qu'il contient. Il soulage ainsi les reins. Comment le donner? Au coucher à raison de ½ à 1 c. à thé (2 à 5ml), bien insalivé (ne pas oublier alors le brossage des dents car il n'est pas bon pour les dents que les sucres du miel restent dans la bouche). D'autre part, je crois que dans certains cas, **si un enfant ne souffre pas d'hypoglycémie trop sévère,** l'action du miel pourra aider à garder le taux de sucre élevé durant la nuit, évitant ainsi le relâchement des sphincters urinaires. Bien entendu il faudra toujours faire attention à la quantité de liquide prise au souper.

Maintenant parlons du **pollen.** Le pollen est un très bon tonique particulièrement recommandé pour l'enfant et l'adolescent en période scolaire et pour l'adulte surmené. Il contient divers minéraux et vitamines, des acides aminés et des glucides. Il est un facteur de croissance.

Il améliore le fonctionnement du système nerveux et de la digestion. Il favorise la stabilisation du cholestérol à un niveau normal. Et la **propolis**, il ne faut pas l'oublier! La propolis, nous dit Jean-Luc Darrigol dans son livre <u>Le miel pour votre santé</u> (Éditions Dangles), est une substance résineuse butinée par les abeilles dans les bourgeons de certains arbres. **"Et oh merveille, la propolis est un antibiotique naturel! Ses propriétés bactériostatiques et bactéricides en font une substance dont l'action anti-microbienne est terriblement efficace"**.

S'inspirant des travaux de nombreux scientifiques effectués dans le monde entier, particulièrement durant les 30 dernières années, Jean-Luc Darrigol mentionne: **"La propolis contient plusieurs substances antibiotiques naturelles flavonoïdes. Le principal de ces flavones est la galangine que l'on retrouve par ailleurs, mais cela ne peut nous étonner, dans les bourgeons de peuplier. Substances naturelles. Et ce mot prend là une signification toute particulière, car à l'inverse des antibiotiques, la propolis ne provoque pas de maladies iatrogènes (causées par les médicaments). Elle s'élimine naturellement, sans perturber le foie ni les reins, sans affecter la flore intestinale"**.

Et la propolis est si peu connue. Tant d'enfants pourraient bénéficier de ses merveilleuses propriétés.

18. Le massage des pieds

Un petit conseil favorisant la détente et améliorant la circulation, c'est le massage des pieds, et ce que je recommande plus particulièrement, le massage des pieds avec une crème contenant des huiles essentielles d'eucalyptus, de menthe, de romarin et d'arnica. C'est une crème que l'on peut trouver dans les magasins d'alimentation naturelle et qui est particulièrement conçue pour favoriser le décongestionnement des centres vitaux sous les pieds, centres que nous fait de plus en plus connaître la science de la réflexologie. Je l'ai trouvé particulièrement efficace en massage quotidien (deux fois par jour), chez les bébés frileux, manquant d'appétit, sensibles aux rhumes, engraissant lentement.

19. La rose

Fleur odorante et merveilleuse, belle à regarder et douce au toucher, la rose recèle dans ses pétales de nombreux secrets. Ses fruits sont connus pour leur richesse exceptionnelle en vitamine C. L'eau de rose combat la conjonctivite (inflammation de l'oeil), le miel de rose et le sirop de rose sont à recommander dans les cas de rhume et maux de gorge. Le sirop de rose est particulièrement recommandé pour les enfants. Il favorise l'équilibre normal du métabolisme.

L'eau de rose peut être achetée dans les magasins d'aliments de santé. Lors de conjonctivite, il faudra mélanger 2 gouttes d'eau de rose et 1 c. à thé (5ml) d'eau. Ce mélange sera versé dans un **bain d'yeux** et utilisé matin et soir.

Les fruits de la rose sont très riches en vitamine C et les oiseaux s'en régalent. Ces petits fruits viennent à maturité lorsque les pétales de la rose sont tombés. Il s'agit toutefois des fruits d'un arbrisseau épineux des haies et des buissons dont sont issus les rosiers cultivés. Cet arbrisseau fait partie de la famille des rosacées. En anglais ces petits fruits sont appelés: **rosehips** et en français on les désigne la plupart du temps sous le nom de fruits d'églantier. On retrouve ces fruits sous forme de comprimés, associés à d'autres substances naturelles comme la rutine, les bioflavonoïdes, l'hespéridine, etc. On peut également faire infuser les fruits de l'églantier.

Il y a aussi **l'acérole** (une petite cerise), le **kamu-kamu** (un fruit de l'Amérique du Sud) qui contiennent des quantités appréciables de vitamine C. J'en profite toutefois pour mentionner qu'il arrive que la vitamine C de synthèse soit associée à ces comprimés. Le marché de la vitamine C n'étant pas encore étendu et les méthodes d'extraction relativement nouvelles, fournir par exemple 500mg de vitamine C entièrement de source naturelle dans un comprimé associé à d'autres substances donnerait un comprimé gros comme une balle de ping-pong. Toutefois, les comprimés que je recommande plus particulièrement sont constitués de 300mg de vitamine C (provenant de 900mg de poudre d'acérole), associés à d'autres substances naturelles favorisant l'assimilation de la vitamine C.

La confiture de pétales de rose, quelle odeur et quel délice! Cette confiture peut être mangée avec du yogourt ou du fromage cottage ou encore couronner un bol de salade de fruits. Voici une recette de confiture de pétales de rose. Cette recette est de Kathryn Harley. J'ai toutefois remplacé le sucre blanc par du miel de trèfle.

2 tasses (500ml) de miel
½ tasse (125ml) d'eau
2 tasses (500ml) de pétales de rose
1 c. à table (15ml) de jus de citron
1 c. à table (15ml) de jus d'orange

Faire dissoudre le miel dans l'eau puis ajouter les autres ingrédients. Faire cuire à feu doux, en brassant constamment, jusqu'à ce que les pétales soient dissoutes (environ 3 minutes). Laisser refroidir, embouteiller et entreposer au réfrigérateur.

Le sirop de rose est fait de la même façon mais en ajoutant aux ingrédients 4 tasses (1 litre) d'eau au lieu de ½ tasse (125ml) d'eau.

L'infusion de boutons de rose est indiquée dans les cas de troubles respiratoires et de leucorrhée. Infuser 1 c. à thé (5ml) de boutons de rose dans 1 tasse (250ml) d'eau bouillante.

20. Les enzymes de papaye

Fruit exotique et méconnu, la papaye est riche en enzymes. Elle facilite donc la digestion mais vraiment de façon très précise. C'est étonnant! Quand je pense à toutes ces poudres effervescentes faites de produits chimiques et à toutes ces pastilles chimiques qui coupent le surplus d'acide dans l'estomac. Les gens qui digèrent difficilement, ceux qui ont des ballonnements et des fermentations de toutes sortes gagneraient à connaître et à utiliser la papaye. Toutefois, il faut la manger avant le repas, (coupée en petits morceaux ou réduite en purée) et bien l'insaliver. La manger de préférence 10 à 15 minutes avant le repas. Je suggère également de l'intégrer (quand c'est la saison évidemment) au régime alimentaire des bébés qui ont des difficultés d'assimilation à raison de 1 c. à thé (5ml) à 3 c. à soupe (45ml) par repas. On retrouve aussi dans les magasins d'aliments de santé, des comprimés d'enzymes de papaye. Ils remplacent avantageusement le fruit, lorsque celui-ci n'est pas disponible.

Tant d'aliments peuvent prévenir nombre de problèmes de santé et aider à la guérison de tant d'autres. Et ce n'est pas sans raison par exemple, que la publication révisée des règles établies en 1964 par le Service de protection de la santé contient maintenant une liste des doses quotidiennes recommandées de 27 substances nutritives, soit 12 de plus qu'en 1964.

Le Docteur Keith Murray du Ministère Fédéral de la Santé a déclaré: **"Beaucoup de choses peuvent se produire en dix ans, et à la suite des recherches effectuées, nous savons maintenant que les gens ont besoin de ces substances nutritives".**

Mais le problème, c'est que les gens eux ne le savent pas. Il faut donc instruire et conscientiser particulièrement les femmes qui pourront alors réformer l'alimentation, prévenir les maladies et au besoin soigner avec les aliments et les herbes de toutes sortes, lorsque cela s'avérera nécessaire. Selon le Dr. Murray, les recherches effectuées à l'avenir incluront probablement d'autres substances nutritives qui se joindront aux **vitamines nouvelles** telles que les vitamines B6, B12, E, et aux minéraux comme la magnésium, l'iode, le zinc, le sodium, le potassium, le chlore, le cuivre. Ajoutons à cela les recherches de plus en plus poussées du côté de l'acide folique, une des vitamines du groupe B. On se rend compte que des familles entières sont carencées en acide folique (expérience du Dr. Botez, directeur du laboratoire de neuropsychologie de l'Institut de recherches cliniques de Montréal).

21. La levure alimentaire et le kéfir

Je veux parler de l'utilisation des levures dans l'alimentation car elles sont riches en vitamines du complexe B. Les vitamines B fortifient la flore intestinale et une flore intestinale saine constitue la meilleure protection naturelle contre nombre de maladies et de microbes. La levure alimentaire de type Engevita et la levure de Kéfir (cultivée sur du petit lait de fromage cottage), sont des levures douces au goût et faciles à digérer. J'ai pris l'habitude de saupoudrer de la levure Engevita sur les soupes à la fin de la cuisson, dans les préparations de riz, de nouilles, de biscuits et de salades. Mes garçons aiment bien le spaghetti au sarrasin avec huile de soya, ail, aromates variés, persil, levure Engevita et fromage. D'autres levures comme la levure Torula peuvent être ajoutées à certaines recettes de pâtés végétariens.

Il existe donc différents types de levure telles que la levure de bière cultivée sur le moût de la bière et la levure Torula cultivée sur du bois. Ces levures sont également riches en vitamines B, en minéraux et en acides aminés mais elles sont plus fortes au goût que la levure alimentaire Engevita ou la levure de Kéfir. Le dictionnaire des médecines naturelles (Éditions Denoel) parle en ces termes de la levure naturelle en page 333: **"C'est la composition de la levure naturelle qui en fait à la fois un aliment sain et nutritif et un médicament. En effet la levure contient des protéines indispensables au métabolisme et stimulantes des facultés cérébrales, du phosphore, des vitamines en grandes quantités (...) Par la richesse de ses composants, elle est aussi intéressante sur le plan prophylactique: les personnes qui prennent la levure sont peu sujettes aux maladies infectieuses"**.

Je m'en voudrais d'oublier de vous parler d'un tonique à base de levure, de plantes, de malt et d'orange, que l'on peut se procurer dans les magasins d'aliments de santé. Ce tonique expérimenté scientifiquement en Suisse y est fort connu et recherché depuis de nombreuses années. Il améliore grandement l'appétit des enfants, leur donne force et résistance.

Des hommes de science avertis, comme Konrad Lorenz (Prix Nobel de médecine 1973), Jean Rostand (Biologiste) et Alexis Carrel (Prix Nobel de médecine 1940), parlent de dégradation génétique de l'espèce humaine. Cette dégradation de l'espèce humaine pourrait sans aucun doute être freinée par un mode de vie plus équilibré et une alimentation plus saine, sans oublier la consommation réduite des médicaments chimiques. Sans être alarmiste, je voudrais citer les résultats d'une enquête menée en 1971 auprès de 3,500 enfants des écoles de Montréal, par le Département municipal de la santé et la Commission des Écoles Catholiques. Les résultats furent déplorables: **plus de la moitié des enfants étaient malades physiquement, 10% avaient besoin d'être hospitalisés immédiatement. Les maladies de l'enfant pauvre** (c'est-à-dire de l'enfant au régime alimentaire déficient) **comme l'anémie, le rachitisme, l'impétigo et les infections des voies respiratoires étaient très répandues. De l'avis même de madame Nicole Saint-Jean-Demers, directrice du Bureau de Nutrition à la C.E.C.M. et de l'avis des autorités municipales, une grande partie de ces maladies étaient dues à <u>un régime alimentaire inadéquat</u>!**

Vous ne savez peut-être plus par quel bout commencer! Rassurez-vous, je ne cite pas tout cela pour vous donner des remords, mais pour expliquer comment la nutrition a un rapport direct avec la maladie. Un emploi judicieux des aliments peut prévenir, soigner et guérir. Les enfants comprennent d'ailleurs très bien ce rapport lorsqu'on prend le temps de leur expliquer et qu'on leur donne le bon exemple. On ne peut pas leur donner toutes les bonnes choses que nous offre la nature, je le sais. On ne peut penser à l'alimentation toute la journée. Mais équilibrer les différents aliments, cela peut se faire dans le cadre du régime alimentaire hebdomadaire. Et même si toutes les bonnes choses dont je vous parle n'y sont pas intégrées, vous saurez quand y avoir recours.

22. Le phosphate de fer

Ce sel biochimique (voir recherches du Dr. Schussler) c'est mon supplément passe-partout! C'est un peu un chef d'orchestre de la guérison... Et vraiment, il doit faire partie de la trousse de premiers soins naturels. **Il remplace avantageusement l'aspirine.** Pas croyable... eh bien oui! **L'aspirine est un produit purement chimique dangereux pour la santé. C'est de l'acide acétylsalicylique!** Le Docteur Harold Jacobziner, assistant-commissaire de la Santé dans l'État de New York mentionnait dans un rapport en 1977: **"100,000 enfants sont envoyés d'urgence dans les hôpitaux chaque année à cause de l'aspirine. La revue Recherche (no. 45) de mai 1974 déclare: "On** suppose que le grippé lutte plus efficacement contre l'infection virale. Mais l'aspirine, autant qu'on puisse l'affirmer, n'agit pas directement sur le virus. (...) Il serait grave de continuer à faire croire au caractère inoffensif de ce médicament ou de ne pas mentionner des risques auxquels on pourrait s'exposer. (...) L'aspirine réveille les ulcères gastro-intestinaux. (...) Elle ralentit et parfois empêche la formation du "clou hémostatique" qui se produit au niveau d'une lésion et qui arrête l'hémorragie. (...) Des allergies à l'aspirine ont été très souvent observées et les conséquences sont alors très dangereuses puisque plusieurs cas de décès ont été rapportés. Comme toutes les substances anti-inflammatoires, elle peut provoquer des lésions rénales graves" ".

De plus, selon les expériences du Docteur J.B. Cochran de l'Université de Glasgow en Écosse (British Medical Journal, 1 novembre 1950): **"L'aspirine augmente notre consommation d'oxygène de 30 à 40%. Elle accélère l'ensemble du métabolisme: les protéines et les gras sont brûlés alors beaucoup plus rapidement".** Cela fait réfléchir!

Le phosphate de fer, lui, nourrit le sang, augmente naturellement le taux d'oxygène dans le sang, fait baisser la fièvre, aide à l'élimination des toxines et du mucus et lutte contre l'infection. Quelle bonne idée de remplacer l'aspirine par le phosphate de fer: le sel biochimique no. 4! En mai 1977 j'avais signé un article dans la revue Survivre. Dans cet article ayant pour titre: **L'aspirine un monstre!,** j'expliquais sommairement l'histoire de l'aspirine:

"Depuis 1899, date de parution des premiers articles médicaux de Kurt Witthauer et Julius Wohlgemut, la popularité de l'aspirine n'a jamais cessé de croître. Son histoire remonte au XVIIIe siècle. En 1763, un certain E. Stone, pasteur dans la région d'Oxford, souligne les vertus fébrifuges (pouvant faire baisser la fièvre) d'une décoction d'écorce de saule. En 1822, un pharmacien français, H. Leroux, isole le principe actif de l'écorce de saule: la salicine, dont les chimistes étudièrent les propriétés et dont ils isolèrent l'acide salicylique. En 1874, un médecin écossais, T.J. Maclagan, traita un cas de fièvre rebelle par la salicine. Couronnée d'un succès inattendu, cette expérience fut répétée. Toutefois, on se rendit vite compte que l'acide salicylique ne pouvait être utilisé à l'état libre, vu ses effets irritants sur la peau et encore plus sur les muqueuses de l'estomac. En 1876, découverte du salicylate de sodium par le parisien Germain See. En plus de réduire la fièvre, ce médicament réduit l'inflammation et les douleurs articulaires.

Une cinquantaine d'années plus tard, un chimiste de la firme allemande Bayer, Félix Hoffmann, développe une méthode de production simplifiée et son collègue, Heinrich Dresser, fait une étude détaillée des propriétés de l'aspirine et de ses sels. L'acide acétylsalicylique est alors mis sur le marché. L'ère de l'aspirine est née: son emploi est tellement répandu qu'il soulève des craintes justifiées''.

Le phosphate de fer est depuis nombre d'années le supplément passe-partout, que je recommandai lors d'otite, de sinusite, de fièvre. Esther Chapman dans son livre The 12 tissue salts (Pyramid health) le recommande d'ailleurs fortement pour la fièvre, les otites, les amygdalites, etc. De même le Dr. Schussler, dont les travaux de recherches sur les sels biochimiques furent des plus poussés, le recommande. Le phosphate de fer, comme tous les sels biochimiques d'ailleurs, se présente sous la forme d'un très petit comprimé contenant, règle générale, .007 microgrammes du minéral mentionné (sur l'étiquette) ceci, dans une base de lactose (sucre de lait). Différentes compagnies offrent les sels biochimiques. Ceux que je préfère sont ceux qui viennent d'Angleterre. Ils sont **très petits et peuvent se dissoudre facilement sur la langue.** Comme les sels biochimiques sont peu concentrés, afin d'aider leur action physiologique il faut:

1. Les prendre seuls (de préférence entre les repas). Dans un cas nécessitant des prises répétées de sels biochimiques, au moment où ils sont pris il ne faut ni boire, ni manger.

2. Les laisser fondre sur la langue et même de préférence sous la langue.

3. Prendre des liquides ou des aliments suggérés pour le problème de santé qui doit être soigné. Exemple en cas de fièvre: il ne faut pas donner de viande ou tout autre produit alimentaire concentré. Il est absolument nécessaire que l'enfant ou l'adulte reste aux liquides, aux bouillons ou aux compotes de fruits. Certains parents paniquent lorsqu'un enfant a de la fièvre et donnent des aliments trop concentrés, ce qui nourrit la fièvre. Autre exemple: donner de la crème glacée, des gélatines de fruits (aux couleurs et essences artificielles), des glaces aux couleurs artificielles, etc. lors d'amygdalite, rafraîchit momentanément la gorge, mais nourrit l'irritation de gorge et l'inflammation des amygdales. Il ne faut donc pas annuler l'effet de ces précieux sels biochimiques par des aliments formateurs de mucus et de toxines de toutes sortes. C'est un non-sens!

4. Absolument bannir les liqueurs douces, le café, le thé et le sucre.

5. Les pâtes à dents fortement abrasives doivent être évitées lors de la prise de sels biochimiques afin de conserver à la salive sa compo-

sition normale et de permettre aux enzymes présent dans la salive de remplir leur fonction et de faciliter l'assimilation des sels biochimiques.

Il va de soi que parler du phosphate de fer m'amène à élaborer un peu plus sur la nature de la fièvre, son rôle et sa nécessité. Il y a quelques années, ayant collaboré à la rédaction d'un livre publié par le Collège des naturopathes du Québec appelé La naturopathie, j'ai rédigé un article que je crois assez complet sur la fièvre. Le voici:

"Qu'est-ce que la fièvre? Voyons ce que nous dit le dictionnaire médical. **"La fièvre n'est qu'une exagération de la chaleur naturelle dépendant directement d'une plus grande intensité des combustions organiques"**.

Votre enfant est un peu fiévreux ce matin? Rassurez-vous, vous ne vous doutez pas de la chance qu'il a. Il faut savoir premièrement, qu'un tel phénomène se produit seulement, dans tout le règne animal, chez les animaux les plus avancés de la phylogénèse: les oiseaux et les mammifères. L'acquisition des diverses fonctions qui font perdre ou gagner de la chaleur s'est faite progressivement au cours des âges. Deuxièmement, il faut savoir que la fièvre indique qu'un organisme se défend. Chez l'homme la température intérieure du corps ne suit pas passivement les variations du milieu ambiant.

Les principales sources de chaleur sont représentées par l'activité métabolique des cellules, l'alimentation, l'exercice musculaire et le frissonnement. Le corps est en perpétuel échange de chaleur avec le milieu environnant. S'il ne le faisait pas, sa température interne augmenterait de 1 C par heure de repos et de 2 C en cas d'activité physique moyenne.

"La fièvre n'est qu'un symptôme, a écrit le physiologiste Dubois, **rien ne permet d'affirmer qu'elle soit une ennemie. Peut-être est-elle parfois une amie"**. La fièvre ne correspond pas à une absence ou à un dérèglement de la thermorégulation (régulation de la chaleur) chez l'enfant. Il suffit d'observer un enfant qui fait de la fièvre pour constater qu'il perçoit parfaitement les variations de température du milieu extérieur. Il ressent la chaleur et le froid, se couvre et se découvre exactement comme en temps normal. Tout se passe comme si la température normale du corps, réglée à 37°C (98.2°F), était temporairement fixée trop haut, à 39°C (102°F) par exemple. En fait, le corps de l'enfant se trouve dans un nouvel état d'équilibre.

Pratiquement, on peut dire que toutes les maladies sont susceptibles de provoquer la fièvre! **"Les médicaments (...) peuvent égale-**

104

ment provoquer de la fièvre: c'est le cas des antibiotiques, des barbituriques...". (Durieux, Marie-Josée, "La fièvre contre les virus", Sciences et Avenir, Octobre 1973).

La fièvre est un symptôme, un signal d'alarme dont le premier effet est d'attirer l'attention. Ce n'est là qu'un de ses bienfaits.

Les substances qui agissent directement sur l'hypothalamus (le centre nerveux qui commande la thermorégulation), sont ce qu'on appelle des lipopolysaccharides. Ces substances sont sécrétées par les globules blancs. Ceux-ci sont nos premiers alliés naturels contre les microbes. Au fait, la croyance populaire qui attribue à la fièvre une valeur curative a été confirmée par les études du professeur André Lwoff, prix Nobel de médecine. Ses recherches ont montré que l'hyperthermie (élévation de la chaleur du corps) favorisait la lutte de l'organisme contre l'infection. Le lapin, atteint d'infection pulmonaire avec fièvre, voit sa condition aggravée s'il est traité par l'amidopyrène, un médicament qui fait baisser la fièvre. Privé de fièvre, l'animal a presque toutes les chances de mourir. Le taux de mortalité chez les lapins souffrant d'infection pulmonaire se situe habituellement à 30%. L'usage du médicament mentionné élève ce taux à 81%. Dès 1938, Thompson constatait que des lapins myxoedémateux, placés dans une atmosphère assez froide (10 à 23°C), mourraient; s'ils étaient placés dans une atmosphère surchauffée (35 à 38°C), la moitié d'entre eux survivaient. L'infection virale est efficacement combattue par l'élévation de la température de l'organisme de l'enfant. Ce phénomène se produit même si l'élévation de la température demeure faible, d'un ou deux degrés par exemple. Le professeur Lwoff affirme même que la poliomyélite, à l'époque où elle faisait tant de ravages, aurait pu être traitée par l'hyperthermie. Cela aurait diminué la gravité de l'infection et ses séquelles.

On pourrait penser que, sans la fièvre, les cas d'infection grave se compliqueraient. Que se passe-t-il donc au niveau de la cellule pour que la fièvre entrave la multiplication des virus? Grâce à l'utilisation du microscope électronique et des dosages histochimiques, nous sommes maintenant en mesure de comprendre. C'est qu'à l'intérieur de la cellule se trouvent de petits sacs, les lysosomes, qui sous l'effet de la chaleur, éclatent et libèrent des enzymes qui s'attaquent aux virus. La fièvre, comme on a pu le constater, accentue l'éclatement des lysosomes et par conséquent la libération des enzymes bienfaisants. Par contre, les anti-inflammatoires, comme la cortisone et ses dérivés, ont un effet exactement inverse: ils s'opposent à l'éclatement des petits sacs remplis d'enzymes en renforçant la résistance de leur membrane.

L'important est donc de comprendre que la fièvre, loin d'être une ennemie, est une amie. Elle protège le corps de votre enfant en permettant la destruction de substances toxiques, particulièrement les virus. Toutefois, il faut faire ici une différence essentielle en ce qui a trait au virus et à la notion du terrain organique.

Pour le naturopathe, la notion du terrain organique est très importante. Le microbe n'est pas nécessairement un ennemi tant que l'ordre naturel est respecté. Les travaux au microscope électronique de Kalabarder et Cullel, les travaux de Woods et de DuBuy sur la transformation graduelle de cellules végétales en virus, de même que les travaux de Tissot sur l'expérience du doigt aseptisé, ont démontré qu'il existe pour chaque microbe trois stades de métamorphose:

1- **La forme virus**
2- **La forme bactérie**
3- **La forme mycélienne**

Il s'agit là d'un phénomène semblable à celui de la chenille, de la chrysalide et du papillon. En fait, les microbes ne sont pas une catégorie d'êtres à part, mais des matériaux vivants édifiant les cellules des hommes, des animaux et des plantes, et structurant leur milieu intérieur. On ne devrait jamais avoir la phobie des microbes, pas plus que la phobie du végétal ou de l'animal. Ce qu'il s'agit de retenir, c'est que le microbe est plus sensible aux perturbations lorsque les lois de la nature ne sont pas respectées, car c'est lui qui structure la cellule et celle-ci a des fonctions de respiration, de nutrition et d'élimination.

Les enfants peuvent être atteints de deux sortes d'infections: celles d'origine extérieure où le microbe (métamorphosé en virus) provient d'une cellule étrangère à l'organisme: celles ensuite d'origine intérieure (c'est le cas la plupart du temps) où le virus résulte d'une métamorphose d'un microbe anatomique. Dans les deux cas, il s'agit de substances toxiques qui provoquent une réaction de défense de l'organisme. La fièvre apparaît surtout si les humeurs (les liquides) du corps de l'enfant sont intoxiquées, si la nutrition est perturbée ou encore si l'organisme a des difficultés particulières d'ajustement: coups de froid, excès de soleil, choc nerveux, etc.

La fièvre doit être soignée par des méthodes naturelles. Il est inutile de donner des analgésiques aux enfants. Loin d'être inoffensifs, les analgésiques sont toujours dommageables. De l'avis du docteur Ian Handerson, pharmacologiste à l'Ottawa General Hospital, il n'existe pas d'analgésique tout à fait sûr et efficace, quoi qu'en disent les commerciaux. Selon l'éminent docteur en pharmacologie, **un mauvais usage de produits à base d'acide acétylsalicylique — tels que les**

comprimés contre le rhume, les maux de tête et les sinus irrités — peut être à l'origine de dommages sérieux aux reins, au foie et au cerveau. Les salicylates, comme l'aspirine, peuvent produire chez les enfants des effets nocifs tels qu'une hémorragie ou un hématome, des nausées, des douleurs abdominales. La fièvre peut souvent s'accompagner d'infections localisées aux oreilles ou aux amygdales. L'enfant pourra avoir les sinus congestionnés et tousser. On aurait tort d'employer des vaporisateurs chimiques contre la toux. Ici encore, ces médicaments peuvent s'avérer nocifs. Un groupe de chercheurs aux États-Unis a annoncé il y a quelque temps (La Presse, 25 juin 1973) que plusieurs types de vaporisateurs contre la toux pouvaient être dangereux pour la santé. Les médicaments contenus dans ces vaporisaturs sont souvent très toxiques. Des expériences ont également démontré que ces produits détruisent les immunités naturelles chez la souris. Il convient de rappeler ici que l'organisme d'un enfant en pleine croissance peut être facilement perturbé par des substances étrangères.

En Angleterre, le bilan d'une étude menée pendant un an sur la clientèle d'un médecin généraliste, à savoir sur 6,200 patients, se présentait comme suit: une consultation médicale sur quatre était le résultat d'effets secondaires imprévus de médicaments ou d'interventions chirurgicales. Au Québec, 37% des hospitalisations résultent de réactions à des médicaments pharmaceutiques. D'autre part, chez les gens hospitalisés, on estime que 14 à 20% de ceux-ci souffrent de complications provoquées en partie par les remèdes administrés (par exemple, une terrible diarrhée causée par l'ingestion d'antibiotiques).

Dans La Presse du 14 novembre 1973, on trouvait cette déclaration du docteur Andrew Malleson du Centre de la santé mentale de Toronto: **"La médecine tend à remplacer l'Église en utilisant la mystique de la science pour rassurer les gens".** Beaucoup de parents s'énervent au moindre petit problème de santé que présentent leurs enfants. Une légère fièvre les préoccupe souvent au plus haut point. Ce souci est bien légitime, mais ils devraient d'abord penser à soigner leurs enfants de façon naturelle. Ils leur éviteraient ainsi bien des maux.

La naturopathie possède des moyens efficaces pouvant venir à bout des pires fièvres lorsque les parents consultent le naturopathe et suivent à la lettre ses recommandations. Une évaluation clinique de l'état de santé de l'enfant doit d'abord être faite: évaluation de la vitalité, prise de la température, examen des oreilles, de la gorge, analyse d'urine, etc.

Voici quelques conseils généraux à mettre en application lorsqu'une fièvre légère (39°C ou 102°F) apparaît chez votre enfant:

1. Réduire l'alimentation. Cure de jus (carotte-céleri-pomme ou carotte-céleri-piment vert ou encore pomme-piment vert). On peut en donner de 3 à 6 onces (90 à 180ml), selon l'âge de l'enfant, plusieurs fois par jour. L'enfant peut facilement rester aux jus durant deux jours.

2. Bain chaud (une à deux fois par jour).

3. Vitamine C naturelle, 100mg à toutes les heures pour les enfants d'un an et plus. En dessous d'un an, consultez un naturopathe spécialisé dans le traitement des enfants.

Le docteur Linus Pauling, prix Nobel, préconise l'utilisation de la vitamine C dans la prévention et la guérison des rhumes. Selon ses expériences, de fortes doses de vitamine C réduisent de 60% les maladies (en les prévenant) et de 45% le nombre des rhumes. Selon une enquête conduite par trois chercheurs ontariens, les professeurs T.W. Anderson, B.W. Reid et G.H. Beaton, et portant sur 1,000 universitaires, les gens qui absorbent une forte dose de vitamine C ont statistiquement de meilleures chances de ne pas être malades l'hiver et, s'ils sont malades, leur période d'invalidité est de 30% plus courte. La vitamine C a donc nettement un pouvoir curatif.

4. Application de compresses froides sur la nuque et le front. S'assurer toutefois que les pieds demeurent bien au chaud.

5. Faire boire à l'enfant quelques verres d'une bonne eau de source embouteillée. Il faut lui donner cette eau à la température de la pièce.

6. Faire de un à deux cataplasmes d'argile verte ou grise et les appliquer sur l'intestin durant 45 minutes.

7. Assurer à l'enfant beaucoup de calme et de repos.

Ces indications sont valables dans le cas où la température de l'enfant ne dépasse pas 39°C (102°F). Si elle s'élève plus haut, il convient de consulter un naturopathe qualifié dans les soins de l'enfant. La même recommandation vaut si la fièvre, même légère, s'accompagne de troubles respiratoires, digestifs ou auriculaires (au niveau des oreilles).

Souvenons-nous toujours que la voie naturelle est la plus sûre et la plus efficace. Comme le déclarait le docteur Andrew Malleson, directeur du Centre de la santé mentale de Toronto, dans un article ayant pour titre La médecine s'exerce parfois au détriment de la santé: **"Des rhumes, des grippes, des infections, des insomnies, des diarrhées et des constipations soignés au moyen d'antibiotiques peuvent provoquer des réactions fatales chez certains malades".** Pourtant la fièvre dont souffre votre enfant peut être corrigée par les méthodes naturelles de santé''.

Il nous apparaît donc évident que la fièvre est une manifestation normale de l'organisme, qu'elle est utile et qu'il est essentiel d'en comprendre le fonctionnement. Dans cet article écrit il y a plusieurs années, je ne faisais pas mention du phosphate de fer que j'avais moins expérimenté à l'époque, même si je le connaissais. J'avais plus expérimenté le phosphate de calcium et le sulfate de calcium pour les troubles d'eczéma ou l'érythème fessier des jeunes enfants; le sulfate de sodium pour la constipation et les ballonnements; le phosphate de magnésium pour les coliques des bébés et le phosphate de sodium pour l'acidité. Dans bien des cas, même si la fièvre monte à 39.5°C (103°F) ou 40°C (104°F), il n'y a pas lieu de s'en faire. L'application des méthodes mentionnées dans l'article est très efficace. De plus le phosphate de fer peut être donné à toutes les demi-heures à raison de 4 à 8 petits comprimés fondus sur la langue.

— **Pour les bébés en bas de six mois: dosage indiqué après examen seulement.**

— **De 6 mois à 1 an: 1-2 comprimés à chaque demi-heure ou à chaque heure.**

— **De 1 à 2 ans: 2 à 3 comprimés à chaque demi-heure ou à chaque heure.**

Au fur et à mesure que la fièvre diminue, le phosphate de fer est donné à l'heure puis aux deux heures ou aux quatre heures. J'ai toujours soigné mes enfants avec les méthodes naturelles de santé. Leur fièvre, quoiqu'ils n'en fassent pas souvent, fut toujours traitée avec l'argile verte, le phosphate de fer, les ampoules de vitamine C avec pulpe d'orange, la verveine et les compresses fraîches.

N'oubliez pas! Traiter la fièvre avec les méthodes naturelles n'exclut pas la nécessité d'une consultation naturopathique si la fièvre se prolonge ou encore d'une visite à l'urgence, pour une évaluation de l'état de santé.

Quant au bain chaud, je désire préciser qu'il est conseillé lorsque la température ne dépasse pas 39°C (102°F). Dépassé 39°C (102°F), la température du bain sera tiède puis à 40°C (104°F) légèrement fraîche. On peut quelquefois se contenter d'un bain de siège frais d'une durée de quelques minutes, plusieurs fois par jour. Ce qui est aussi très efficace ce sont les compresses froides et chaudes appliquées en alternance. Compresse chaude (3 minutes), compresse froide (30 secondes), appliquées en alternance sur le bas ventre. Il faut commencer et terminer par la compresse chaude. Ces compresses activent fortement la circulation sanguine dans l'intestin, atténuant ainsi les fermentations et favorisant la purification du sang. Lors de maladies contagieuses, la fièvre doit faire son travail et détruire les microbes et virus. Voilà pourquoi elle peut durer jusqu'à trois jours. Dans ces cas les méthodes naturelles doivent être appliquées avec persévérance et une consultation auprès d'un professionnel de la santé est alors particulièrement recommandée.

Toute personne, (bébé, enfant ou adulte) dont la fièvre est traitée par les méthodes naturelles de santé, bénéficiera d'un renouvellement de ses forces après une élévation de la température de son organisme. Peut-être pensez-vous aux enfants sensibles aux convulsions lorsque s'élève la température de leurs corps? Il m'est arrivé de soigner des enfants ayant ce problème de santé. Cela demande certes une plus grande attention de la part des parents mais il y a des solutions à ce problème et vraiment, je comprends que les médecins ne font pas ça pour nuire à l'enfant, mais ils lui nuisent quand même en recommandant dans ces cas la prise régulière de phénobarbitals, sédatifs pharmaceutiques, qui peuvent nuire au développement psycho-moteur de l'enfant. Dans ces cas, une révision alimentaire et la recommandation de suppléments alimentaires particulièrement riches en calcium et magnésium sont très utiles. Nombre d'aliments contenant des produits chimiques, du sucre et des colorants nuisent à ces enfants.

Enfin, je ne veux pas trop élaborer sur la question mais **travailler en collaboration avec un médecin dans ces cas, pour le bien-être de l'enfant (cela n'est-il pas le but de la naturopathie et de la médecine moderne) est un souhait qui, je l'espère, pourra un jour se réaliser.** Car il est des cas où cela m'est apparu utile. Lorsque par exemple, un enfant ou un adulte prend déjà des médicaments pharmaceutiques de façon régulière. Il n'est pas question de cesser brusquement ces médicaments! Cela doit se faire graduellement, au fur et à mesure que l'organisme se replace et récupère ses forces, grâce aux méthodes naturelles. Un médecin compréhensif serait alors d'une grande utilité.

Au Québec en 1975, $150,000,000.00 ont été dépensés pour le traitement de maladies liées à la mauvaise nutrition, et cela ne va pas en diminuant, selon le Dr. Zabry, nutritionniste. L'enquête ''Nutrition-Canada'' en 1973, a révélé qu'il existe au Canada:

1,613,000 obèses,
2,193,000 personnes ayant un taux de cholestérol trop élevé,

1,585,000 hommes, femmes et enfants souffrant d'une carence en fer,
1,823,000 enfants et adolescents souffrant d'une carence en calcium,
5,055,000 hommes, femmes et enfants ayant un taux de vitamine C trop bas dans leur régime alimentaire (La Gazette, 12 mai 1975).

Ceci est absolument innacceptable dans un pays à niveau de vie élevé comme le nôtre. Nous sommes ce que nous mangeons et nous ne sommes pas malades sans raison. Au Québec, notre état de santé et particulièrement celui de nos enfants est lamentable: jeunesse la plus décalcifiée d'Amérique, championnat mondial de la carie dentaire, arthrite et anémie chez les enfants, taux de cholestérol souvent élevé, etc.

Le Docteur Serge Mongeau, médecin québécois fortement soucieux de ce qu'il appelle la médecine douce, et de la nécessité pour l'être humain d'acquérir une certaine autonomie dans le domaine de la santé, mentionne, dans un article publié par le journal Dimanche Matin, 18 septembre 1983: **"Le recours à la médecine et aux médicaments est entré dans nos moeurs. C'est là un signe de la consécration du pouvoir médical et par extension du pouvoir des experts: nous reconnaissons notre impuissance à régler nous-mêmes nos problèmes. Par le fait même, nous perdons, d'une certaine façon, une partie de notre autonomie, du contrôle que nous pouvons exercer sur nos vies: d'autres nous disent comment vivre, quoi faire pour résoudre nos problèmes. (...) La conséquence la plus déplorable de la voie médicamenteuse, qu'elle résulte de l'ordonnance d'un médecin ou non, réside probablement dans le fait qu'il s'agit essentiellement d'une solution essentiellement symptomatique, la plupart du temps, c'est-à-dire une solution qui soulage et guérit parfois, mais qui étouffe le langage du corps, qui brouille le message qu'il voulait signifier"**.

Les médicaments pharmaceutiques ne sont pas recommandables. Ils ne devraient être utilisés que dans certains cas bien précis: accident grave, crise cardiaque, crise d'asthme, empoisonnement, cancer avancé, maladies mentales (en phase aiguë), syphilis par exemple. Les petits problèmes de santé et les maladies que l'on appelle de la **zone grise** peuvent être prévenus et traités par un mode de vie adéquat: bonne nutrition, sommeil suffisant, repos et détente, sans oublier l'emploi judicieux des herbes, des minéraux et vitamines, des cataplasmes, de l'hydrothérapie, etc.

Plusieurs C.L.S.C. commencent à s'intéresser à la nutrition ainsi qu'à la médecine douce. Sans aucun doute sont-ils plus près des gens.

111

Ils prennent le temps de les écouter et d'étudier leur mode de vie. Ce que ne fait plus la médecine robotisée! Le C.L.S.C. des Trois-Saumons a d'ailleurs produit une affiche ayant pour titre: **"Grands conseils pour petits malaises courants"**. Ce document, que le C.L.S.C. recommande de placer à l'intérieur d'une porte, indique plusieurs conseils intéressants permettant d'éviter d'avoir recours aux médicaments, et cela lors de divers malaises ou maladies tels: l'insomnie, la constipation, la diarrhée, les maux de tête, la fièvre, le rhume et la toux, le mal de gorge, les douleurs menstruelles, les troubles d'estomac et les brûlures. Dans le cas de constipation par exemple, on recommande de boire plus d'eau, de manger des aliments riches en fibres, des céréales à grains entiers et de prendre des marches.

En terminant j'aimerais clore ces quelques pages sur la fièvre, l'aspirine et le phosphate de fer en citant un article publié par Le Journal de Montréal du mardi 8 juin 1982 ayant pour titre: L'aspirine interdite aux enfants atteints de maladie virale: **"L'aspirine ne doit pas être prescrite aux enfants qui ont la grippe, la varicelle ou toute autre maladie virale, a indiqué la "Food and Drug Administration" (FDA) américaine. Cet organisme gouvernemental américain déclare disposer de preuves selon lesquelles l'emploi de l'aspirine chez les enfants atteints de maladies virales pourrait faire apparaître le "symdrome de Reye", maladie rare dont l'issue est souvent fatale chez les enfants. L'agence américaine ajoute qu'elle prépare une réglementation afin d'indiquer ce risque sur les emballages d'aspirine"**.

23. Le potassium et l'iode

Le potassium est un minéral ignoré sauf peut-être par les gens prenant des diurétiques chimiques à qui l'on dit de manger des bananes et autres aliments riches en potassium pour compenser la perte de ce minéral au niveau urinaire, occasionnée par la prise de ce médicament.

Le potassium aide à régulariser le rythme cardiaque et il est important au niveau musculaire et glandulaire. Une personne soumise à un stress assez sérieux et cela de façon continue doit veiller à trouver des aliments riches en potassium et en iode dans son alimentation. Le stress, ayant une action d'abord au niveau des glandes, leur demande un effort accru. Il n'y a pas que ces minéraux qui soient importants d'ailleurs, pour fortifier la santé des glandes et du système nerveux. Il y a le phosphore mais il est vraiment très rare qu'une personne soit carencée en phosphore. Il y a également le magnésium. Voici donc dans quels aliments on peut retrouver le potassium, l'iode et le magnésium.

Potassium: blé, noix (spécialement amandes non salées), arachides, noix de grenoble, graines en général, fèves de lima, pois, laitue, épinards, oranges, bananes (et plusieurs autres fruits), vinaigre de cidre, miel, agneau, pomme de terre, etc.

Iode: algues, cresson, ail, haricots verts, oignon, épinard, navet (ruta-baga), asperge, chou, champignon, fraise, riz brun, carotte, poireau, pois frais, tomate, raisin, poire, radis, artichaut, froment, poisson, etc.

Magnésium: légumes verts, graines de tournesol, sel marin (gris), betterave, épinard, blé, carotte, amande, noisette, pomme de terre, fruits séchés, céréales non raffinées, haricot vert, cerise, orange, poire, pêche, abricot, fèves de soya et farine de soya, mélasse noire, etc.

(La concentration de magnésium dans ces aliments varie toutefois selon le type d'engrais utilisé. Malheureusement beaucoup d'engrais sont carencés et contiennent peu de magnésium, ce qui appauvrit les sols).

24. Le tofu et le quark

Ces deux aliments riches en protéines remplacent avantageusement la viande. Le tofu est une sorte de fromage au goût neutre fait à base de lait de soya. Il peut être apprêté de différentes façons, avec des légumes, du fromage, des oeufs ou avec des fruits. Mes garçons apprécient beaucoup le tofu. Simplement grillé dans la poêle avec un peu de sauce soya, dans une sauce à spaghetti ou encore pilé et mélangé avec des petits morceaux de fromage, de la chapelure, un peu de lait, de la levure alimentaire et des aromates. C'est un délicieux mélange qui, grillé en galettes dans la poêle avec un peu d'huile satisfait leur appétit. Le tofu peut également être broyé au mélangeur avec des fruits, de la vanille et du miel. D'ailleurs, il y a d'excellents livres de recettes sur le marché qui vous permettront d'apprêter le tofu à toutes les sauces.

Le quark est un fromage en crème contenant ¼ de 1% de gras. Il est donc très facile à digérer. On peut l'ajouter aux crèmes de légumes, aux laits battus, aux compotes, afin de les rendre plus riches en protéines et en calcium.

25. Les pâtes à dents naturelles maison

Il est important que les pâtes à dents ne contiennent pas trop de produits chimiques très abrasifs. Les pâtes à dents du commerce et les rince-bouches constitués d'ingrédients synthétiques détruisent certes les bactéries mais aussi beaucoup d'enzymes importants présents dans la salive. Il est donc préférable d'utiliser des pâtes à dents fabriquées avec des ingrédients de source naturelle, même chose en ce qui a trait aux rince-bouches. On peut se procurer ces produits surtout dans les magasins d'aliments de santé, mais on peut aussi les fabriquer. Il faut dire que les enfants trouvent ça particulièrement drôle.

* Argile blanche, huile et sel de mer + rince-bouche au vinaigre de cidre:

Mêler 3 c. à soupe (45ml) d'argile blanche surfine avec 2 c. à thé (10ml) d'huile de soya + ½ c. à thé (2ml) de sel de mer. Ajouter un peu d'eau si nécessaire. Conserver dans un endroit frais. Pour les enfants, les adolescents ou les adultes qui ont tendance à souffrir d'inflammation des gencives, on peut augmenter la quantité de sel de mer à 1 c. à thé (1ml) assez comble. Rincer la bouche avec ½ à 1 c. à thé (2 à 5ml) de vinaigre de cidre de pommes dilué dans ½ verre d'eau.

* Pâte aux fraises + rince-bouche à l'églantier et à l'hamamélis:

Laisser tiédir 2 grosses fraises ou 3 petites et les piler (ou encore préparer une plus grosse quantité au mélangeur). Brosser les dents avec la pâte de fraises et rincer avec une infusion d'églantier (1 c. à thé (5ml) d'églantier pour ½ tasse d'eau + hamamélis, 1 c. à thé (5ml) par ½ tasse). Laisser infuser durant 5 à 10 minutes (préparez l'infusion d'avance). Les personnes qui ont les gencives qui saignent facilement peuvent non seulement se rincer la bouche avec ce mélange mais faire un bain de bouche.

* Pâte à l'ananas + sel et yogourt + nettoyage des dents à l'écorce de citron:

½ tasse (125ml) de cubes d'ananas frais
1 c. à thé (5ml) de sel de mer
1 à 2 c. à soupe (15 à 30ml) de yogourt
½ c. à thé (2ml) d'huile de tournesol

Broyer au mélangeur. Utiliser tel quel et rincer la bouche avec quelques gorgées de jus d'ananas frais. En terminant frotter la face externe et interne des dents avec l'intérieur d'un morceau d'écorce de citron (¼ de citron). Ce traitement est indiqué chez les enfants, chez les adolescents ou les adultes souffrant de tartre dentaire.

* Poudre de lycopode + émail diamant blanc et rince-bouche au jus de concombre:

Ce traitement est tout indiqué pour les fumeurs et les adultes dont l'émail est taché. Après le brossage avec la pâte à dents "émail diamant blanc", appliquer la poudre de lycopode directement sur les dents et frotter soigneusement. Après ces deux brossages, rincer et baigner la bouche avec du jus de concombre frais. Ce jus établira avec le nettoyage un PH alcalin dans la bouche.

Il est préférable de faire ce traitement au coucher. Si vous possédez un jet d'eau, il est bon de l'utiliser avant les deux brossages.

* Poudre de lait + pommes et sel de mer:

½ pomme sucrée (type Délicieuse)
1 c. à soupe (15ml) comble de poudre de lait
½ c. à thé (2ml) d'argile blanche
½ c. à thé (2ml) d'huile de soya
¼ de c. à thé (1ml) de sel de mer
Vanille naturelle au goût

Broyer au mélangeur avec un peu d'eau.

Cette pâte à dents maison, très bonne au goût, est particulièrement indiquée pour les jeunes enfants qui commencent à se brosser les dents. Elle est riche en vitamines et minéraux.

Rince-bouche: 1 comprimé de chlorophylle dissous dans 5 onces (150ml) d'eau (2 fois par semaine au coucher).

26. Le caroube

Le caroube remplace avantageusement le cacao dans toutes les recettes de gâteaux ou de biscuits au chocolat, ou encore de lait au chocolat. Il existe maintenant des mélanges instantanés au caroube. Ils peuvent être mélangés au lait.

Le caroube est un fruit poussant sous forme de gousse. On sait que le cacao est gras et surexcite facilement l'organisme. On a donc avantage à le remplacer par le caroube. Il est préférable pour faire ces recettes de vous procurer un livre de recettes naturistes. Essayez le caroube et vous ne serez pas déçu. Il y a aussi les tablettes au caroube, les raisins enrobés de caroube, les capuchons de caroube, etc.

Il est aussi intéressant de savoir que le caroube aide à enrayer la diarrhée. Il faudra alors le servir avec un peu de miel et de l'eau chaude.

27. Le poulet de grain

D'une façon générale, je suggère toujours une réduction de la consommation de viande rouge. La viande rouge est plus acide, plus irritante pour l'organisme que la viande blanche. Les personnes atteintes d'eczéma et d'arthrite ne devraient pas consommer de viande rouge. Le poulet et le poisson sont nettement moins acides et plus faciles à digérer que la viande rouge (dans les poissons surtout les filets de sole et le turbot), le thon et le saumon sont plus acides et contiennent des purines (substances qui encrassent facilement l'organisme de ces personnes).

Concernant le poulet, pourquoi ne pas manger du poulet de grain? C'est un poulet plus sain que le poulet commercial. D'ailleurs son goût est plus raffiné et sa chair plus tendre. Mon fils aîné a déjà remarqué la différence entre les deux poulets alors que j'avais fait une recette avec un poulet commercial. Ça vaut vraiment la peine d'y goûter.

28. Les amandes

Ce sont les noix les plus alcalines. Elles contiennent du calcium et du magnésium. Le rapport entre ces deux minéraux est très important dans l'organisme, plus particulièrement durant la croissance. Toutefois il ne faut pas les consommer en quantité exagérée car elles peuvent surcharger l'organisme, à cause des huiles naturelles qu'elles contiennent. Elles constituent une excellente collation, accompagnées de raisins secs, de graines de tournesol et de pommes. Il faut bien les mâcher. Il est bon de prendre l'habitude de placer quelques tranches d'amandes émincées sur la compote, sur une crêpe ou dans une salade.

Au chapitre ''Le jardin des métabolismes'', je parlerai plus précisément des rapports des aliments entre eux en précisant comment combiner les divers aliments afin de ne pas surcharger le métabolisme. Vous y verrez donc de façon plus précise quand et comment manger les noix.

29. Le jus de pomme jaune et de poivron vert

Quel jus délicieux et riche en vitamine C! À condition toutefois de le boire immédiatement après l'avoir extrait. Je suggère la pomme ''Délicieuse'' jaune ou rouge parce qu'elle est moins acide que les autres pommes. Ce jus se fait avec deux pommes jaunes et la moitié d'un poivron ou piment vert (si vous avez du piment rouge **doux** c'est encore mieux car il contient plus de vitamine C que le vert. Mais il est nettement plus cher et plus difficile à trouver de façon régulière).

Ce jus est donc particulièrement indiqué l'automne et l'hiver, car la vitamine C aide à fortifier les défenses de l'organisme. De plus, elle aide à désinfecter. Les travaux de Linus Pauling (Prix Nobel de chimie) ont indiqué de façon précise l'importance de la vitamine C. On a malheureusement l'impression que la vitamine C n'est présente que dans les citrus, (citron, orange, pamplemousse). Pourtant on la retrouve dans d'autres aliments moins acides. Et j'insiste sur ce point car j'ai souvent rencontré des bébés aux fesses irritées ou atteints d'eczéma qui buvaient régulièrement du jus d'orange. Des adultes atteints de brûlements d'estomac, d'arthrite ou de rhumatisme qui mangeaient régulièrement leur demi-pamplemousse tous les matins et cela ne les aidait aucunement. Je veux donc mentionner que, règle générale, on trouve de la vitamine C dans les proportions ci-dessous dans les aliments suivants:

— melon honeydew (grosseur moyenne): 360mg
— piment vert (grosseur moyenne): 125mg
— persil (1 tasse): 140mg
— fraises (1 tasse): 100mg

On peut donc, non seulement faire du jus de pomme jaune et poivron vert, mais également du jus de pomme-piment-persil ou encore du jus de melon. Les bébés raffolent du jus de melon de miel! Lorsqu'arrive le temps des clémentines, le jus de pomme jaune et de clémentine est délicieux au goût et beaucoup moins acide que le jus d'orange. La clémentine est plus douce que l'orange, et combinée avec des pommes jaunes ou des pommes-poires rouges, elle donne un jus qui est bien toléré par nombre de personnes.

30. L'huile essentielle d'eucalyptus

C'est une petite merveille de la nature, extraite naturellement, qui peut être utilisée à toutes les sauces. Lors d'une congestion respiratoire, quelques gouttes de cette huile essentielle peuvent être ajoutées à l'eau du bain. Ajoutée à une pinte d'eau bouillante, elle constitue une inhalation très efficace. De même dans l'humidificateur à air chaud.

L'eucalyptus se présente aussi sous forme d'infusion et de pastilles. D'autres huiles essentielles sont également recommandables: l'huile de lavande (pour la toux), l'huile essentielle de thym qui peut être utilisée de la même façon que l'huile d'eucalyptus; toutefois elle agit plus particulièrement sur les sinus et est efficace dans les cas de rhume de cerveau (la tisane de thym également). L'eucalyptus, par contre, est particulièrement indiqué pour aider à dégager le mucus des poumons et de l'arrière-gorge.

31. Le gargarisme au vinaigre de cidre

Ça n'a l'air de rien mais c'est très efficace. Si vous avez un début de mal de gorge et même si vous avez très mal à la gorge, le vinaigre de cidre peut agir comme gargarisme. C'est un désinfectant de première classe. Pour cela ajoutez tout simplement de ½ à 1 c. à thé (2 à 5ml) de vinaigre de cidre dans 1 tasse (250ml) d'eau et répétez le gargarisme plusieurs fois par jour. J'ai parlé du pouvoir curatif de la chlorophylle, il ne faudra pas oublier si cela s'avère nécessaire de sucer des comprimés de chlorophylle.

32. L'huile d'olive de première pression

L'huile d'olive a des pouvoirs curatifs, c'est connu depuis l'antiquité. Il faut toutefois utiliser une huile d'olive provenant de la première pression de l'olive car alors son pouvoir curatif est nettement supérieur. Par exemple, si vous avez un enfant qui a des problèmes de constipation, ou encore qui souffre d'amygdalite, d'otite ou de sinusite chronique, la salade de carottes râpées arrosée d'huile d'olive de première pression et de jus de citron est tout indiquée. Il est préférable qu'elle soit mangée au début du repas, comme une entrée. Ce mélange a un effet très favorable sur le foie. La bile est ainsi moins épaisse et plus facilement déversée dans l'intestin qu'elle désinfecte et les selles sont alors éliminées plus facilement. On sait que le foie est la plus grosse glande du corps et qu'il est extrêmement important (cela est connu) dans nombre de fonctions organiques particulièrement en ce qui a trait à la purification du sang. Un organisme atteint de sinusite chronique ou encore d'amygdalite ou de bronchite a besoin d'être nettoyé. Cette petite salade est un médicament que nous offre la nature, pourquoi ne pas l'utiliser? Évidemment il ne faut pas sauter aux conclusions et croire que l'on peut soigner une otite avec une salade de carottes mais l'association carottes-huile d'olive-citron peut faire partie d'une sage prévention. Je parlerai d'ailleurs de l'otite un peu plus loin. Il y a tant de petits enfants qui souffrent de ce mal très répandu.

33. La cure de raisin

Autre merveille de la nature, le raisin: juteux et velouté, rouge, vert ou bleu. Johanna Brandt a écrit, il y a plusieurs années, un volume appelé La cure de raisin et cela, suite à une expérience personnelle. Elle était fortement convaincue de l'utilité de cette cure. J'ai donc voulu l'insérer dans ce bouquet, croyant que cela peut être utile un jour ou l'autre, dans la trousse de premiers soins naturels. Les raisins qui soignent, qui aurait pensé à cela, vraiment! Les carottes, le persil, le choux, les raisins et quoi encore? Ne soyez pas trop surpris, il y en a bien d'autres. Et juste là, sous vos yeux! Le navet (rutabaga), le concombre, le yogourt, le sarrasin, etc. Quand donc faire cette cure de raisin et pourquoi la faire:

1. Pour perdre quelques livres,
2. Pour nettoyer les intestins et régler un problème de constipation,
3. En cas de sinusite chronique, d'amygdalite chronique,
4. Pour soulager la digestion lente (sauf dans les cas de diverticulite où il faudra absolument enlever les pépins et les pelures),
5. Pour nettoyer la peau (clous, acné),
6. Lors de tendance aux hémorroïdes, etc.

Un point important toutefois, il faut faire cette cure principalement au moment où les raisins sont suffisamment mûris au soleil, donc bien équilibrés et plus doux. Alors, on mange des raisins et on boit du jus de raisin et de l'eau. Il faut bien les mâcher et si au début on a quelques coliques intestinales, il faut avoir de la patience et enlever les pépins. On peut les manger aux deux heures, donc prendre ainsi moins de raisins à la fois. Le jus de raisin fait à l'extracteur est préférable. On peut ne faire qu'une courte cure de deux jours (la fin de semaine) ou une semaine. Pour une cure plus longue, il faudra consulter un professionnel de la santé. Je parlerai de façon plus précise des différents types de petites cures que l'on peut facilement faire à la maison pour simplement se nettoyer et prévenir diverses maladies ou encore lors de problèmes de santé précis.

34. La valériane

La valériane est une plante calmante. Il est utile de la connaître et même d'en avoir à la maison. En infusion, son goût est assez particulier, voilà pourquoi il est préférable de la prendre sous forme de concentré liquide (ce que l'on appelle une teinture de plantes) ou en dragées. Du biberon de bébé à l'infusion de grand-maman, elle est douce et efficace. Dans le biberon, on peut tout simplement ajouter 2 gouttes et dans une tisane de camomille de 5 à 10 gouttes, selon l'âge et la nécessité ou encore simplement prendre 1 à 2 dragées 20 minutes avant le coucher avec une tisane de camomille. La camomille elle-même est aussi une plante calmante, la verveine, le tilleul, etc. Il y a également la fleur de l'oranger, ce qui m'amène à vous parler de l'eau de fleurs d'oranger.

35. L'eau de fleurs d'oranger

Ce concentré de fleurs d'oranger est connu depuis longtemps. C'est un concentré calmant qui dans certains pays est ajouté au biberon de lait des bébés au coucher. C'est un calmant naturel très doux qu'il est aussi bon de connaître et d'utiliser lorsque cela est nécessaire. Tout en vérifiant auparavant quelles peuvent être les causes d'insomnie.

36. Les savons naturels

Beaucoup de savons commerciaux ont un PH trop alcalin pour la peau. Naturellement, la peau a un PH acide et plusieurs savons ne conviennent pas du tout. Il est donc souhaitable que des savons constitués d'ingrédients naturels soient utilisés (les savons au concombre, à la camomille, à la farine d'avoine, à la farine de maïs, à l'aloès vera, savon blanc de castille, aux fleurs de souci, à l'argile, au miel, etc.) J'ai remarqué que les femmes qui ont tendance à avoir des infections vaginales, des irritations ou des enflures de diverses natures au bas du corps, voient leur condition s'améliorer sensiblement lorsqu'elles utilisent des savons naturels, des sous-vêtements de coton (sans teinture) et qu'elles n'utilisent pas de serviettes sanitaires parfumées ou de tampons internes.

37. Le shampooing-mayonnaise

Cette recette toute simple a été suggérée par Sophie Lamiral et Christine Ripault dans le livre Soins et beauté de votre enfant (Le livre de poche). Je la recommande particulièrement pour les bébés et les jeunes enfants dont les cheveux poussent lentement. La voici:

Mélangez un jaune d'oeuf et 1 c. à thé (5ml) d'huile d'olive vierge, battez pour que la mixture soit bien homogène. Appliquez-la puis lavez en massant doucement. Rincez très soigneusement à l'eau tiède.

38. Le sepia

Cette substance naturelle peu connue est particulièrement bonne pour fortifier les glandes féminines. Je l'ai recommandée lors de maux de coeur durant la grossesse à raison de deux comprimés par repas. Associée à des comprimés de levure de bière et à la prise de repas fractionnés (manger moins à la fois et plus souvent), elle a soulagé nombre de femmes enceintes. Également, durant la ménopause, elle aide à diminuer les chaleurs. Associée souvent à la vitamine E naturelle extraite de l'huile de germe de blé, elle soulage grandement. Il faudra toutefois éviter de consommer du café, du thé, des liqueurs, des sauces tomates et des épices, etc. Le sepia est également utilisé associé à d'autres éléments naturels dans les états chroniques d'irritations des muqueuses (sinusites), accumulation de catarrhe et mucus.

39. Le bain de bras

C'est en consultant les travaux de l'Allemand Kneipp sur l'hydrothérapie que je me familiarisai un peu plus avec l'utilisation des compresses et enveloppements de toutes sortes. Le bain de bras dans l'eau fraîche et j'oserais dire légèrement froide est un bain que j'ai recommandé à plusieurs reprises pour les personnes fatiguées, manquant de concentration et d'oxygène.

Tremper les bras durant 30 secondes dans l'eau fraîche et particulièrement dans la première partie de la journée, avant quatre heures, et ce à plusieurs reprises. Le sang se retire momentanément vers l'intérieur du corps, amenant ainsi une meilleure irrigation cardio-vasculaire.

40. La tisane d'anis

L'anis et spécialement l'anis étoilé est une infusion douce et très efficace du point de vue digestif, spécialement lorsqu'il y a une formation excessive de gaz dans l'intestin ou des coliques. Elle soulage les coliques des bébés à raison d'un ou deux compte-gouttes avant ou après la tétée ou le boire. Elle apaise les gonflements digestifs après les repas.

41. La bouillotte

Ah! La bonne vieille bouillotte. Il ne faut pas l'oublier, elle peut être utile pour soulager plusieurs problèmes de santé. Il faut la préférer au coussin électrique puisqu'elle représente une source de chaleur humide. Appliquée sur le foie après les repas, elle favorise la digestion. Au coucher, appliquée sur l'estomac et le foie, elle aide à dormir; dans les cas de gastro-entérites avec **vomissements répétés,** elle aide à apaiser les spasmes du système digestif. Il faudra alors l'appliquer sur le foie mais associer à cela un bain de pieds chaud dans lequel on aura ajouté 1 à 2 c. à soupe (15 à 30ml) de moutarde en poudre (voir à bien rincer les pieds ensuite pour que la moutarde ne chauffe pas la peau). J'ai pu vérifier à plusieurs reprises l'efficacité de la bouillotte associée au bain de pieds chaud. (Si le bain de pieds et la bouillotte sont utilisés en même temps).

42. Le baume de tigre

C'est un produit chinois composé de camphre, d'huile de menthe, d'huile de clou de girofle, d'huile de cajeput, etc. Le baume de tigre soulage divers types de névralgies, les tensions à la nuque, les maux de tête (en appliquant un peu de ce baume aux tempes et au centre du front).

43. La galette de sarrasin

C'est la galette de nos ancêtres, que nous avons malheureusement délaissée. Pourtant en automne et en hiver, elle est un fortifiant de premier ordre. De plus elle contient de la rutine (vitamine P) qui assure une meilleure assimilation de la vitamine C ce qui est un fortifiant des tissus, surtout des capillaires (petites veines). Nos tissus peuvent ainsi mieux résister au grand froid. Pour les enfants qui saignent souvent du nez, la galette de sarrasin est tout indiquée. Cependant, il est préférable de la manger avec de la compote de pommes jaunes ou tout autre sorte de pommes sucrées légèrement au miel. Mangée avec de la mélasse, elle est souvent une cause de fermentations intestinales. Le sarrasin sous forme de grain entier est appelé kasha. On en fait de délicieuses recettes.

44. Le bois de réglisse

On fait avec le bois de réglisse une décoction qui aide à fortifier le système glandulaire, particulièrement les glandes surrénales. Pour les personnes atteintes d'asthme, pour les gens hypersensibles, très nerveux, fatigués, manquant de concentration, atteints d'arthrite, c'est une précieuse décoction qui associée à un régime alimentaire adéquat et à certains suppléments alimentaires naturels, sera d'une grande aide pour le corps. Elle peut dans ces cas remplacer avantageusement le café qui stimule l'organisme au lieu de le régénérer.

45. La poudre de carthame et l'aubier de tilleul

Le carthame est une plante aux propriétés intéressantes. Pulvérisée et prise sous forme de comprimés, elle aide à éliminer l'acide urique. Cet acide présent dans le sang peut causer des douleurs arthritiques et l'inflammation des articulations, s'il y est présent en trop grande quantité. La poudre de carthame (non pas l'huile de carthame qui a d'autres propriétés) et l'aubier de tilleul sont deux substances naturelles qui aident à éliminer l'excès d'acide urique par voie rénale. Il est évident aussi que ces deux substances complètent l'action d'un régime alimentaire précis.

46. La gomme de myrrhe

Substance si précieuse utilisée depuis des millénaires et reconnue pour ses propriétés médicinales diverses, la myrrhe est un désinfectant naturel puissant. Je dirais même, quoique je n'aime pas utiliser ce terme, que c'est un **antibiotique naturel.** On la retrouve sous forme de concentré naturel en capsule et en gouttes. On peut aussi l'ajouter à une décoction. J'en reparlerai au chapitre des premiers soins.

47. La sauge

On l'utilise pour aromatiser quelques recettes, mais elle a aussi des propriétés curatives importantes. Durant la ménopause elle aide à réduire les chaleurs (à raison de 2 à 3 tasses (500 à 750ml) par jour). Associée au romarin et au thym, elle est tout indiquée lors de rhume, de grippe, de bronchite et d'infections diverses puisque ces trois plantes ont des propriétés désinfectantes.

48. Le jus de tangerine et oignon

Trois ou quatre **tangerines** (ou clémentines) et un morceau d'oignon, voilà un jus pour les jours de rhume et de grippe. L'oignon est un **antibiotique naturel** et la tangerine est riche en vitamine C. De plus, elle permet de masquer un peu le goût de l'oignon.

49. Le vinaigre des quatre voleurs

Quel drôle de nom pour un vinaigre! Mais c'est qu'il faut connaître son histoire. Ce vinaigre que l'on peut préparer à la maison aide à fortifier l'immunité naturelle. Il n'est pas absolument nécessaire de le faire et de le conserver indéfiniment dans votre garde-manger mais, s'il faut fortifier l'immunité naturelle des membres de votre famille, il est alors intéressant de l'utiliser. Il semble que son nom curieux soit dû à l'usage qu'en firent quatre voleurs lors de la grande peste de 1720 à Marseilles pour dévaliser les pestiférés. En voici donc la recette:

30 grammes de menthe	30 grammes de romarin
30 grammes de sauge	30 grammes d'absinthe
4 grammes d'ail	4 grammes de canelle
4 grammes de clou de girofle	4 grammes de muscade

Mettre tous les aromates dans 4 pintes (4 litres) de vinaigre de cidre de pommes. Laisser reposer pendant trois semaines et filtrer. Ajouter 8 grammes de camphre. Laisser reposer quatre jours et filtrer.

On pourra donc utiliser ce vinaigre pour frotter le corps après un refroidissement. Tremper des bas dans ce vinaigre et en chausser les peids lors d'un excès de fièvre. Faire des massages de jambes lors de tendance aux névralgies; en frotter la poitrine si un enfant souffre de bronchite chronique; comme protecteur de l'épiderme dans tous les risques de contamination externe; dans un humidificateur pour aseptiser l'air, etc.

50. La tisane de vigne rouge

Un dernier conseil pour terminer ce bouquet: la vigne rouge. C'est une substance végétale qui améliore la circulation sanguine. Prise sous forme de tisane ou de bain de pieds, elle a vraiment des effets positifs du point de vue circulatoire.

Mais encore là, il arrive très souvent que pour les gens atteints de troubles circulatoires, les changements alimentaires s'imposent et un peu plus de mouvement! Il y aurait beaucoup de choses à dire mais je m'arrête ici, j'en garde pour les autres chapitres.

En décidant d'écrire ce livre, j'ai réalisé que je ne pouvais plus me taire. Trop de gens sont malades et trop de dimensions oubliées. Principalement celle de **l'alimentation thérapeutique.** Les aliments peuvent soigner. Ils recèlent des substances vitales et nous les avons oubliées. Nous savons de façon plus précise maintenant, grâce au précieux travail des diététistes, que les aliments ont une valeur calorifique et vitaminique. Nous savons qu'ils peuvent être une source de protéines et de lipides. Nous commençons à peine à comprendre qu'ils peuvent aider à prévenir des problèmes de santé, par exemple une trop grande formation de cholestérol dans le sang et souvent l'obésité. Mais n'oublions pas qu'ils peuvent soigner sous forme de bouillons, d'infusions, de salades, d'inhalations, de compotes, de jus, de recettes de toutes sortes (pour ce qui est de leur rôle interne) et (pour ce qui a trait à leur rôle externe) on en fait des cataplasmes, des onguents, des compresses, on s'en sert dans le bain, etc.

Il y a plusieurs années, j'ai consulté un livre très intéressant: Witches, midwives and nurses (Sorcières, sages-femmes et infirmières), de Barbara Ehrenreich et Deirdre English qui en fait est un peu une rétrospective, une historique des femmes dans le domaine de la santé. Ce livre me fit réfléchir et je compris jusqu'à quel point les femmes avaient toujours soigné. Elles furent souvent des conseillères, des sages-femmes, des médecins se promenant de village en village ou encore se confiant d'une à l'autre les observations relatives à la vie de tous les jours: les secrets des plantes, des aliments, des cataplasmes, en fait leur compréhension intuitive de la santé, les rapports précis de cause à effet entre le mode de vie et les soins de santé.

Non seulement elles soignaient dans la vie quotidienne mais elles savaient évaluer l'état de santé. Mais aujourd'hui, que se passe-t-il?

Les connaissances anatomiques plus poussées, les recherches en laboratoires ont eu certes du bon, mais elles furent appliquées sans sagesse. **L'art médical** devant accompagner la **science médicale** et garder son application harmonieuse, fut perdu, particulièrement durant notre siècle. L'approche médicale devint de plus en plus technique et synthétique. La médecine est devenue compartimentée si bien que l'on ne voit plus le rapport entre les maladies et le mode de vie. On ne connaît plus la valeur thérapeutique des aliments alors qu'une si belle complémentarité entre la connaissance scientifique des éléments de la nature et leur application dans la vie quotidienne aurait pu s'établir.

On a souvent l'impression, parce que l'hygiène s'est développée dans nos sociétés, diminuant ainsi de beaucoup les épidémies et le taux de mortalité à la naissance, que les gens sont en meilleure santé. Pourtant ce n'est pas le cas. Il y a moins d'épidémies mais il y a plus de maladies de dégénérescence, plus de problèmes cardio-vasculaires, plus d'opérations pour les amygdales, pour les oreilles, pour l'appendice et la vésicule. Il y a plus d'allergies et d'asthme qu'avant.

Depuis la fin du XIXème siècle, avec le développement de la science, les découvertes microscopiques, la chirurgie et les expériences en laboratoire, on a dissocié la technique médicale, la compréhension intellectuelle du fonctionnement du corps, de l'apparition de la maladie. Donc, on a séparé l'évaluation de l'état de santé, c'est-à-dire le diagnostic des maladies, de l'acte de soigner, si bien que la plupart des médecins sont des hommes et les femmes pour la plupart des infirmières, c'est-à-dire celles qui appliquent les soins mais ne participent pas à l'évaluation de l'état de santé, **à la compréhension du déséquilibre du métabolisme** ou du sang.

Pourtant les femmes doivent à nouveau guider dans le domaine de la santé, particulièrement en ce qui a trait à la prévention et aux soins dans la vie quotidienne. Les femmes, je le crois, ont un don pour soigner et quand je dis soigner je dis: pour évaluer l'état du sang et du métabolisme et pressentir quels soins sont nécessaires. Les femmes ont règle générale cette capacité d'observer les détails et leur implication plus directe dans la vie de tous les jours leur permettent d'observer le comportement physique, moral et même spirituel des êtres avec plus de précision et de finesse. Elles ont règle générale, et cela je l'ai constaté lors de cours, de conférences et de consultations, une approche plus intuitive, plus harmonieuse et plus globale.

Deux auteurs, Peers et Poucet mentionnent: **"Cette image de la femme responsable des "petits soins" préventifs et curatifs n'est pas limitée au cadre familial. La participation des femmes au travail,**

en usine, au bureau ou à la campagne a aussi introduit cette image dans le monde professionnel. N'est-ce pas vers une femme que l'on se tourne pour soigner les petits malaises ou panser les blessures légères; n'est-ce pas d'elle que l'on attend le calmant salvateur d'un mal de tête tenace''.

Il y a à l'heure actuelle de sérieux problèmes dans le domaine de la santé et la super-industrialisation de nos sociétés, la super-spécialisation de la médecine n'ont pas au fond vraiment amélioré la santé. L'évolution de la féminité à travers l'histoire a amené les femmes à se révolter contre une image de la femme-servante, de la femme soumise; mais à bien y penser la femme, en se révoltant contre cette image, n'a pas changé pour mieux puisque maintenant elle est moins cette esclave dans la maison certes, mais elle est devenue la femme qui **sert** les intérêts de la médecine au service des antibiotiques et des opérations de toutes sortes. Elle est plus que jamais la femme soumise même si elle revendique des pouvoirs dans la société. La femme doit apporter ses propres valeurs et se libérer de tout ce qui empêche l'épanouissement de la vie. Au Québec le Conseil du Statut de la Femme vient de publier un livre Essai sur la santé des femmes, livre dans lequel on fait état entre autre de la trop grande dépendance des femmes face au pouvoir médical et d'un éveil dans ce domaine débutant aux États-Unis, en Angleterre et en Allemagne. En page 193 de ce livre on mentionne: **"En effet, depuis que la médecine contrôle le savoir et l'intervention sur le corps, ce qui en Amérique veut dire à peu près 80 ans (Renaud 1977; Enrenreich, 1974; Cockrore 1977), les femmes n'ont pas pu contribuer à l'élaboration du savoir médical. Elles ne furent que l'objet d'une science masculine; leur savoir fut exproprié et leur connaissance de leur corps considérée comme fausse et dépourvue d'objectivité''** (Ehrenreich, 1974, Howell 1978).

Toutefois il ne s'agit aucunement d'opter pour la révolte et l'agressivité. Il s'agit qu'on accepte que ces connaissances et ces valeurs de la femme, apparemment dépourvues d'objectivité, sont hautement valables et correspondent à une autre façon de voir, de capter et de comprendre la vie, la santé, les maladies. Savoir qu'il y a un rapport entre un régime alimentaire lourd et la formation de mucus au niveau respiratoire, ce n'est pas une ''idée farfelue de grand-mère''. Avoir remarqué que l'oignon ou le thym contiennent des substances pouvant dégager ce mucus ne relève pas de la sorcellerie mais des observations simples de la vie quotidienne. Voilà pourquoi les femmes doivent reprendre les guides dans le domaine de la santé.

Mais pour cela il leur est souvent nécessaire de revaloriser leur rôle en ce qui a trait à la vie quotidienne elle-même. Nombre de femmes ont pris un certain recul face à la vie quotidienne. Pourquoi devaient-elles faire à manger, pourquoi devaient-elles faire le lavage, pourquoi devaient-elles soigner? Humainement, elles étaient d'une certaine façon semblables aux hommes et pourtant différentes, elles qui constituaient **"l'Éternel féminin"**.

Au fond nous arrivons à ce point où une partie de l'action féminine se situe à nouveau dans l'entretien du foyer mais dans un sens beaucoup plus élevé puisque la femme, par sa capacité d'observer les détails, d'agir avec délicatesse et intuition, par sa capacité d'équilibrer le mode de vie, la nutrition, les soins de santé et la saine croissance est un élément déterminant dans toute société. D'ailleurs son action à la maison devrait être au plus haut point valorisée, qu'elle y reste pour les enfants ou pour accomplir des tâches diverses. Et j'ose dire que les médecins honnêtes et sincères devront accepter que les femmes guident dans ce domaine, particulièrement pour tout ce qui a trait à la prévention et à la guérison dans la vie quotidienne. La médecine **doit guérir,** non pas cacher les symptômes et entretenir la maladie.

Esther Chapman auteur d'un livre fort intéressant sur l'emploi des sels minéraux dans divers problèmes de santé, cite le rapport d'un éminent chimiste allemand du nom de Bungs ayant fourni une analyse très intéressante de 1,000 grammes de globules rouges. L'analyse est celle-ci. Dans chaque 1,000 grammes de globules rouges il y a:

0.998 grammes de phosphate de fer
0.132 grammes de sulphate de potassium
3.079 grammes de chlorure de potassium
2.343 grammes de phosphate de potassium
0.633 grammes de phosphate de sodium
0.094 grammes de phosphate de calcium
0.060 grammes de phosphate de magnésium

De plus, il y a dans chaque gramme de substance inter-cellulaire (entre les globules rouges) 5,545 grammes de chlorure de sodium par 1,000 grammes et d'autres minéraux à l'état de traces. (Chapman, Esther, How to use the 12 tissue salts, Pyramid health). On ne peut nier que le déséquilibre si petit soit-il, d'un ou de plusieurs minéraux ou d'autres substances du sang déséquilibre le métabolisme et peut provoquer l'apparition de divers troubles de santé.

Il est intéressant de constater que la médecine dominée par les idées scientifiques du XIXème siècle croit que l'un des signes de la neutralité et de l'objectivité est d'isoler le plus possible les problèmes qu'on lui présente afin de mieux diagnostiquer et de mieux soigner. Tranquillement cette idée de la science est remise en question dans le milieu scientifique lui-même. Et c'est là que l'apport si important de la féminité doit harmoniser la science médicale en apportant une dimension plus globale en ce qui a trait à la compréhension du fonctionnement du corps, à la compréhension de l'apparition de la maladie et des soins à prodiguer. Il ne faut pas laisser les laboratoires mais, comprendre que **la vie en mouvement n'y est pas.** Les analyses ont leur utilité mais elles viennent compléter les observations de la **vie en mouvement,** celles qui relèvent du quotidien. Règle générale, les femmes ressentent les choses différemment et ce qu'elles perçoivent dans le domaine de la santé, particulièrement en ce qui a trait à nombre de petits détails du quotidien, est très important. Et c'est ici qu'arrive cette notion de **l'Art médical.**

L'Art médical doit donc harmoniser la science et développer la compréhension de ces deux points importants:

— **Individualiser**
— **Manoeuvrer**

Selon son hérédité, son tempérament biologique, son milieu de vie, son régime, chaque individu est différent. Comment donc peut-on appliquer des règles aussi strictes dans le domaine des antibiotiques par exemple? De plus, il faut manoeuvrer les soins de santé selon l'âge, le sexe, les particularités d'adaptation propre à chaque individu, selon la saison, les ressources alimentaires du sol, etc. Voilà ce que la science a oublié, pour ne pas dire rejeté, et voilà ce qui premièrement **à la maison** doit être retrouvé. Les hôpitaux sont débordés et là aussi il faudra apporter **l'Art médical.** Je ne dis pas qu'un homme est incapable de comprendre cette dimension des soins de santé. Oui un homme peut avoir cette compréhension. Le Docteur Paul Carton qui fut un clinicien hors pair et qui dès le début du siècle a fortement remis en question nombre de médicaments et d'avenues empruntées par la médecine moderne avait une notion très élevée de cette nécessité d'individualiser et de savoir manoeuvrer. Mais je crois qu'à coup sûr une femme qui le veut peut appliquer et saisir ces notions des plus importantes. Les femmes, je le crois, ont un don pour soigner et voilà pourquoi je m'adresse dans ce livre un peu en désespoir de cause à toutes les femmes qui veulent améliorer ce secteur si important. Elles doivent y ramener la vision globale et éduquer.

Les aliments ne permettent pas uniquement de survivre mais bien de vivre dans tous les sens du mot. Vivre sans se traîner, en ayant cette possibilité d'utiliser son corps et toutes ses ressources. Le potentiel de chaque être humain est un trésor précieux qui doit s'épanouir. Les Chinois utilisent les plantes depuis des millénaires, les Romains ont utilisé le chou, les Égyptiens l'aloès avec grand succès. Par le passé, le traitement des plaies par les vins et les huiles aromatiques était une forme d'utilisation des propriétés des vitamines. Dès l'époque romaine, l'application de vitamines A et D contenues dans le lait d'ânesse et du jus de fruits fraîchement écrasés était un facteur de succès dans le traitement de nombreuses dermatoses. Il n'est donc pas farfelu, à la lumière des découvertes scientifiques et des connaissances biologiques modernes, associant à cela **l'Art médical** de l'individualisation et de la manoeuvre thérapeutique, de partager dans ce livre des connaissances au fond simples qui permettent de soulager nombre de bébés, d'enfants et d'adultes.

Nous entrons de façon plus précise maintenant dans le chapitre des premiers soins naturels. Il ne s'agit donc pas de soins d'urgences genre: crise cardiaque, crise d'asthme avancée, accident grave, etc. Il est important de comprendre clairement comment utiliser les substances naturelles et cela avec intelligence. **Les substances naturelles nous sont fournies par la nature depuis des millénaires et elles ont leur place du point de vue médical.** Cela ne veut pas dire d'autre part qu'il faille rejeter en bloc tous les médicaments et les traitements d'urgence qu'a mis au point la médecine moderne. **Il faut agir avec sagesse afin de favoriser la santé de tous et de chacun**

7

Les premiers soins naturels
et
la médecine naturelle

Les premiers soins naturels
et
la médecine naturelle

Parler de façon plus précise de l'ensemble des premiers soins qui peuvent être donnés à la maison est un point important de ce livre. Voilà pourquoi dans ce chapitre, comme dans tous les autres d'ailleurs, je veux introduire l'aspect biologique, scientifique mais également cet aspect si important de l'**Art médical** et mon expérience vécue en ce domaine. Je vais donc parler de l'**otite** puisque ce mal est très répandu chez les jeunes enfants. Je sais comme cela peut être douloureux, à quel point cela inquiète les parents et aussi je sais que les traitements de la médecine moderne se limitent aux **antibiotiques à répétition** puis si cela ne suffit pas, on pose des tubes dans les oreilles. Ce n'est pas ce qu'il y a de plus doux.

L'OTITE

Dès les premiers temps de ma pratique j'ai eu à soigner des otites et si souvent depuis treize ans, que je ne peux les compter. Je me suis donc intéressée aux causes internes de l'otite, c'est-à-dire aux étapes précédant l'apparition des rougeurs, du pus ou de l'eau dans les oreilles. Une mère me disait, il y a plusieurs années, qu'un médecin avait répondu ainsi à cette question qu'elle lui avait posée: "Pourquoi les enfants font-ils si souvent des otites?" **"Les enfants ont fréquemment des otites parce que leurs conduits auditifs sont plus petits que ceux des adultes"**. Cette réponse évidemment était loin de la satisfaire. Quand on a un enfant qui en est rendu à sa douzième prescription d'antibiotiques en trois ans, on se pose des questions et c'est normal. Voici donc quel fut mon cheminement.

1. Aussi simple que ce qui suit: tout comme l'essence que l'on choisit pour tel type de moteur d'une automobile a son importance et peut amener un fonctionnement inadéquat du moteur si elle est de mauvaise qualité ou inadaptée aux besoins du moteur, la nutrition et l'oxygène constituent l'essence matérielle du corps humain; je voulais donc trouver précisément ce qui dans cette **essence** pouvait encrasser et débalancer le corps.

2. Je fis donc des observations et je remarquai certaines constantes à travers toutes ces rencontres, ces consultations avec les bébés et les enfants. Plusieurs enfants atteints d'otite étaient de gros buveurs de lait, d'autres de gros mangeurs de fromage. Pour certains les otites avaient commencé juste après la période de l'allaitement. Pour d'autres cela se produisait même avec un lait maternisé. En vérifiant la fiche alimentaire de chaque patient, je constatai que pour plusieurs le sucre ou d'autres aliments acides tel que le jus d'orange, les lentilles, le vinaigre, le gruau, ne les aidaient aucunement. Chez

d'autres enfants cela était dû à un état anémique.

J'en arrivai donc à cette conclusion que l'otite était une manifestation propre à certains types de métabolisme. Les constations de Paul Carton allaient bien dans ce sens, il mentionnait que l'inflammation de l'oreille est engendrée par une cause plus **humorale** que microbienne de ce que l'on peut appeler **l'émonctoire pharyngo-amygdalien.** Pour vous aider à mieux comprendre, regardons ce que nous dit le dictionnaire. Émonctoire: organe, ouverture naturelle ou artificielle du corps donnant issue aux produits des sécrétions et aux humeurs. L'émonctoire pharyngo-amygdalien est donc cet endroit du corps où se situent des ouvertures naturelles (la gorge et la bouche: le pharynx et les amygdales). S'il est surchargé de déchets, cet émonctoire ira jusqu'à déverser ses toxines dans l'oreille. Les sinus, qui constituent un autre émonctoire naturel du corps peuvent également nuire et amener ou plutôt favoriser une inflammation de l'oreille moyenne.

Chez les enfants avec ce type de métabolisme, il faut, par exemple, voir à ce que les intestins fonctionnent très normalement, tous les jours. Je consultai également le livre de Raymond Dextreit: <u>Maladies des oreilles et surdité</u> (Institut de culture humaine). Il y mentionnait en page 69: **"L'alimentation exerce une influence directe sur la qualité de l'audition et sur la santé de l'oreille. Les troubles auditifs se développent dans l'immense majorité des cas sur des terrains malsains, et une alimentation incorrecte est fréquemment en cause. Il est toujours indispensable, quels que soient les troubles observés, d'apporter une attention toute particulière à l'alimentation. D'une manière générale doivent être <u>réduits</u> les apports en farineux, sucres, protides et graisses (pain, céréales, pommes de terre, viande, fromage, lait, oeufs, huiles et graisses, particulièrement d'origine animale, beurre, crème, etc...)".**

Différents chercheurs, médecins, nutritionnistes et naturopathes se sont intéressés à l'otite. Voyons donc ce qu'ils suggèrent puis nous étudierons comment prévenir l'inflammation ou l'infection des oreilles.

Sébastien Kneipp, qui à la fin du siècle dernier fit grandement connaître les secrets de l'hydrothérapie, suggère dans ses traités pour les enfants dont le métabolisme développe facilement du catarrhe et qui souffrent d'élancement et d'écoulement des oreilles, ce traitement préventif:

— l'enveloppement d'eau vinaigrée (tremper une chemise dans un bol d'eau tiède contenant moitié eau et moitié vinaigre de cidre). La chemise doit être bien ajustée au corps (même si c'est une grande chemise ça n'a pas d'importance. Il faudra bien l'ajuster avec des épingles). Kneipp suggère cet enveloppement trois fois par semaine (environ 15 minutes, en évitant les courants d'air), suivi dans la même journée ou le lendemain si le cas n'est pas trop aigu, d'un demi-bain tiède (1 minute à 5 minutes, selon l'âge et la résistance). **N.B. Si l'enfant souffre également d'eczéma cet enveloppement sera fait avec de l'eau non vinaigrée.**

Éric Nigelle suggère pour soulager les douleurs ressenties dans l'oreille moyenne (et cela je le suggère en sachant bien qu'il est nécessaire d'avoir un examen de l'oreille effectué par un professionnel de la santé):

— l'introduction d'une gousse d'ail râpée dans la cavité de l'oreille, entourée d'un petit morceau de gaz aseptisé. Ceci aide à calmer la douleur. En plein milieu de la nuit, c'est un truc souvent apprécié.* (Voir explication p. 212).

Juliette de Baïracly-Lévy (Nature's children, a guide to organic foods and herbal remedies for children) suggère l'introduction de gouttes d'eau citronnée dans les oreilles. Le citron est reconnu pour ses propriétés désinfectantes.

— eau citronnée: ¼ c. à thé (1ml) pour ¼ tasse(60ml) d'eau tiède. Ce qui peut avantageusement remplacer les gouttes pharmaceutiques, lors de maux légers de l'oreille.

Le docteur A. Vogel précise dans son livre Le petit docteur (Éditions A. Vogel, Teufen (Suisse)) en page 86, concernant l'otite: **"Dès les premiers symptômes, il faut appliquer un traitement naturel intensif, tout en soutenant l'état général du malade par une alimentation <u>vivante</u>. À ce moment seulement la nature guérit"**. Et c'est là un point très important, l'alimentation <u>vivante</u> équilibre les fonctions vitales et nettoie le sang, diminuant ainsi du même coup la formation de catarrhe. Autrement dit, **s'il ne se fait aucune prise de conscience du point de vue de la nutrition et de cette capacité qu'ont les aliments de prévenir les maladies et d'aider à guérir, il ne sert à rien de faire cette démarche.**

Dès les premiers élancements ou douleurs, il faut donner une alimentation constituée en grande partie de fruits et de légumes (jus frais à l'extracteur ou en bouteilles, dilués, non sucrés, tisanes douces, compote, crème de légumes à l'eau, légumes vapeur, salade de fruits, etc.) Le docteur Vogel suggère:

— en application dans l'oreille: une goutte d'huile St-Jean (constituée de millepertuis) + une goutte de concentré de plantain, une à deux fois par jour. Ajoutant à cela (si on n'utilise pas l'ail râpé par exemple) l'application d'une ouate dans l'oreille imbibée de cinq gouttes de concentré de plantain.

— on pourra également utiliser un mélange d'huiles essentielles désinfectantes <u>diluées</u> dans un mélange d'huiles douces telles: huile d'olive, huile d'amande, etc.

— l'utilisation de sels biochimiques tels que la silice et le phosphate de fer est également recommandée par le Dr. Vogel, lors d'inflammation des oreilles.

Grace Gassette dans son livre <u>La santé</u> recommande dans les cas d'otite, les sels biochimiques: phosphate de potassium (sel no. 5) et phosphate de magnésium (sel no. 8). Lorsque l'otite est accompagnée de fièvre: le phosphate de fer (sel no. 4).

J'ai souvent suggéré pour soulager momentanément la douleur (car c'est souvent très souffrant): le cataplasme d'oignon chaud sur l'oreille et c'est, règle générale, très efficace. Il s'agit de faire cuire à la vapeur un petit oignon finement coupé. Lorsque l'oignon est cuit, le placer, à condition qu'il ne soit pas bouillant, dans un "coton à fromage" et poser le tout sur l'oreille. Cette application soulage grandement. Après examen, si l'oreille est profondément infectée, il est préférable de **remplacer l'application d'oignon par un cataplasme d'argile (froid) sur toute la surface de l'oreille et au bas de l'oreille.**

Je sais que parler de l'otite constitue un sujet très délicat et cela avec raison, car il faut être prudent et toute otite doit être bien soignée. Toutefois, je me dis ceci: qu'un enfant prenne des antibiotiques une fois pour une otite d'accord, mais qu'il en prenne deux à trois fois par hiver, et une dizaine de fois dans son enfance, il y a quelque chose qui ne va pas. Et c'est là que l'observation de la vie quotidienne et du métabolisme devient importante.

Voilà donc ce que j'ai fait durant ces treize ans de naturopathie. J'ai aussi tiré des conclusions pour ce qui a trait à la **prévention des otites.** Ces grandes lignes de prévention peuvent d'ailleurs être retenues comme éléments d'importance pouvant éviter ou diminuer l'apparition non seulement d'otites mais de plusieurs troubles de santé de type inflammatoire. En somme tout ce qui permet un meilleur fonctionnement des organes et une amélioration de l'état des tissus (particulièrement le foie, ce laboratoire extraordinaire, le pancréas surtout en ce qui a trait à l'action de certains sucs digestifs au niveau de l'assimilation intestinale, la flore intestinale, jouant un rôle important dans la défense du corps, le bon équilibre des bactéries intestinales et l'état du sang, la rate, le thymus, etc.).

Grandes lignes de prévention

1) L'état de santé des parents lors de la conception de l'enfant.

Il faut insister sur ce fait très important: **l'hérédité.** On croit souvent à tort que les parents responsables de la transmission du capital génétique sont indépendants de l'état de santé de l'enfant. Il faut considérer: l'état du sang des parents, la cigarette, les médicaments, les différentes drogues qu'ils prennent, etc.

Camille Droz, un herboriste-botaniste dans <u>Les propriétés merveilleuses de la feuille de chou</u>, dit jusqu'à quel point le sang fait la vie (et il n'est pas le seul à le dire). Il précise que le sang vicié des parents peut transmettre la prédisposition à toutes sortes de maladies. Il serait donc sage, si cela est possible, de prévoir une année de **retour à la vie** pour le père et la mère éventuels, lorsqu'un grossesse est prévue. Toutefois si cela n'a pas été fait, il ne s'agit pas de se mettre à cultiver des remords mais de prendre ce point en considération afin de mieux comprendre qu'il y a un fil conducteur dans l'apparition des problèmes de santé. Je mentionne la mère et le père, car le père aussi est important. Je l'indiquais d'ailleurs en 1975 dans mon livre <u>Soins naturels de la femme enceinte</u>, au sujet de la cigarette.

Deux pédiatres allemands Herhard Mau de l'Université de Kiev et Petra Netter de l'Université de Mayence (<u>Le Devoir</u>, 12 novembre 1974), après avoir examiné un total impressionnant de 5,200 cas, ont conclu que le mode de vie du père avant la conception a des répercussions très importantes sur la santé des nouveau-nés. La mortalité des enfants dont le père fume plus de dix cigarettes par jour est nettement supérieure à celle des enfants de père non-fumeur. Elle se situe à 3% chez les non-fumeurs et à 4.5% chez les fumeurs. Également, en prenant comme moyenne de base 10 cigarettes par jour, les malformations sont de 2.1% chez les couples où l'homme est un grand fumeur et seulement 0.8% chez les autres. Là, la proportion est donc deux fois et demie plus forte chez les fumeurs. Ceci nous amène à réfléchir. Il faut donc considérer autant que cela nous soit possible ce temps préparatoire à la grossesse.

N.B. Il peut cependant arriver qu'un bébé soit affecté d'une malformation sans qu'aucune cause apparente puisse être détectée. Il y a aussi dans le destin d'un être, des raisons qui ne sont pas d'ordre matériel.

2) Le temps si précieux de la formation intra-intérine.

La grossesse elle-même est très importante pour la santé de bébé. Là vraiment, non seulement les médicaments, la cigarette et l'alcool doivent être évités mais une nutrition **saine, équilibrée** et

137

vivante a sa place, afin que le corps soit bien construit. De plus chez la mère **l'harmonie de l'esprit** a une grande importance afin d'éviter un stress trop grand. Ce fameux stress de plus en plus présent, a un effet sur le corps et particulièrement sur les glandes, non seulement de la mère, mais aussi du bébé. Il est donc très important de considérer cet aspect car la santé du petit corps en dépend. En questionnant les parents sur la santé de leur enfant, je fais toujours un retour en arrière. À plusieurs reprises il m'est apparu évident que l'état de santé déficient de l'enfant provenait d'une grande fatigue ou d'un stress vécu durant la grossesse. D'ailleurs, à ce sujet, je parlerai plus précisément du rapport entre l'asthme et les glandes surrénales. J'aimerais toutefois ajouter quelques citations, résultats d'analyses ou d'expériences précisant **le rôle des aliments pour prévenir et guérir** et cela principalement en rapport avec le temps de la grossesse. En effet, si plusieurs liens de cause à effet sont importants et précis durant le temps de la formation du corps de l'enfant, ces liens ne deviennent pas inexistants parce que l'enfant n'est plus dans le ventre de sa mère.

- On reconnaît de plus en plus au lait maternel des propriétés nutritives inégalées, prévenant nombre de problèmes de santé, pourquoi donc ignorer les autres aliments?

- Dans un bébé à terme de 3,350 grammes on retrouve normalement 294 milligrammes de magnésium, de soufre, de phosphore et de fer.

- Des porcelets sont nés aveugles par suite d'une carence en vitamine A chez leurs parents.

- Quatre chiennes (expérience de Weston Price) croisées avec un même chien nourri incorrectement, donnèrent naissance à des chiots au palais fendu et à la colonne vertébrale déformée. L'empoisonnement des cellules génitales du mâle (à cause d'une alimentation toxique) est à l'origine de ce fait (toute cause héréditaire étant écartée du fait que le chien était parfaitement normal par ailleurs).

- Des plantes qui ont poussé dans des sols carencés et déséquilibrés donnent des semences atrophiées et résistent mal aux parasites et aux insectes, tandis que des plantes bien nourries, donc vigoureuses, possèdent une meilleure résistance.

- Les conclusions de Mme Agnès Aggins, directrice du Montreal Diet Dispensory, au terme d'une enquête de dix ans sur les effets de la malnutrition durant la grossesse (Perspectives, Dimanche-Matin, octobre 1973): **"Il en coûte $100,000 à $200,000 à la collectivité pour subvenir, sa vie durant, aux besoins d'un individu désavantagé par quelque infirmité ou faiblesse congénitale alors qu'il** suffirait (selon les évaluations du Montreal Diet Dispensory) de disposer d'une somme de $125.00 pour permettre à toute femme jeune qui ne souffre d'aucune tare héréditaire de mettre au monde des enfants normaux qui en arriveront à se suffire à eux-mêmes dans la vie (...) Si le corps et le cerveau du bébé sont débiles, c'est la plupart du temps parce que la mère n'a pas suivi le régime alimentaire qui lui aurait convenu durant sa grossesse (...) Les contribuables canadiens économiseraient par millions, simplement en veillant à ce que toute parturiente soit bien alimentée comme il faut"**.** Il faudrait pour cela voir l'économie différemment. Il faut investir dans la vie et cela même dans les services sociaux de toutes sortes et particulièrement du point de vue de la santé. Les conclusions de Mme Higgins, il est certain, font réfléchir. D'autant plus que Mme Higgins n'est pas la dernière venue. Sa compétence dans sa tâche lui a permis de présenter des communications remarquées à divers congrès internationaux et d'être membre associé de la Société Royale de Grande Bretagne. Pour Mme Higgins, l'hérédité mise à part (et encore là d'une génération à l'autre il faut bien constater que le mode de vie façonne l'hérédité), c'est l'alimentation de l'individu qui exerce l'influence la plus profonde sur sa destinée. De plus elle mentionne: **"l'alimentation est une science exacte mais peu de gens savent en appliquer les préceptes. La plupart des étudiants en médecine n'en apprennent que les rudiments malgré un long internat. On leur apprend à soigner les maladies une fois qu'elles sont sérieuses, non pas à les prévenir"**.

• En octobre 1973, on pouvait lire dans le Dimanche-Matin (Perspectives dimanche) que: **"une enquête menée aux États-Unis a démontré que ce pays aurait pu épargner $30,000,000 en frais médicaux grâce à une bonne alimentation"**. Et encore plus j'en suis certaine, si la connaissance de l'alimentation thérapeutique était répandue. Imaginez ce que l'on pourrait économiser au Québec!

• Francis Pattenger, un stomatologue américain ayant fait une expérience pendant dix ans sur 900 chats, a bien démontré qu'il existe une relation directe entre le régime alimentaire et la qualité biologique d'une génération. Deux groupes de chats furent nourris de viande, de lait cru et d'huile de foie de morue. Le premier groupe de chats reçut cependant de la viande crue (ce qui est normal pour un chat) tandis que le deuxième fut nourrit de viande cuite. Résultats de cette expérience: le premier groupe de chats se maintint en bonne santé et se reproduisit normalement. Le second groupe eut 25% de fausses couches à la première génération et 70% à la deuxième. De plus, les chats de la deuxième génération qui survécurent devinrent **irritables,** maladifs, sujets à des maladies de peau, à des allergies, à de l'arthrite, à des méningites et autres maladies dégénératives bien connues chez l'homme moderne mais habituellement rares chez le chat bien nourri. Quant à la troizième génération elle était tellement dégénérée qu'aucun chat ne put survivre au-delà du 6ième mois.

Je ne voudrais pas vous étourdir avec toutes ces statistiques et résultats d'expériences mais cela doit être dit. J'ai donc parlé dans ces grandes lignes de prévention:

1. De l'état de santé des parents avant la conception

2. Du temps si précieux de la formation intra-intérine

3. L'allaitement

Le troisième point important c'est **l'allaitement.** Le lait humain donné au bébé renforce son immunité naturelle. Il permet aux organes de digestion et d'assimilation de fonctionner normalement, évitant aussi la formation de catarrhe. Il est très rare qu'un bébé encore nourri au sein soit victime d'une otite. Si cela arrive il faudra:

• Vérifier ce qui a pu influencer la formation de son corps durant la grossesse et favoriser l'apparition de ce problème (mauvaise alimentation, anémie, stress, cigarette, médicament, accouchement prématuré).

• Si on fume dans la maison et près de l'enfant.

• S'il y a formation de catarrhe ou inflammation des oreilles à cause d'une mauvaise réaction du bébé aux produits laitiers que sa mère consomme. (Voir "Un bouquet de santé": le lait et le fromage de chèvre). Lorsque le bébé n'est plus allaité, **il est important de lui donner un lait qu'il assimilera parfaitement.** Le lait de chèvre est fortement recommandé.

4) Ne pas donner une alimentation favorisant la formation de catarrhe.

En soignant depuis toutes ces années plusieurs enfants souffrant d'otite chronique, j'ai constaté qu'il y avait **deux types d'enfants souffrant d'otites chroniques.**

A. Ceux qui sont bien charpentés physiquement, souvent **gros mangeurs,** gros buveurs de lait, gros mangeurs de fromage, très actifs, etc.

B. Ceux qui sont assez minces, donc moins charpentés physiquement mais qui sont de tempérament plus sensible, plus nerveux, aimant beaucoup les jus de fruits surtout le jus d'orange, aimant le sucre, ayant un appétit assez modéré, aimant les pâtes et consommant au fond peu de végétaux.

Le premier groupe formait facilement du catarrhe. Le deuxième groupe, moins résistant, me semblait plus sensible à l'inflammation, au développement de divers types de microbes un peu comme les plantes carencées résistant mal aux parasites (de façon plus ou moins prononcée selon chaque enfant). Voici donc à titre préventif ce que chacun de ces groupes devrait éviter de consommer, quelles habitudes alimentaires devraient être corrigées et ce que ces enfants auraient avantage à manger plus régulièrement.

GROUPE I
FORMATEUR DE CATARRHE ET DE MUCUS

À consommer modérément ou à éviter complètement:

— le lait de vache. Le remplacer par du yogourt (la plupart du temps écrémé). Certains enfants doivent consommer du yogourt de lait de chèvre uniquement et remplacer le fromage cottage par du fromage de chèvre. Peuvent être tolérés dans certains cas: les fromages au lait de vache écrémé.

— l'avoine (gruau, granola)
— la crème
— le beurre
— le pain blanc
— le sucre blanc
— les colorants
— réduire la viande (surtout la rouge)
— réduire les bananes
— ne pas mélanger deux aliments lourds ou aliments de base à un même repas (ceci facilite l'assimilation et réduit la formation de catarrhe et de mucus). Cette règle doit être observée particulièrement en ce qui a trait au mélange de:

• céréales + bananes
• pâtes + pain
• viande + riz (ou nouilles ou pommes de terre)
• oeufs + fromage
• noix + fromage
• pain + beurre d'arachide

- sucre + féculents
- fruits séchés et féculents

Doivent être consommés régulièrement

— graines de tournesol
— levure alimentaire
— crudités variées (persil — riche en fer)
— jus frais à l'extracteur
— céréales: riz, millet, orge, tapioca
— graines de lin, graines de citrouille
— poulet de grain, poisson maigre, oeufs (selon la digestion, etc.)
— huiles pressées à froid

Lorsqu'on mentionne aux parents que leur enfant ne devra plus consommer de lait de vache, ils ont souvent des craintes concernant l'apport de calcium alimentaire. Voilà pourquoi il est important de savoir quel lait doit être consommé et quels sont les aliments contenant du calcium. Il n'y a pas que les produits laitiers qui fournissent du calcium. Les algues en contiennent, les graines de sésame (particulièrement lorsqu'elles ne sont pas décortiquées, approximativement 1,125 milligrammes pour 100gr (¼ de livre)), les amandes 230mg dans 100gr (¼ livre), le navet (rutabaga), la carotte, le chou, le blé, les fraises, les coquilles d'oeufs (bruns de préférence), le poireau, la laitue (frisée, romaine, boston), le céleri, les raisins, le miel, la pomme, la mélasse, les dattes, l'orge, etc.

GROUPE II
TISSUS FRAGILES, SYSTÈME DE DÉFENSE AFFAIBLI

Doivent éviter:

— le jus d'orange
— le vinaigre et toutes les marinades
— le sucre blanc (sous toutes formes: confitures, pouding, biscuits)
— farineux raffinés (pain, farine pâtes)
— la viande rouge
— fromage fermenté
— réduire le sel
— réduire les citrus (citron, pamplemousse, orange)

À consommer modérément:

— clémentine
— lentilles
— épinards

— saumon, thon
— moutarde
— sauce tomate

À consommer plus:

— d'aromates variés (ail, thym, romarin, sariette, estragon, cannelle)
— papaye (riche en enzymes digestifs)
— légumes cuits à la vapeur
— crudités (finement râpées)
— riz, millet, sarrasin
— huile d'olive naturelle (avec salade ou sur les légumes cuits)
— levure alimentaire
— poulet, poisson maigre, oeufs

Évidemment, ce que j'indique là ce sont les grandes lignes. Car il y a d'autres points à surveiller pour ces deux groupes:

• le sommeil
• la régularité intestinale
• la consommation d'eau

Un tonique **naturel** riche en fer et en vitamine B est souvent profitable aux enfants du deuxième groupe ainsi que la chlorophylle. Des gouttes de cuivre (un minéral favorisant le bon fonctionnement du système de défense) sont recommandées.

Je pourrais parler longtemps de l'otite. Mais ce que je voudrais que l'on comprenne c'est ceci: oui, la technique médicale est utile pour évaluer l'état interne de l'oreille. Oui, une opération peut être utile pour poser des tubes dans les oreilles lorsqu'il y a risque sérieux de congestion, de surdité ou de mastoïdite. Oui, un antibiotique peut être utile en cas d'urgence! **Mais, n'y aurait-il pas moyen de trouver un juste milieu entre le gros lard, le lait non écrémé d'autrefois et les otites mal soignées et d'autre part les aliments raffinés, super-chimiques, les collections d'antibiotiques et l'opération pour les oreilles d'aujourd'hui?**

N'y a-t-il pas moyen de trouver le juste milieu entre la technique et la vie? Oui, il y a moyen et pour cela il faut répandre les connaissances de la vie. À l'heure où on commence à parler de lien de cause à effet <u>entre l'excès de viande et le cancer</u>: **"Des rations quotidiennes mal équilibrées et trop riches en matières animales risquent de favoriser certains cancers et notamment ceux du sein et du côlon, c'est ce qu'a révélé le chercheur Serge Renaud, Prix 1983 de la Fondation française pour la nutrition (FFN), et directeur de l'unité**

de recherches de physiopathologie vasculaire d'un hôpital de Lyon".
(Journal de Montréal, 23 novembre 1983).

Entre les aliments engraissants et le cancer du côlon: **"Les Canadiens devraient couper les aliments engraissants tout en augmentant les fibres alimentaires dans leur régime afin d'éviter le cancer du côlon et du rectum, a déclaré le vice-président exécutif de la Société Canadienne du Cancer (le Dr. Robert MacBeth)"**. (Le Journal de Montréal, 21 novembre 1983).

Entre les maladies cardio-vasculaires et l'excès de graisse animale, de beurre et de viande: **"Un régime italien à base d'huile d'olive, de légumes et de spathetti a permis de faire baisser de moitié en Finlande le taux de mortalité par accident cardiaque. Au cours d'un séminaire sur l'hypertension et les maladies cardio-vasculaires qui se tient à Rome, le professeur Lennort Hausson, de l'Université de Goetoborg, a déclaré samedi que ce constat découle d'une expérience de "régime à l'italienne" pratiquée pendant six ans sur environ un millier de patients finlandais âgés de 48 à 52 ans. Un autre groupe, s'alimentant "à la finlandaise", c'est-à-dire à base de viande, de graisse animale et de beurre, a connu le taux habituel de mortalité par accident cardiaque, soit 4,5 pour 1,000, l'un des plus élevés du monde"**. (La Presse, 31 octobre 1983).

À l'heure donc où l'on commence à faire des rapports précis entre les aliments et les maladies, il n'est pas farfelu de parler des causes de l'otite en regardant le régime alimentaire. De plus, il serait temps que l'on évalue jusqu'à quel point le sucre blanc peut débalancer le système de défense du corps, survolter les nerfs, irriter les tissus. Donc pour conclure: les otites ça se prévient, ça peut aussi se soigner naturellement dans la mesure où:

- **l'alimentation vivante soutient,**
- **l'état de l'oreille est bien évalué par un professionnel de la santé,**
- **on sait quelles substances naturelles utiliser.** (Le phosphate de fer — sel biochimique no. 4 est une substance très diluée qui peut être donnée plusieurs fois par jour à chaque heure ou à chaque demi-heure. Ce sel biochimique aide à résorber le catarrhe. De même les ampoules de vitamine C avec extrait pectique de pulpe d'orange (ou de la vitamine C provenant de l'acérole) aident à désinfecter l'oreille, l'ail, etc.)

J'aimerais en terminant ces quelques pages sur l'otite citer Paul Carton (Alimentation, hygiène et thérapeutique infantile en exemple, Librairie le François, 1939, p. 162): **"Les prescriptions de synthèse, d'alternance des contraires, d'adaptation, d'à propos, dans le** règlage alimentaire, jointes au bon ordre dans le rythme alternant de l'activité et du repos neuro-musculaire, constituent l'essentiel de l'art médical''.

L'art médical demande donc de s'attarder à de multiples aspects de la vie quotidienne et nécessite la compréhension et l'application d'une loi importante: la loi de la compensation. Le dictionnaire nous dit compenser: équilibrer un effet par un autre. On doit utiliser la loi de la compensation dans le domaine alimentaire, en hydrothérapie (bains, enveloppements, compresses), dans le rythme des activités et du repos quotidien. Cette loi harmonise le corps, lui permettant de récupérer son immunité naturelle et d'éviter les surcharges de toutes sortes. En fin de volume, je reparlerai de façon plus détaillée de la **loi de la compensation,** dont j'ai réalisé l'importance en soignant diverses maladies. Et Carton précise ce rapport important entre:

L'ordre local: (là ou peut se développer la maladie).

L'ordre humoral: (la constitution des liquides du corps: sang, lymphe, sécrétions digestives, enzymes, hormones, etc.).

L'ordre budgétaire: (les recettes alimentaires, l'équilibre du menu, les dépenses énergétiques, l'emploi du temps).

Avant d'aller plus loin et d'aborder les causes de l'amygdalite, je vous invite à lire cet extrait d'une lettre publiée dans La Presse du 15 mars 1984 (Tribune libre). Elle a pour titre: ''La diététique en pédiatrie'', elle fut écrite par Paul Letondal m.d. **''Il est indéniable qu'il existe un rapport étroit entre la nutrition et l'infection chez les enfants, en particulier au cours de la première année de la vie, qui est une période de croissance très active et partant de fragilité, surtout pendant les trois premiers mois. (...) mais chez les enfants on ne fait que commencer à se rendre compte des effets à court et moyen terme de la suralimentation. Des comités ont été formés dans les sociétés savantes, qui étudient les troubles de la nutrition chez les enfants, dans le but d'apprécier les travaux publiés à date et leurs conclusions ont été les suivantes: chez les animaux de laboratoire, il y a été démontré que les sujets qui reçoivent une ration alimentaire normale, proportionnée à leur âge et à leur poids, résistent mieux aux infections que ceux qui sont suralimentés; ces derniers ont une moindre résistance vis-à-vis des infections, mais ils sont prédisposés plus tard, à l'âge adulte, à l'obésité et aux affections cardio-vasculaires qui abrègent l'existence''.**

Évidemment tout cela doit être fait de façon équilibrée en considérant non seulement le poids d'un bébé ou d'un enfant mais également son type de métabolisme, les combinaisons alimentaires et la présence de fibres dans les aliments, ce qui assurera une meilleure assimilation et une meilleure élimination.

J'aimerais de plus mentionner que dans certains cas d'otites chroniques un examen chiropratique peut être utile afin de vérifier l'état des vertèbres cervicales. Si ces vertèbres sont déplacées, la congestion de l'émonctoire pharyngo-amygdalien se produira plus facilement. Toutefois il demeure toujours essentiel de faire des changements alimentaires dans ces cas.

Avant d'aller plus loin et de parler des causes de l'amygdalite je vous invite à lire l'expérience vécue de ces trois femmes qui, suite à divers problèmes de santé de leurs enfants, ont choisi la voie de la médecine naturelle. Leurs témoignages sauront vous éclairer.

Les infections à répétition

Pourquoi ma famille et moi sommes devenus naturistes est une longue histoire, et pourtant une histoire très simple.

Tout a commencé il y a maintenant six ans lorsque j'étais enceinte de mon troisième bébé. Nous souffrions, les enfants, mon mari et moi-même d'infections à répétition, lesquelles dégénéraient toujours en catastrophe: fièvre 40°C - 40.5°C (104°F - 105°F), écoulement de pus, etc. Naturellement nous courions chez le docteur qui ne savait faire autre chose qu'administrer un antibiotique. Durant cette période nous avalions l'antibiotique comme un aliment ordinaire et plus nous en prenions plus nous étions malades.

Lorsque Xavier est né, ma santé ne s'était guère améliorée, et naturellement le bébé devait en subir les conséquences. À un mois, Xavier subissait un traitement à la cortisone à cause d'une dermatite soi-disant inconnue et incurable. Mon bébé a alors cessé de progresser, plus de gain de poids, il avait le teint grisâtre et des yeux un peu hagards qui me faisaient peur et pourtant je me disais qu'il devait bien y avoir une autre solution. J'allaitais mon petit bébé sachant que je lui donnais tout ce qu'il fallait, mais il y avait peut-être quelque chose dans mon alimentation qui ne lui convenait pas.

Par l'entremise d'une autre monitrice de la Ligue La Leche, quelqu'un me conseilla de rencontrer un médecin de sa connaissance qui travaillait avec l'allaitement et l'alimentation. Ce fut le début d'un long cheminement qui mène jusqu'à aujourd'hui et qui continuera encore pendant bien longtemps, car je crois qu'on ne cesse d'évoluer dans ce domaine. Bref, pour revenir à mon histoire, il s'agissait bien en effet d'une allergie pure et simple. Quelques suppléments alimentaires ajoutés à ma diète et le tour était joué: mon bébé est redevenu un bébé normal et beau même s'il avait subi un peu de retard dans sa croissance. Mais quand j'y pense; que d'angoisses et de questions la médecine nous impose-t-elle, à ne jamais savoir le pourquoi des choses et à toujours administrer toutes sortes de drogues à tort et à travers!

Cependant l'histoire des antibiotiques n'était pas terminée. Xavier, qui commençait à manger, se mit à souffrir d'otite et quoi faire, il n'y avait que l'antibiotique et l'opération...

Non, je n'en pouvais plus! Il devait y avoir une autre solution à ce problème! C'est alors que j'ai connu une naturopathe par l'entremise d'une autre amie, et je me souviens de ma première visite, lorsque je lui ai posé la question: "Dites-moi, y a-t-il autre chose à faire pour soigner les infections d'oreilles que d'administrer des antibiotiques?" Et elle m'a répondue à ma grande surprise: "Oh, il y a bien autres choses que cela". Quel soulagement! Avec elle j'ai vraiment appris ce qu'était le naturisme: comment voir les choses, comment les prévenir et surtout comment y remédier en plus de savoir utiliser les sels biochimiques et les combinaisons alimentaires.

Nous sommes par surcroît végétariens depuis cinq ans, c'est donc dire que la bonne nourriture est chez nous un souci constant. Nous ne mangeons que des aliments qui nourrissent vraiment et j'ai comme devise: "je fais 90% de ce que l'on mange", (à l'occasion j'achète un pain ou des biscuits qui sont faits sans additifs chimiques ni sucre de canne) et ce à la maison comme ailleurs. C'est donc dire que lorsque nous sortons, nous amenons notre bouffe... Comme par magie le fait de devenir végétariens a fait disparaître comme par enchantement ces infections catastrophiques. Je ne veux pas dire que nous ne sommes jamais malades mais ce sont de petites choses qui se règlent toujours assez facilement. D'autant plus que nous apprenons à écouter notre corps, à suppléer aux manques et à remédier aux failles. Sur ce, je vous raconterai une petite anecdote:

Pendant ma dernière grossesse j'avais des fringales affreuses de crème glacée, comme je ne voulais pas manger celle que l'on vend dans le commerce, pour toutes les raisons que l'on connaît, je décidai donc de la faire moi-même. Je trouvai de la crème fraîche chez un fermier auquel j'avais posé toutes les questions d'usage à savoir comment ses vaches étaient nourries, étaient-elles piquées régulièrement, etc. Bref je jugeai que cette crème devait être ce que je pouvais trouver de mieux, sans trop de produits chimiques. (Car l'on sait que tous les déchets dont la vache ne peut se débarasser sont évacués dans la crème).

Je me gavai donc de cette crème glacée qui était d'ailleurs plus que délicieuse. J'accouchais à la fin de l'été, et quel délice de se rafraîchir, quand les derniers mois s'annoncent chauds et pesants. Mais voilà qu'un bon matin je me lève avec un mal de gorge affreux. La fièvre a suivi et puis la sinusite, j'ai été malade comme jamais, je crois, je ne l'ai été. Cela a duré plus d'une semaine, le nez tellement bouché que je ne pouvais dormir qu'assise dans un fauteuil, quelle misère! Je savais bien qu'il n'y avait que le gros animal (la vache) pour produire tant de mucus, ce dont je n'avais jamais souffert depuis quelques années. Ma crème avait joué son rôle et mon foie n'en pouvant plus avait joué aussi le sien. Aujourd'hui nous faisons de la crème glacée au lait de soya, elle est tout aussi délicieuse et mon foie ne rouspète pas.

Je ne saurais continuer mon récit sans parler du jus de carotte, aliment merveilleux qui règle les problèmes d'acidité, facilite l'évacuation de la bile. Chez nous il a fait maintes fois ses preuves. Que dire aussi de l'argile qui a fait des miracles lorsque les enfants ont eu la varicelle, et combien d'autres petits et gros bobos, dont elle a pris soin.

Je me dois aussi de parler de cataplasmes de rayons de miel, que j'ai expérimenté à deux reprises sur des déchirures cutanées importantes et qui ont fait leurs preuves. La première fois, lors de mon dernier accouchement après déchirure du périnée, j'ai appliqué sur la coupure un cataplasme de miel et après quelques jours la plaie était belle, bien cicatrisée, sans infection ni enflure et surtout sans points de suture. La deuxième s'est produite dernièrement lorsque l'un de mes garçons, en sautant dans l'eau, se heurta le genou à une huître et se coupa profondément. De même les cataplasmes de miel ont refermé complètement la plaie, sans aucune rougeur, sans gonflement, vraiment d'une façon réellement extraordinaire.

Le naturisme et les méthodes naturelles de soins corporels, sont maintenant chez nous routines de tous les jours, j'aime les utiliser et les membres de ma famille aussi. Mon seul souhait serait qu'un nombre plus grand de gens les connaissent.

Claire Brassard Roy
St-Gabriel de Brandon

Les otites de Gabrièle

Gabrièle — alors ma cadette — n'avait que trois ans et était sujette à des otites répétitives. Dès que le symptôme du mal d'oreille apparaissait, j'accourais à la clinique médicale la plus près et là, le médecin me disait: "tympan rosé, antibiotique pour 10 jours". Gabrièle a d'abord souffert d'otites aux trois mois, puis aux mois, puis aux deux semaines. Même le médecin ne comprenait pas la succession rapide de ses otites: allergie? mauvaise réaction à l'antibiotique? contamination par des enfants à la garderie éducative où elle allait deux après-midis par semaine? C'est lorsqu'elle venait tout juste de terminer une otite deux semaines auparavant qu'un pédiatre me recommande un traitement d'un mois d'antibiotiques.

Gabrièle était tendue, avec des sautes d'humeur, facilement irritable, insupportable. Et moi, j'étais à la fois désespérée et en colère, affolée à l'idée de devoir la remettre successivement sur des traitements d'antibiotiques différents à chaque fois et en vain. Je me suis alors rendue compte que la médecine moderne ne s'attaquait nullement à la source du problème. Je n'ignorais pas non plus les effets néfastes qu'avait l'utilisation fréquente d'antibiotiques sur la flore intestinale de même que sur l'appauvrissement du système d'immunité naturelle, etc.

Découragée cette fois, je suis revenue à la maison en larmes. C'est alors que bien que méfiante, et avec hésitation, j'ai téléphoné à une naturopathe qu'on m'avait fortement recommandée. Je n'avais plus rien à perdre.

C'est la naturopathie qui a ouvert la voie de la guérison. Gabrièle avait un foie lent et lorsque son système avait une surcharge, son métabolisme s'intoxiquait et l'infection qui en résultait se jetait dans un de ses points faibles: ses oreilles. J'ai commencé à suivre à la lettre toute une modification dans son régime alimentaire: moins de féculents et d'aliments sucrés et surtout ne pas lui donner deux aliments de base ensemble, par exemple attention aux pommes de terre et bananes données au même repas. Les notions d'une alimentation saine et bien équilibrée faisaient leur chemin et graduellement je les mettais en pratique et tout le reste de la famille en bénéficiait. À chaque dîner et à chaque souper, nous buvons un jus de légumes crus, soit concombre et céleri, ou céleri et carotte, dépendant de ce que j'ai sous la main. Avec quelques suppléments, entre autres de la chlorophylle faite à base de luzerne, de la vitamine C bien équilibrée et du sel biochimique no. 4 (phosphate de fer) les otites de Gabrièle ont progressivement disparu. Lorsqu'elle commence une otite, je lui administre immédiatement du sel no. 4 pour combattre l'infection et un cataplasme d'argile verte sur le ventre (pour faire baisser sa fièvre). Avec une diète appropriée, c'est-à-dire des potages, des jus et des fruits, Gabrièle est en forme. Aujourd'hui Gabrièle a six ans et elle est rarement malade.

J'ai confiance en la naturopathie. La médecine moderne soigne trop souvent de façon artificielle au lieu d'aller aux sources du mal.

Bien sûr, il faut être capable de discernement, une blessure peut nécessiter une radiographie et quelques points de suture. Il est important de diagnostiquer le mal pour soigner, même par la naturopathie.

J'ai dû combattre de nombreux sarcasmes et du scepticisme de la part de gens proches. Maintenant, certains de ces gens (et même un médecin) s'ouvrent aux bienfaits des produits naturels: tisanes, farine non blanchie, c'est un bon départ! Je crois profondément que le rôle de la femme est de grande importance dans ce retour aux lois naturelles, essentielles pour une vie saine et équilibrée. La femme est au coeur même du mouvement de la vie et doit la protéger et ainsi, créer un monde plus harmonieux au niveau du corps et de l'esprit.

Suzanne L'abbé
Hull

Les diarrhées de Mélanie

1975... Quelle belle et merveilleuse année ce fut pour moi. Merveilleuse parce que je mis au monde ma fille Mélanie, mon troisième enfant, belle parce que je découvris le naturisme et la naturopathie.

C'était en octobre, Mélanie avait trois mois. Son état de santé se détériorait de jour en jour. Au début je pensai à une gastro-entérite, mais les soins médicaux habituels n'amélioraient en aucune façon son état. Mélanie avait jusqu'à dix diarrhées par jour, elle se déshydratait, elle perdait du poids, j'étais inquiète. Je changeai sa formule de lait, je changeai même de pédiatre... aucune amélioration.

Par un concours de circonstances je suivais à l'époque un cours en cuisine naturiste. C'est à un de ces cours que pour la première fois j'entendis parler d'une naturopathe. Deux dames discutaient de leurs problèmes de santé et de l'amélioration obtenue depuis qu'elles étaient suivies en consultation par cette naturopathe. Immédiatement je pensai à Mélanie. Je pris donc le numéro de téléphone de la clinique où cette dame travaillait. Dès le lendemain, je pris rendez-vous. Le jour de ce rendez-vous arriva,, j'étais cependant très sceptique car Mélanie avait encore perdu du poids et son teint prenait une couleur jaunâtre. J'y allai cependant en espérant une aide, ou du moins un réconfort.

Depuis que je suis toute petite le premier contact avec les gens est pour moi d'une grande importance. J'écoute ce que je ressens intérieurement, le premier regard, la poignée de main, le ton de voix... tous ces détails sont déterminants dans ma relation avec la personne présentée. J'entrai donc dans son bureau. Elle ne m'avait jamais vue, pourtant je savais qu'elle voulait sincèrement m'aider. Elle se leva, vint vers moi et prit Mélanie dans ses bras avec délicatesse. Elle la regarda puis me dit: ''Moi aussi j'ai un bébé de cet âge''. Je ne me souviens pas de tout ce qu'elle me dit par la suite sauf qu'enfin je compris le problème de Mélanie. Après un examen et un questionnaire, elle m'expliqua que son état était attribuable à sa flore intestinale déficiente. Mélanie n'assimilait presque rien c'est pourquoi elle avait tant de diarrhées et perdait du poids. Elle me proposa donc une solution: régénérer sa flore intestinale. Était-ce possible? Mélanie pouvait-elle guérir? Pour la première fois de ma vie j'entendis parler de comprimés de yogourt, de caroube, de levure. J'écoutais, je ne voulais rien perdre de cette science qui pouvait aider ma fille. Dès le lendemain j'appliquai à la lettre toutes les directives. En moins de trois semaines, Mélanie se transforma. Les diarrhées disparurent pour faire place à des selles tout à fait normales. Elle prit même un peu de poids. Je me présentai donc à mon deuxième rendez-vous heureuse, avec une foule de questions pour ma famille et pour moi-même.

Je crois que c'est lors de ce deuxième rendez-vous que je décidai de faire un jour mon cours de naturopathie car je ressentais avec certitude la logique de l'équilibre de la nature. Lors de ce deuxième rendez-vous elle ne put que constater l'amélioration de Mélanie. Elle dut également répondre à au moins cinquante de mes questions. Je lui parlai de mon fils de trois ans qui souffrait d'otites chroniques. Elle me dit: ''Ne lui donnez plus de lait''. Lui enlever le lait! Quelle horreur! Lui qui aimait tant le lait. Devant mon air ahuri, elle m'expliqua que le lait se transforme en mucus dans l'organisme. Bien que cela ne soit pas suffisant pour régler son problème, car il avait sûrement, me disait-elle, aussi un problème d'assimilation, cela pourrait l'aider énormément. Je suivis donc ce conseil qui donna des résultats très rapidement, puis j'emmenai mon fils en consultation afin de rectifier ses habitudes alimentaires et combler ses carences. Dès les trois mois qui suivirent le début de sa thérapie, mon fils changea beaucoup. Il devint plus calme, ses otites disparurent ainsi que les boutons et les plaques d'acidité qui recouvraient sa figure.

C'est au cours de cette démarche de santé faite pour mes enfants que j'effectuai des changements dans ma vie personnelle. Le premier fut de me faire suivre en consultation par cette naturopathe. Depuis mon enfance je souffre de problèmes glandulaires et, ce qui n'aide en rien cet état, je possède une vitalité qui laisse à désirer. À vingt-six ans, je me retrouvais donc mère de trois enfants, désirant entreprendre des études en naturopathie et manquant d'énergie pour accomplir même mon travail ménager quotidien. C'est pourquoi je décidai de me faire suivre en consultation. J'expliquai donc à la naturopathe mes différents malaises: sensation de vivre dans l'irréel, tremblements, vertiges, sueurs froides, maux de tête, faiblesse, engourdissements, perte de mémoire et parfois même perte de conscience. Elle me parla d'abord d'hypoglycémie! Ce qui pendant des années m'était paru inexplicable, tous ces symptômes découlaient donc de fortes baisses de glycémie sanguine.

Les mois qui suivirent cette première démarche ne furent pas faciles. Je dus changer mon alimentation, apprendre à écouter mon corps et à instaurer un nouveau mode de vie, non seulement pour moi, mais également pour ma famille. Graduellement, je m'initiai à l'importance d'une saine alimentation. En peu de temps je passai du macaroni en boîte à la salade de légumes, aux jus à l'extracteur et aux suppléments. Ma santé s'améliora ainsi que celle de ma famille.

Il n'est pas facile de changer son mode de vie. Être marginal exige une détermination continuelle. Pour ma famille, pour mes amis, je devins la mangeuse de petites graines, la fanatique des pots de suppléments. Combien grande fut leur surprise quand je leur annonçai mon désir de faire un cours en naturopathie.

Bien sûr, je dois avouer que je référai souvent à ma naturopathe. Stabiliser un corps n'est pas facile surtout lorsque ce corps a abusé de médication chimique pendant longtemps. À travers mon cours en naturopathie, mais grâce également aux conseils de ma naturopathe, j'appris la valeur des facteurs naturels de santé (l'air, l'eau, le soleil, l'exercice, l'équilibre émotionnel, l'alimentation) mais surtout j'appris la persévérance.

Après deux ans de ce nouveau mode de vie tout me paraissait facile et merveilleux. J'enseignais à temps partiel, je suivais mon cours en naturopathie et c'est alors que je commençai à négliger certains principes fondamentaux. Je ne m'accordais pas assez de repos, je ne mangeais pas toujours ce qui me convenait et je ne prenais plus de suppléments. L'inévitable arriva donc, mon foie et mes reins s'encrassèrent: je fis une crise aiguë d'arthrite.

Cette crise, je dois l'avouer, fut pour moi salutaire, car comprendre une chose est bien mais la vivre est parfois mieux. J'avais appris, maintenant je comprenais. Le corps est un tout et aucun n'est comparable à un autre. Pour bien vivre, pour vivre en santé, je me devais de respecter les besoins de celui-ci. Je guéris de cette crise d'arthrite et ce, avec l'aide de l'époux de ma naturopathe, celle-ci étant en congé de maternité.

Le temps passa... je m'occupais de ma famille, je poursuivais mon cours. De temps à autre je retournais consulter ma naturopathe soit pour mes enfants soit pour moi. Puis, tout naturellement, une solide amitié s'installa entre nous. Je n'allais plus la voir "en consultation" je rendais visite à une grande amie. Nous partagions nos expériences de mères de famille, nous parlions de santé, de la vie, du corps et de l'esprit.

Il y a huit ans déjà que je la connais et je dois avouer que son approche fut déterminante dans le choix de mon mode de vie. Je ne me suis jamais sentie jugée mais aidée. La naturopathie m'a apporté et m'apporte tous les jours beaucoup. Car grâce à la compréhension des lois de la nature, je deviens autonome. Je peux décider de ce qui me convient car je comprends le pourquoi des choses. Lorsqu'un de mes enfants présente un problème occasionnel (rhume, otite, sinusite, fièvre) je ne panique plus... j'agis. Je sors de mes armoires mon argile, ma vitamine C, mon phosphate de fer, mes tisanes et ma propolis sans oublier l'ail dans les oreilles pour les otites et j'obtiens une guérison saine et naturelle.

Bien sûr être naturiste ne veut pas dire vivre dans un univers clos, bien au contraire. Je m'accorde ainsi qu'à ma famille, de petites permissions car je dois avouer que le gâteau au chocolat hante encore mes désirs de gourmandise. Je ne peux éviter toute la publicité axée sur l'alimentation c'est pourquoi, je permets, à l'occasion une petite "tricherie". Je juge cet état de choses préférable à une frustration qui entraînerait un rejet futur du naturisme. La continuité est seule valable et ceci s'applique également à l'alimentation.

La naturopathie m'a fait comprendre la grandeur du corps humain et cette compréhension a réveillé en moi le désir d'en remercier le Créateur. Devant l'immensité de la perfection de chaque organisme vivant, l'esprit ne peut être qu'éveillé à une dimension spirituelle. En prenant soin de mon corps j'ai pris conscience de mon esprit et chaque jour qui m'est accordé est pour moi l'occasion de remercier le Créateur pour cette vie qui n'est qu'un pâle reflet de la véritable existence.

Aujourd'hui je n'entretiens plus les mêmes rapports avec celle qui me fit connaître les secrets de la "médecine douce". Nos échanges sont merveilleux car ils sont tissés au fil de l'amitié. À travers toutes ces années, elle fut un peu mon guide vers la santé du corps, d'abord, pour ensuite en venir à l'essentiel: la santé de l'esprit.

Céline Derome
Boucherville

L'AMYGDALITE

Autre mal très courant chez les enfants et même chez certains adultes. Autre mal soigné par des antibiotiques, et pourtant...

J'ai souvent soigné des amygdalites depuis treize ans et vraiment les soins naturels sont en ce domaine très efficaces. Comment donc définir l'amygdalite en considérant l'ordre naturel du corps et l'art médical. Les amygdales sont une réserve de globules blancs, elle font donc partie du système de défense du corps. Elles enflent lorsque les défenses du corps sont en état d'alerte:

• lorsque le corps est surchargé de déchets (constipation, foie lent, alimentation trop lourde ou carencée, etc.)

• pour combattre d'autres types d'agression (refroidissement, virus, etc.)

Il est rare toutefois que l'amygdalite soit d'origine virale, elle est plutôt le résultat d'un désordre alimentaire et de divers problèmes du métabolisme. Les cataplasmes d'argile verte ou grise sur le cou aident à réduire cet état d'inflammation. Les gouttes de rudbeckie (échinacée) sont un précieux désinfectant naturel toujours efficace en cas d'amygdalite (10 à 30 gouttes, 2 à 6 fois par jour selon le cas, dans un peu d'eau); les gargarismes au vinaigre de cidre, chez les adolescents et les adultes; les capsules de poivre de cayenne (2 à 4 par jour **avec un grand verre d'eau**); la chlorophylle, la myrrhe, le propolis. En réalité plusieurs substances naturelles traitent efficacement l'amygdalite. De plus un régime alimentaire approprié aux besoins de la personne préviendra ce mal trop courant durant l'enfance. Il est temps de réduire la consommation abusive d'antibiotiques. On mentionnait dans la revue L'Impatient de juin 1978 (''Médecine dure, médecine douce'') ceci: **''Si l'allopathie est efficace, c'est précisément parce qu'elle est agressive et dangereuse. Le bon sens commanderait dès lors de la réserver aux seuls cas d'urgence et aux maladies graves. Ce n'est pas ce qui se passe. L'allopathie est utilisée systématiquement, à tout propos et hors de propos. À la moindre grippe, on vous bourre d'antibiotiques comme s'il n'existait plus d'autre technique médicale, comme si l'allopathie résumait à elle seule toute la médecine. C'est cette systématisation abusive de l'état d'urgence que nous contestons''.**

Ces paroles sont très justes. On dramatise facilement l'amygdalite parce qu'on ne sait pas la soigner. Il est certain qu'une amygdalite mal soignée peut nuire à la santé de tout l'organisme, que des amygdales continuellement infectées peuvent même empoisonner le sang mais il ne faut pas "confondre la chèvre avec le chou". Quand on soigne avec de la gélatine colorée et de la crème glacée les maux de gorge sans oublier l'aspirine et l'antibiotique, un jour ou l'autre on en récolte les fruits. Ici aussi, le régime alimentaire demande à être vérifié selon le type de métabolisme propre à chaque individu. Et l'ablation des amygdales ne règle rien. Aujourd'hui d'ailleurs on est plus prudent qu'autrefois au sujet de cette ablation. Il est malheureux que beaucoup d'entre nous y aient passé! Il y a des modes comme ça: l'ablation des amygdales, les tubes dans les oreilles, l'ablation de la rate (lorsqu'il y a baisse anormale des plaquettes, etc.)

L'histoire suivante ne concerne plus les amygdales mais la RATE: C'est une petite histoire vécue, comme il y en a tant sur notre planète, mais je veux vous en parler. Il y a plusieurs années, une dame m'appelle en larmes d'un hôpital de Montréal. On veut enlever la rate de sa petite fille d'environ 5 ans et demi qui a un taux de plaquettes très bas. Le cas était sérieux, car les plaquettes présentent dans le sang sont essentielles à la coagulation. Pourtant, la mère hésitait, elle se disait qu'il y avait bien autre chose à faire pour son enfant. Dans cette chambre où était hospitalisée sa petite fille, un jeune garçon avait eu l'ablation de la rate quelques mois auparavant et depuis il avait beaucoup engraissé et des poils commençaient à pousser sur tout son corps. Ce n'était pas très rassurant. La mère est donc venue me consulter. Cette enfant mangeait mal, elle avait un besoin évident de vitamines du complexe B. Environ à toutes les deux semaines, elle continua d'aller à l'hôpital pour une prise de sang. Elle suivit cette thérapie alimentaire (et de suppléments alimentaires) pendant plusieurs mois et tout rentra dans l'ordre. Mais il y en eu bien d'autres à qui on enleva la rate, d'autres qui ont souffert et souffrent encore. Les solutions sont pourtant là, mais un mur de préjugés empêche qu'elles profitent à la multitude. L'orgueil médical… les trusts pharmaceutiques… On parle du tiers monde, on pleure en regardant ces enfants affamés vivant dans des milieux insalubres. Ici on consomme trop, on produit trop et on a oublié de respecter les lois de la vie et de l'harmonie.

Peut-être saurons-nous vraiment les nourrir ces gens du Tiers monde, et les aider à développer leur milieu quand nous aurons compris les vraies règles de la vie. Einstein disait: **"Triste époque, en vérité, que celle où il est plus difficile de briser un préjugé qu'un atome"**. C'est bien vrai!

En conclusion, l'amygdalite se prévient et se soigne comme l'otite d'ailleurs. Si on appliquait les règles de la médecine naturelle, l'ablation des amygdales ne se ferait que très rarement. Si on appliquait les

règles de prévention, les amygdalites elles-mêmes seraient moins fréquentes.

L'ECZÉMA

Qui pense eczéma pense à l'onguent à la cortisone que prescrivent les dermatologues et les pédiatres. Il semble que ce soit la seule solution connue et efficace. La cortisone est une hormone. Il est vraiment innacceptable que cette crème soit recommandée pour les bébés et les enfants.

Comme pour l'antibiotique, avec la crème à la cortisone, tout semble aller pour le mieux mais comme la cause n'est aucunement réglée, l'eczéma revient de plus belle lorsque la crème n'est plus utilisée.

Ici aussi il y a des aliments qui doivent être évités (voir liste des aliments acides) et d'autres qui doivent être consommés en plus grande quantité. Mes enfants ne souffrent pas de problème de peau mais ils ont eu besoin au cours de leur croissance de certains ajustements alimentaires. Le corps est en mouvement et chaque métabolisme est différent. À deux reprises mon fils aîné eut des petites cloches d'eau aux fesses. Cela fut guéri par des aliments alcalins (carotte, riz, amande) et des applications d'argile sur les fesses. La dame qui m'aidait alors à la maison connaissant la bonne alimentation de mon fils, ne voyait aucunement la cause de ce problème. Pourtant en observant plus précisément ce qu'il avait mangé, dans les deux jours précédents, j'en conclus que des champignons en étaient la cause. Les champignons sont riches en purines, ils avaient donc surchargé son organisme. Dans plusieurs aliments d'ailleurs on retrouve des ''nucléoprotéines'' qui contiennent des bases puriques dont une importante partie se transforme en acide urique dans l'organisme. Mon fils avait à peu près deux ans. J'ai donc oublié les champignons pour un bout de temps. Le tout est rentré dans l'ordre.

Mon cadet, vers l'âge de 10 mois eut des rougeurs aux fesses. Pourtant il mangeait bien, il buvait du lait de chèvre. C'est vrai qu'il avait des couches de papier mais je ne pouvais me résigner à ce que ce soit une allergie au papier. J'avais beau chercher, je ne voyais pas la cause. J'ai enfin augmenté sa ration alimentaire de vitamine A en lui donnant du jus de carotte frais. Cela se régla en deux ou trois jours et m'amena à considérer de façon plus précise l'apport alimentaire de vitamine A lorsqu'un bébé prend du lait de chèvre, car celui-ci contient moins de vitamine A que le lait humain.

Ces exemples vécus démontrent bien que la peau est facilement le reflet d'un déséquilibre petit ou grand du métabolisme. Elle est en

156

quelque sorte un large émonctoire par lequel le corps rejette des déchets ou manifeste ses déséquilibres ou ses besoins.

Juliette de Baïracli-Lévy dans son livre <u>Nature's children</u>, suggère, pour soigner l'eczéma, le jus de concombre frais. Le concombre est un légume alcalin (anti-acide) que les enfants ou adultes ayant ce problème de santé ont avantage à consommer. Il peut être râpé, mangé en rondelles ou finement coupé (en salade <u>sans</u> vinaigre). Il peut être servi en jus. Le jus de carotte et concombre fait à l'extracteur aide à soigner l'eczéma, (¾ tasse (175ml) de jus de carotte + ¼ tasse (60ml) de concombre).

La pomme de terre (<u>non-germée</u>) est également suggérée. Sa richesse en sels de potasse en fait un légume très alcalin. La pomme de terre doit être cuite à la vapeur ou au four. On peut également remplacer le jus de concombre par le jus de pomme de terre.

Il ne faut pas oublier la merveilleuse carotte dont N. Capo parle en ces termes dans son livre <u>La carotte et votre santé</u> (Collection de médecine naturelle): **"La carotte est <u>médicinale</u> par ses propriétés chimiques dépuratives pour le sang, par son influence sur la fonction hémoglobinogène et sur la tonification de la peau"**.

Pour les problèmes d'eczéma on peut procéder de différentes façons selon les priorités, compte tenu du métabolisme de l'enfant. Pour certains, enlever le lait de vache et le remplacer pendant un certain temps par du jus de carotte, des infusions douces et un régime alcalin suffit. Pour d'autres, il faut ajouter à cela des suppléments de levure alimentaire, ce qui aide grandement, et remplacer le lait de vache par le lait de chèvre. Pour d'autres encore, la lécithine en fortifiant le foie aide à équilibrer le métabolisme des gras dans l'organisme, assurant une meilleure lubrification de la peau. Il faut toutefois être patient et malheureusement on se tourne vers la médecine naturelle souvent en désespoir de cause, lorsque la peau est très affectée. Les gouttes de concentré de pensées sauvages sont aussi recommandées. Évidemment il est toujours plus facile de prévenir que de guérir, voilà pourquoi les règles de prévention dont j'ai parlé ont aussi leur place.

La fragilité des glandes surrénales est à considérer ici; malheureusement le stress étant ce qu'il est dans notre monde moderne, il y a de plus en plus d'enfants naissant avec un métabolisme fragile. Les cas d'eczéma, d'asthme et d'allergies ne vont pas en diminuant. D'autres problèmes de peau comme l'acné, le psoriasis, les clous, les champignons, l'impétigo se soignent par les méthodes naturelles. L'apparition de "champignons" aux fesses des bébés se soigne très bien par un régime alimentaire alcalin, des cataplasmes d'argile, des sels biochimiques (sulfate de calcium, sulfate de potassium, etc.).

Voici donc, afin de vous aider à bien comprendre cette démarche, l'histoire du petit Sylvain.

Soigner naturellement la diarrhée et l'eczéma

Lorsque Sylvain est né cela allait bien. Je ne l'ai allaitée que quatre jours parce que je n'étais pas assez bien renseignée et j'avais les seins très irrités. Alors nous avons décidé de lui donner du lait maternisé; on lui a acheté par erreur du lait **avec une plus grande concentration de fer.** Il en a pris durant une journée. Mais il n'en avait pas besoin. Il était assez gros. Lorsque nous nous en sommes aperçu nous avons changé le lait. Mais voilà, le mal était déjà fait. Il commença à avoir des coliques. Cela durait durant des heures. Ce n'était pas bien drôle. Je le berçais, je me promenais en le serrant contre moi mais il n'y avait rien à faire. Et voilà qu'en plus de ses coliques il eut la diarrhée. Il n'avait que deux semaines. On a alors pris tout de suite un rendez-vous chez un pédiatre. Quand le pédiatre l'a examiné, il nous a dit de lui donner **une liqueur douce dégaséifiée** et un liquide pour sa diarrhée. Pour les coliques, selon lui c'était normal chez les nourrissons jusqu'à trois mois.

Il nous a prescrit un calmant liquide pour bébé. Rendus chez nous c'est ce que nous avons fait, nous lui avons donné le calmant pour ses coliques. Il semblait ne plus avoir de coliques, alors après quelques jours nous avons supprimé ce calmant car on le croyait guéri, mais voilà, après juste un boire, les coliques recommençaient. Pour ce qui est de sa diarrhée cela n'allait pas du tout, il continuait à en faire et il maigrissait car il ne mangeait pas.

C'est alors que nous avons pris une décision, mon mari et moi, appuyés par mes parents. Nous nous sommes dit que nous n'avions rien à perdre à aller voir un naturopathe. Mes parents étaient naturistes et connaissaient bien une naturopathe. Nous avons donc pris rendez-vous; rendus chez elle, elle a examiné Sylvain; il avait trois semaines; nous lui avons expliqué tout ce qui s'était passé depuis sa naissance. C'est alors qu'elle nous a dit quoi faire, je n'en croyais pas mes yeux, seulement une petite infusion de tisane pour ses coliques, après ses boires, avec des sels biochimiques et pour la diarrhée de l'eau de riz qu'il fallait ajouter à son lait avec un comprimé de bactérie de yogourt.

La journée même j'ai commencé à lui donner ce qu'elle m'avait recommandé eh bien! il n'avait plus de coliques et la diarrhée s'est guérie en une semaine. Il ne perdait plus de poids car son lait le nourrissait quand même. Un mois plus tard j'ai revu la naturopathe en consultation et là je lui ai dit qu'il avait des problèmes **d'eczéma,** que c'était hériditaire. Elle m'a conseillé un régime adapté à ses besoins, des purées de légumes et de fruits que je faisais moi-même au mélangeur avec des jus de carotte fait à l'extracteur eh bien! sa peau était très belle, tellement qu'on croyait qu'il n'avait pas de problèmes d'eczéma. Mais voilà qu'un jour à l'occasion de Pâques mes beaux-parents lui ont acheté un lapin en chocolat. Ils croyaient que ça ne le dérangerait pas, mon mari le croyait aussi. On lui a donné le lapin en chocolat, il l'a mangé, et le lendemain il avait de grosses plaques rouges sèches au visage. C'est alors que nous avons réellement vu qu'il avait de l'eczéma et que tant qu'il mangerait de bons aliments en évitant les sucreries, les pâtisseries et les fruits acides, il aurait une belle peau et sa santé se porterait bien mieux.

Depuis que nous consultons cette naturopathe, il a maintenant cinq ans, il n'a pas pris de médicaments. Nous l'avons toujours soigné avec des tisanes, des cataplasmes d'argile, des sels biochimiques etc., et naturellement avec une bonne alimentation.

Diane Robert
Longueuil

Avant de parler de divers problèmes respiratoires j'aimerais mentionner que deux substances alimentaires peuvent aider à nourrir extérieurement la peau lorsqu'il y a problème d'eczéma. J'ai parlé un peu plus loin dans ce chapitre de divers bains, en particulier du bain de son mais il y a également: le blanc d'oeuf et la lotion de lin (qui compléteront l'action interne de l'alimentation et de certains suppléments alimentaires).

• le blanc d'oeuf: il faudra l'appliquer tel quel. Sa richesse en acides aminés aidera la cicatrisation de la peau.

• La lotion de lin: il faudra faire tremper durant 1 heure, 2 onces (60ml) de graines de lin dans 1 tasse (250ml) d'eau bouillante. Après quoi, on enlèvera les graines à l'aide d'une passoire. Cette lotion adoucit la peau.

De plus, si la peau est crevassée, les cataplasmes d'argile verte seront une **aide très appréciée.**

L'ASTHME, LA BRONCHITE, LA TOUX

Il y aurait de quoi faire une conférence. Mais pour l'instant je tiens surtout à expliquer comment percevoir ces problèmes de santé en considérant l'équilibre biologique, l'aspect scientifique et l'art médical.

L'asthme est de plus en plus répandu et il est nécessaire d'en parler pour redonner une lueur d'espoir aux enfants et aux adultes souffrant d'asthme. Il y a différents aspects à considérer ici:

• **l'état des glandes surrénales et le stress,**
• **la régulation du taux de sucre dans le sang,**
• **l'immunité naturelle,**
• **la nutrition,**
• **l'oxygénation.**

L'adrénaline et la cortisone sont souvent utilisées dans les traitements chez les asthmatiques. L'adrénaline particulièrement lors d'une forte crise. Il arrive qu'on n'ait pas le choix, et que cette hormone doive être utilisée dans un cas d'urgence. Mais l'urgence réglée, il faut s'interroger. Que s'est-il passé? Quelle est la cause de ce problème? Y a-t-il dans l'organisme des organes déficients, des fonctions qui ne s'opèrent pas normalement?

En soignant les problèmes d'asthme, je me posais ces questions et je ne pus faire autrement que de constater une déficience des surrénales, plus ou moins sévère selon les cas. Un enfant tousse, il a le nez qui coule. Bon, cela peut arriver. Mais pourquoi va-t-il réagir dramatiquement et faire une crise d'asthme? Je m'attardai donc à la notion d'immunité naturelle. Cette immunité si importante pouvant être fortifiée par une alimentation spécifique riche en magnésium, fer, vitamine C, vitamine B, chlorophylle, etc. L'immunité c'est précieux: les globules blancs y jouent un rôle très important, le foie, les glandes surrénales, l'hypophyse etc. André Hoerster dans son livre <u>Les hormones pour ou contre la santé</u> (La diffusion nouvelle du livre) mentionne: **"On sait que l'agent microbien considéré comme agresseur (antigène) implique l'apparition dans l'organisme parasité, d'anticorps, ces autres champions de la défense secrétés en principe par les lymphocytes mais pas exclusivement (...) Ajoutons que <u>cette sécrétion d'anticorps est placée sous le contrôle des hormones surrénaliennes</u>, qu'elle n'est réalisable que sous leur influence"**.

Les lymphocytes sont des globules blancs. Leur action est primordiale. Lors de rhume, de grippe, de bronchite, on ne peut les ignorer. Voilà pourquoi il m'apparut nécessaire de favoriser leur bon fonctionnement et de nourrir les glandes surrénales. Ces glandes peuvent être déficientes chez l'enfant, lorsque la mère fut bien stressée ou fatiguée durant la grossesse. Linus Pauling (Prix Nobel de Chimie) explique que la vitamine C aide les globules blancs à bien faire leur travail. La vitamine C s'accumule peu dans l'organisme, mais on la retrouve entre autre dans les glandes surrénales.

La racine de réglisse est un bon régénérateur des glandes surrénales, la levure alimentaire (complexe B), les composés de magnésium (principalement celui qu'a mis au point le chercheur Pierre Delbet: le delbiase, etc.). **Le repos, les heures de sommeil sont également très importants le calme, l'harmonie.**

Je voudrais tout de suite parler d'oxygénation pour insister sur les méfaits de la cigarette dans ces cas. Il ne faut pas fumer et vraiment de la fumée de cigarette, de cigare ou de pipe dans la maison d'un enfant asthmatique, ça n'a pas sa raison d'être.

La régulation du taux de sucre est un autre point important. Le taux de sucre sanguin est régularisé par diverses glandes du corps: l'hypothalamus, l'hypophyse, les surrénales, le pancréas, le foie, la thyroïde. Abrahamson et Pezet ont d'ailleurs développé la relation entre le taux de sucre sanguin et les crises d'asthme dans un livre publié il y a plusieurs années Le corps, l'esprit et le sucre. Il faut donc bien regarder l'aspect nutritionnel non seulement au point de vue de la qualité, mais aussi en évitant les excès de farineux qui peuvent débalancer le taux de sucre sanguin. Ce sont des choses que j'ai considérées suite à nombre de lectures et avec l'expérience pratique que j'ai acquise auprès des enfants et des adultes. Il sera intéressant de lire deux témoignages à ce sujet.

Je veux mentionner **qu'il ne faut jamais arrêter brusquement les médicaments d'un asthmatique chronique. Il faut agir en douceur, au fur et à mesure que le corps se fortifie et s'harmonise. La diminution des médicaments peut être supervisée par un professionnel de la santé spécialisé dans l'intervention pharmaceutique pendant qu'un autre professionnel de la santé spécialisé dans la médecine naturelle verra à équilibrer la nutrition et à fortifier les organes déficients.**

On peut aussi faire beaucoup pour soigner la bronchite. Les enfants ou adultes atteints de bronchite chronique ont des problèmes d'assimilation. Ils fabriquent facilement du mucus et dans certains cas, ils ont ce qu'on appelle un métabolisme neuro-arthritique. Ils sont très sensibles aux aliments acides ou contenant des purines. Comme la composition des aliments détermine le type de résidus qu'ils laissent dans l'organisme, il faut partir du principe que les minéraux comme le calcium, le magnésium, le sodium et le potassium contribuent à rendre un aliment **alcalin** tandis que le soufre, le carbone, l'azote, le chlore et le phosphore en favorisent **l'acidité.**

La toux et le faux-croup sont des phénomènes assez courants chez les enfants mais là encore si ils se manifestent trop souvent il faudra se poser des questions.

- **Régime trop lourd favorisant le développement du mucus?**
- **Mauvaise assimilation des produits laitiers?**
- **Métabolisme neuro-arthritique?**
- **Carence en calcium?**

J'ai parlé dans le chapitre "Un bouquet de santé", des graines de lin qui en cataplasme aident à calmer la toux. J'ai parlé du sirop de miel et de thym, et du sirop de miel et d'ail. Il y a également le sirop de navet (rutabaga) que l'on peut faire chez soi.

— En creusant dans un gros navet (rutabaga) une cavité que l'on remplit de sucre brun ou de miel. Avec le jus du navet (rutabaga) il se forme naturellement un sirop (cela prend 48 heures). Il faudra le conserver au réfrigérateur.

— Le concentré de plantain ou de raifort est aussi très efficace, le sirop de sapin, le sirop chinois (constitué de diverses plantes), et le sirop de "soeur". Ce sirop était bien connu, particulièrement dans les communautés. Il est constitué des ingrédients suivants:

8 onces (240ml) de miel non-pasteurisé
1 c. à thé (5ml) de gomme de sapin
½ c. à thé (2ml) de gomme de pin
8 onces (240ml) d'alcool pour en concentrer les principes actifs
Bien brasser.

J'ai parlé de deux témoignages concernant les problèmes d'asthme. Ils sont particulièrement intéressants, les voici.

L'asthme et l'hypoglycémie

En hiver 1980, notre fille Corinne qui avait 19 mois à l'époque fut atteinte de ce qui semblait être une très mauvaise grippe. En pleine nuit Corinne se réveillait en toussant. Elle avait beaucoup de mal à respirer, lors de chaque expiration ses poumons sifflaient.

Je ne savais pas quoi faire! J'étais très inquiète! Vers 3:00 a.m., je l'amène à l'hôpital local. Les médecins de l'hôpital insistèrent pour lui donner une injection. On ne m'a pas dit ce qu'on lui avait injecté, mais je suppose qu'il s'agissait de cortisone. Le lendemain son pédiatre m'annonça qu'elle avait de l'asthme et qu'elle était encore trop jeune pour avoir des tests d'allergie, alors le pédiatre lui prescrivit une drogue (un médicament pharmaceutique) qu'elle devait prendre sous forme de sirop pour dilater et décongestionner ses voies respiratoires. Le médicament avait un goût très sucré et amer en même temps. Il était très difficile de lui faire avaler cela surtout à son âge. Plusieurs fois par jour il fallait la forcer à avaler ce médicament qui avait des effets secondaires assez graves. À 20 mois, son caractère avait changé, elle devenait très énervée et mangeait ses ongles, ses nuits étaient très tourmentées. Elle rêvait et bougeait beaucoup. Le médicament l'énervait et à quelques reprises elle disait voir des choses que nous ne voyions pas!

Nous étions mon mari et moi tous les deux très découragés et j'étais enceinte de mon deuxième enfant, j'étais fatiguée. Ma belle-mère, qui croyait beaucoup à la guérison par d'autres moyens que ceux auxquels recourt la médecine moderne, nous suggéra d'aller voir un naturopathe. Je n'avais jamais entendu parler de naturopathe et j'étais un peu sceptique. Je décidai de ne pas y aller malgré tous les témoignages que ma belle-mère me contait. Ma belle-mère et mon beau-frère avaient eu de très bons résultats mais je ne réussissais pas à me décider.

Alors de l'hiver 1980 à l'été 1981, nous avons voyagé entre l'hôpital et la maison. Elle eut souvent des masques à oxygène et des médicaments. Une fois elle fut admise à l'hôpital plusieurs jours d'affilée et ce fut une terrible expérience. Les docteurs lui prescrivirent des médicaments qu'elle devait prendre tous les jours. Ils lui coupaient l'appétit, elle avait enflé de partout et son humeur était terrible. Lorsqu'elle jouait dehors avec les autres enfants elle ne pouvait pas courir ou crier fort car aussitôt elle avait du mal à respirer. Il fallait toujours la calmer pour éviter des crises d'asthme. Je me sentais incapable de l'aider mais je n'osais pas essayer autre chose. Plus nous attendions pire c'était et moins nous dormions la nuit.

Au printemps, j'ai eu mon deuxième enfant, puis ma mère et Corinne ont été hospitalisées en même temps. Rendu à ce point, il fallait essayer autre chose. Je me suis finalement laissée convaincre et j'ai essayé une ''méthode alternative'' pour combattre l'asthme de ma fille.

Au début de juillet 1981 eut lieu notre premier rendez-vous avec une naturopathe. Elle m'a d'abord questionnée sur son alimentation.

Je lui ai expliqué que je lui donnais n'importe quoi à manger. En premier, la naturopathe me suggéra de remplacer son lait par du lait de soya et de lui donner du pain de seigle (le seigne cause moins d'allergies que le blé), et surtout de ne pas lui donner des sucreries (la chose la plus difficile). Elle me suggéra aussi de lire un livre parlant de l'hypoglycémie et de l'asthme et de suivre le régime qui s'y trouvait. Elle a ensuite ajouté à ce régime des suppléments naturels pour aider à éliminer les toxines de son système. Nous devions aussi écrire tout ce que Corinne mangeait.

Nous sommes rentrés à la maison en espérant que nous faisions la bonne chose. Ce n'était pas facile les deux premières semaines de ce régime très sévère, surtout pour Corinne. C'est là que j'ai vu qu'elle avait l'habitude de manger trop de sucre et de farineux (hydrates de carbone). Ma fille était tellement habituée au sucre qu'elle demandait du miel dans une cuillère! À chaque fois qu'elle demandait un biscuit ou une autre sucrerie je lui disais qu'il n'y en avait pas et je lui donnais à la place une pomme ou un autre fruit. Après plusieurs semaines l'habitude était passée et elle demandait des fruits. Avec ce changement de régime, nous avons remarqué qu'elle mangeait mieux aux repas et qu'elle commençait à désenfler. Nous avons constaté par moments qu'il y avait une nette amélioration de sa respiration.

Pendant l'été nous avons vu qu'elle était allergique aussi aux poils de chats et à la poussière. La chaleur et le changement d'atmosphère l'affectaient aussi. Vers la fin de l'été j'ai pu contrôler ses quelques crises d'asthme avec des produits naturels tels que des cataplasmes de graines de lin, et de l'argile. Son appétit est revenu et nous mangions tous mieux.

Pendant l'hiver ça allait beaucoup mieux. Ses crises semblaient être déclenchées par des rhumes et aussi lorsqu'elle était exposée au froid dehors: elle commençait à siffler en respirant quand elle rentrait à l'intérieur. Pour éviter une crise, je lui ai tout de suite donné une datte et quelques minutes plus tard tous les symptômes avaient disparu. Ce qui est probablement arrivé est qu'avec la datte (qui est riche en fructose, un sucre naturel) le taux de sucre dans son sang s'est stabilisé et tout s'est replacé.

La première année ce n'était pas vraiment très facile pour nous tous, car j'ai non seulement changé le régime de Corinne mais le nôtre aussi. Dans la maison nous n'avions plus d'aliments qui contiennent des produits chimiques ou des colorants. J'ai passé ces dernières années à m'éduquer sur l'alimentation naturelle saine. Maintenant, avant d'acheter un produit je m'assure du contenu en lisant l'étiquette. Ça fait maintenant plusieurs années qu'on se nourrit ainsi et Corinne va très bien. Il est même rare qu'elle ait une crise d'asthme. Nous avons entièrement confiance en la naturopathie. Nous avons appris qu'il faut avoir de la patience et de l'amour.

Notre expérience nous prouve que les médecins et leurs méthodes n'ont pas aidé notre fille; la réponse est dans l'alimentation et la prévention.

Jeannine Frébourg
Montréal,

L'asthme et la santé du foie

Je me rappelle ces paroles au sujet de notre fils: "C'est bien ça, il a un gros problème de foie!" Mais c'est de l'asthme qu'il fait, lui ai-je répondu. Ça ne fait rien, ça va s'arranger: on va travailler son foie, ses reins, ses glandes puis vous allez voir une grosse amélioration.

J'étais vraiment sceptique. J'avais bien constaté qu'à chaque fois que Yanic faisait une crise d'asthme, il vomissait de la bile, mais de là à penser qu'en s'occupant de son foie, son asthme disparaîtrait, je trouvais ça un peu poussé, mais est-ce qu'on avait le choix?

Yanic avait, au moment de notre rencontre avec une naturopathe, six ans. Depuis l'âge d'un an on l'amenait régulièrement soit à l'hôpital soit au cabinet du médecin pour différents problèmes graves.

La première fois, à un an, il était complètement couvert de rougeurs épaisses qui avaient l'air, au début, d'une irritation causée par les couches. J'ai essayé d'autres sortes de couches, des pommades, mais rien n'y faisait, cela continuait de plus en plus. Jusqu'au moment où son visage fut couvert et enflé ainsi que ses yeux. Il n'y voyait presque plus. Le médecin a fini par conclure à une allergie. Par la suite nous avons découvert à quoi, c'était au cèdre (nous vivions sur une terre entourée d'arbres dont plusieurs cèdres).

Ensuite, vers l'âge de 20 mois, toujours d'après le médecin, c'était un faux-croup. Il aurait dû être hospitalisé à cause des soins que cela nécessitait mais étant donné son jeune âge et aussi à cause du fait qu'il ne fallait pas qu'il pleure car il pouvait s'étouffer, nous l'avons gardé à la maison. Mon mari lui avait installé une tente avec du polythène pour pouvoir lui fournir beaucoup d'humidité froide. Le docteur lui avait prescrit toutes sortes de médicaments: trois sortes de sirop, des antibiotiques et tout le "tra la la". Nous l'avons surveillé au pied de son lit pendant quatre jours et quatre nuits, mais le plus difficile était de le garder au lit pendant tout ce temps car, à cet âge-là, un enfant aime courir, jouer (il ne fallait pas ou presque qu'il s'éloigne de sa tente). Enfin, au bout d'une semaine le cauchemar était fini, mais nous ne nous doutions pas que cela devait se répéter. Il n'y avait vraiment pas de quoi être gai.

Avec le temps, les diagnostics se transformaient: bronchite, bronchite asthmatique puis asthme qui d'après plusieurs médecins provenait d'allergies, mais à quoi?

Allons-y pour des tests d'allergie. Après avoir piqué Yanic sur les deux bras, l'allergiste nous a dit qu'il avait vraiment beaucoup d'intolérances, entre autre: aux tomates, aux pommes de terre, aux graminées, à la poussière, aux poils, aux plumes, au cèdre (que nous avions découverte) etc. Comme il était impossible d'éliminer tout ce qui lui causait des problèmes, la seule solution d'après ce docteur était de le désensibiliser, mais très lentement car il avait de fortes réactions sur les bras. On reçoit donc les vaccins, à un prix assez élevé, à la maison, on devait les faire donner chez le médecin de famille une fois par semaine sur ses deux bras pendant plusieurs années, pour que peut-être, un jour, il soit désensibilisé (mais peut-être que ces allergies recommenceraient après la fin des vaccins).

Notre médecin de famille n'était pas d'accord avec cette série de vaccins incertains, puis il disait que pour l'enfant de recevoir une série de piqûres, c'était comme une sorte d'agression. Étant donné que nous trouvions que la maladie l'agressait encore plus et que les médecins n'avaient aucune autre forme de traitement à proposer, nous avons décidé, mon mari et moi, de lui faire commencer ces vaccins puisque nous ne pouvions supporter l'idée de ne rien faire pour améliorer sa condition physique et nous ne pouvions non plus supporter plus longtemps de le voir ainsi étouffer à chaque crise et être malade au lit pendant plusieurs jours. Plusieurs médecins nous avaient dit que probablement un jour l'asthme cesserait tout simplement comme ça, sans rien faire, mais nous en doutions beaucoup et de toute façon il fallait faire quelque chose en attendant. Nous commençons donc cette série de vaccins étant donné que c'était la seule thérapie offerte.

Le lendemain du premier vaccin, notre garçon fait une crise d'asthme. Comme nous n'avions pas fait le lien entre la crise et le vaccin nous sommes retournés la semaine suivante, résultat une autre crise plus forte et plus longue. Nous l'amenons à l'hôpital (toujours la même médication mais celle-ci devenait de plus en plus insuffisante puisqu'il suffoquait), c'est à peine si l'air passait par ses bronches. Ses lèvres étaient bleues, son teint gris. Nous étions vraiment désemparés.

166

Nous nous sentions comme dans le sable mouvant en train de nous enfoncer et personne pour nous donner la main afin d'en sortir; on se rendait de plus en plus compte que les médecins étaient complètement dépassés.

Nous avons attendu deux semaines de plus pour son vaccin suivant, mais cette fois, il a dû recevoir de l'adrénaline; nous avons eu peur car son coeur en a attrapé pour son compte. Cette fois on décide d'arrêter les vaccins et aussi de déménager car l'allergiste que nous avions consulté avait dit que peut-être en changeant de milieu l'état de l'enfant s'améliorerait. Effectivement, il y a eu amélioration mais Yanic restait toujours un asthmatique avec des crises aux mêmes fréquences.

Que faire alors? Je consultais tout ce que je pouvais trouver sur l'asthme, les causes, les remèdes. Je savais que son asthme dépendait de plusieurs éléments auxquels il était allergique, j'essayais de l'en éloigner le plus possible mais c'était presque impossible, car, aussitôt qu'il s'approchait d'un animal, il faisait une crise même à cause d'un manteau de fourrure. Quant à moi, je pouvais m'en passer mais nous ne pouvions obliger tout le monde à s'en passer.

Toutefois, notre déménagement a eu ceci de positif, c'est qu'une amie m'a parlé d'un naturopathe qui la soignait depuis quelques temps et qui avait énormément amélioré sa condition, (elle aussi avait une maladie dite incurable). La femme de ce naturopathe, qui était elle-même naturopathe, savait de quoi dépendait l'asthme comment y remédier, et en plus elle était spécialisée dans les soins aux enfants. Mon amie me parlait de ce qu'elle avait appris en discutant avec ces gens et j'étais vraiment heureuse d'avoir enfin une solution au problème d'asthme. Je restais néanmoins perplexe puisque cette personne n'avait pas de diplôme de médecine officiel mais un diplôme en naturopathie et qu'en plus il fallait défrayer les honoraires et les médicaments et le comble, suivre un régime alimentaire. C'étaient de bonnes raisons pour nous empêcher de prendre rendez-vous. Par contre je ne pouvais m'empêcher de penser au changement extraordinaire de l'amie en question.

Nous avons donc décidé d'aller voir un naturopathe qui ne chargeait pas d'honoraires. Après avoir posé une série de questions, il nous a donné son évaluation puis la médication à prendre, puis nous a donné des feuilles de régime mais il n'a pas dit un seul mot sur l'alimentation, tout était en général, rien en particulier pour le cas de Yannic. Je sentais que cet homme n'avait pas vraiment de connaissances approfondies, peut-être une bonne idée du problème mais ce n'était pas suffisant vue la gravité du cas. Après avoir discuté à fond du sujet avec mon mari, puis aussi parce que notre garçon nous avait fait une autre crise, nous avons pris la décision d'aller écouter ce que cette personne supposément spécialisée en asthme avait à nous proposer.

Nous sommes donc allés au rendez-vous. Comme nous avions vécu plusieurs expériences négatives, nous étions sur nos gardes mais quand même nous avons écouté objectivement ce qu'elle avait à nous dire. On a trouvé peut-être un peu bizarre certaines questions car nous ne voyions pas tout de suite le rapport avec la maladie, mais je savais à la fin de la consultation que cette femme savait de quoi elle parlait.

Notre décision a donc été de commencer le traitement offert et de le suivre à la lettre pour savoir si c'était vraiment efficace. On avait quand même pris la résolution que si, au bout d'un temps raisonnable, nous n'avions pas constaté une certaine amélioration chez notre enfant, nous arrêtions le traitement. Mais à notre joyeuse surprise, il y avait toujours du progrès. Nous savions toutefois, comme nous avait dit la naturopathe, que c'était une question de temps.

Nous étions toujours stupéfaits de voir notre fils avec plus d'entrain, ses crises diminuaient en fréquence et aussi en intensité puis en durée. Son teint aussi s'améliorait, nous le voyions jouer de plus en plus. C'était vraiment incroyable!

Et maintenant cela fait environ un an que Yanic n'a pas fait de crise d'asthme. On doit dire que cela n'a pas été toujours facile de lui faire suivre un régime. À cet âge-là les enfants ne comprennent pas ce qui est bon ou mauvais pour eux. Même pour nous, nous avons dû changer d'alimentation; le résultat a été que mon mari est encore plus en forme qu'avant, nos deux enfants qui avaient une certaine tendance à avoir de la difficulté à digérer ont pu s'éviter de gros problèmes et moi-même, qui avait de gros problèmes de foie depuis mon enfance, je m'en trouve grandement améliorée. Nous sommes donc très reconnaissants envers cette amie de nous avoir fait connaître son expérience et aussi bien sûr envers cette naturopathe qui a utilisé son coeur et ses connaissances avec nous.

Diane Simard
Beloeil

Ayant lu ces témoignages j'aimerais citer un article car je crois que cela vous aidera à comprendre le rapport si important qu'il y a entre l'asthme et les glandes. Cet article fut publié dans le Journal de Montréal du vendredi 23 mars 1984: **"Le café aiderait à soigner l'asthme"**. **"La caféine contenue dans deux tasses de café peut être aussi efficace qu'un médicament courant pour soulager les asthmatiques, révèle une nouvelle étude médicale. Les auteurs de cette** étude, réalisée à l'Université du Manitoba à Winnipeg et publiée mercredi dans le "New England Journal of Medecine, soulignent que le café ne doit certes pas remplacer les médicaments dans le traitement de l'asthme. Mais ils ajoutent que ce breuvage peut se révéler un produit de substitution très utile en cas d'urgence et peut remplacer temporairement la théophylline, un médicament couramment utilisé pour les asthmatiques. Les effets bénéfiques du café sur l'asthme ont été découvert depuis longtemps, mais ils ne sont pas très connus des médecins et, cette étude est la première à établir une comparaison scientifique entre la caféine et la médication courante.

La théophylline est un médicament proche chimiquement de la caféine. Tous deux ont la propriété de dilater les bronches, permettant ainsi aux asthmatiques de respirer. Les chercheurs ont comparé l'efficacité des deux substances sur un groupe de jeunes gens de 8 à 18 ans et ont découvert qu'elles soulageaient toutes deux les patients. L'usage du café contre l'asthme avait été signalé pour la première fois par un médecin britannique, le Dr. Hyde Salter, en 1859''.

Il faut bien dire qu'ici, il s'agit d'un soulagement et non d'une guérison. Pourquoi? Parce que les enfants comme les adultes atteints d'asthme ont un système glandulaire fragile et qu'il n'est pas recommandé de stimuler ce système glandulaire (sauf en cas d'urgence). Le café stimule les glandes surrénales et dilate les bronches mais il épuise également les surrénales, le pancréas, le foie, etc. En somme on entre ici de plus en plus dans le cercle vicieux de la "symphonie glandulaire''. Les Dr. Abrahamson et Pezet au terme de leurs recherches sur l'asthme ont d'ailleurs placé le café au tableau des aliments devant être évités par les personnes souffrant de ces affections. Ils indiquent en page 72 de leur livre publié aux Éditions Laplante et Langevin:

"Absolument interdits: le sucre, les bonbons, et autres friandises, telles que les tartes, les pâtisseries, les crèmes sucrées, les poudings, et la crème glacée.

Caféine — le café ordinaire, le thé infusé longtemps, les boissons contenant de la caféine. Les pommes de terre, le riz, les raisins, les prunes, les figues, les dattes et les bananes.

Les vins, les cordiaux, les cocktails et la bière.

Le spaghetti, le macaroni et les nouilles''.

Évidemment cela peut différer un peu selon les différents types de métabolismes. Par exemple, la datte est quelquefois tolérée.

L'ÉNURÉSIE

Ce cher **pipi au lit,** quelle est la cause et que peut-on faire pour améliorer la situation?

Avant l'âge de trois ans et demi il ne faut pas s'inquiéter et surtout avant l'âge de trois ans, ne pas **forcer** un enfant qui ne serait pas propre de lui-même durant la journée. Il faut laisser le temps qu'il faut à l'enfant pour bien contrôler ses sphincters sinon il se vengera durant la nuit. Cela dit, il y a la fatigue de la journée qui peut occasionnellement influencer le pipi au lit.

De façon plus précise il faut mentionner le fameux problème de l'équilibre acido-basique de l'organisme qui doit être rétabli. D'ailleurs les enfants qui souffrent d'incontinence urinaire chronique ont souvent d'autres symptômes les classant dans la catégorie des **neuro-arthritiques:** traits blancs sur les ongles ou encore tendance à l'urticaire, aux boutons, carie dentaire, entérites ou bronchites à répétition. Tout dépend des tendances héréditaires. Les urines sont donc fortes, chargées de déchets trop acides et les sphincters urinaires ne peuvent résister devant cette urine irritante. Il faut donc corriger les menus. Il peut s'agir d'une alimentation trop irritante et trop aqueuse: fruits et jus acides, trop de viande, de légumes acides, ou encore régime carencé, aliments trop légers.

Le Dr. A. Vogel suggère en supplément l'utilisation de la silice, minéral désinfectant et alcalinisant. Les cataplasmes d'argile verte ou grise sur la colonne et les reins sont à conseiller.

J'ai voulu parler de façon plus élaborée au début de ce chapitre des premiers soins naturels, de quelques **grands maux** dont souffrent beaucoup d'enfants et d'adultes. Les allergies sont aussi un autre mal de plus en plus courant. Là également les traitements naturels ont leur place. Le régime alimentaire doit tenir la première place du point de vue thérapeutique. Viennent aussi les plantes fortifiant le foie, le pancréas, et les glandes surrénales, sans oublier les minéraux équilibrant le sang.

J'aimerais maintenant parler des cataplasmes qui peuvent être faits à la maison. Nous avons parlé du cataplasme de graines de lin et d'argile mais il y en a d'autres: les cataplasmes de moutarde, de pommes de terre, de feuilles de chou, de raisins, de navet (rutabaga).

LES CATAPLASMES

LE CATAPLASME DE MOUTARDE
Indication: bronchite, congestion pulmonaire

Délayer 1 c. à soupe (15ml) de moutarde en poudre avec 3 à 4 c. à soupe (45 à 60ml) de farine (selon la sensibilité de la peau) et de l'eau. Appliquer sur un "coton à fromage" et placer sur la poitrine. Si l'enfant semble avoir la peau sensible, appliquer le cataplasme (moutarde + "coton à fromage") sur un papier de soie. Chez le bébé, 3 minutes d'application de ce cataplasme suffiront. Chez l'enfant, 5 à 10 minutes; chez l'adolescent et l'adulte, 10 à 15 minutes.

LE CATAPLASME DE POMMES DE TERRE

La purée de pommes de terre chaude peut être appliquée sur un gros bouton (**clou**) pour aider à en faire évacuer les substances toxiques. On dit couramment "faire aboutir un bouton".

Les maux de tête causés par la fièvre et la fatigue peuvent être soulagés par l'application de tranches de pommes de terre crues sur le front.

LE CATAPLASME DE FEUILLES DE CHOU

Amincir la grosse côte de deux ou trois feuilles de chou. Bien les amollir avec un rouleau à pâte. Les placer au four durant 3 à 4 minutes à 350°F (180°C). Elles peuvent être appliquées sur les genoux endoloris, sur le ventre en cas de mauvaise digestion.

LE CATAPLASME DE RAISINS

En cas de blessures, d'écorchures, de plaies suppurantes, ce cataplasme est indiqué. On le fait en écrasant les raisins rouges, d'abord dénoyautés et en les étendant sur du "coton à fromage" comme un cataplasme ordinaire. On place alors le tout sur la partie atteinte et on recouvre d'une toile sèche.

LE CATAPLASME DE NAVET (RUTABAGA)

Faire cuire du navet au four à 350°F (180°C) pendant une heure et demie dans du papier aluminium. Piler le tout et appliquer ce cataplasme tiède-chaud sur les jambes lorsque l'enfant souffre de névralgie ou de **douleurs de croissance** dues à des carences en calcium et autres minéraux.

LES COMPRESSES

COMPRESSE D'EAU CHAUDE
Indication: Améliore la circulation, diminue les douleurs et aide à résorber les éruptions cutanées.

Les compresses d'eau chaude sur le foie améliorent la digestion et facilitent la désintoxication.

Les compresses d'eau chaude sur les reins augmentent l'élimination rénale. Sur les intestins elles combattent les putréfactions, les vers et facilitent l'élimination intestinale.

COMPRESSE D'EAU FRAÎCHE
Indication: Maux de gorge, amygdalites

Diluer ¼ de tasse (60ml) de vinaigre de cidre dans 2 pintes (2 litres) d'eau, en imbiber un tissu et faire la compresse. (Le vinaigre des quatre voleurs peut également remplacer le vinaigre de cidre).

LES BAINS

BAIN VINAIGRÉ
Indications: Urticaire, piqûre d'insectes

Ajouter ¼ de tasse (60ml) de vinaigre de cidre à l'eau du bain.

BAIN À L'ARGILE
Indications: Tempérament neuro-arthritique

Faire une boue avec 7 à 14 onces (200 à 400gr) d'argile blanche et de l'eau. Placer ce mélange dans un sac de "coton à fromage". Durée du bain: 20 minutes. (Eczéma, impétigo, nervosité, douleurs névralgiques).

BAIN À LA GÉLATINE
Indications: Démangeaisons, poussées de boutons, varicelle, rougeole, eczéma

Dans 3 pintes (3 litres) d'eau, faire dissoudre 17.5 onces (400g) de gélatine blanche pulvérisée. Laisser reposer 6 à 8 heures. Ensuite mettre cette solution colloïdale dans le bain.

BAIN À LA LEVURE ALIMENTAIRE
Indications: Adoucissant (eczéma)

Il est préférable de délayer 3.5 onces (100g) de levure alimentaire dans l'eau froide et de l'incorporer au bain par la suite.

BAIN DE BEAUTÉ ANTIQUE
Indications: **Pour les enfants et les adolescents**

Dans un bain tiède, mêler 10.5 onces (300g) de sel marin, 3.5 onces (100g) de sel de vichy (bicarbonate de soude), 17.5 onces (500g) de miel. Verser 3 à 4 pintes (3 à 4 litres) de lait de vache (ou de chèvre), ⅛ de tasse (32.5ml) d'huile vierge.

BAIN À LA MARJOLAINE
Indications: **Dynamisant, digestion difficile, manque d'énergie, après une rougeole ou une grippe**

Faire infuser ½ tasse (100g) de marjolaine dans 4 pintes (4 litres) d'eau puis ajouter à l'eau du bain.

N.B. Il est préférable que ce bain soit pris au lever ou au début de l'après-midi.

BAIN MINÉRALISANT

Mêler ensemble 2.3lbs (1,000g) de sel marin, 2 onces (50g) de bicarbonate de soude (sel de vichy), 9 onces (250g) de sulfate de magnésium (sel d'Epsom). Ajouter le tout au bain.
ou
du chlorure de magnésium liquide. (En remplacement du sulfate de magnésium)
ou
2 tasses (500ml) d'algues marines (vous pouvez faire infuser des algues marines). (En remplacement du sulfate de magnésium). Ce bain soulage les douleurs de croissance des enfants.

BAIN DE FÉCULE DE MAÏS
Indications: **Pour avoir une peau douce comme de la soie**

Diluer 3.5 onces (100g) de fécule de maïs dans 1 pinte (1 litre) d'eau froide. Mélanger bien pour qu'il n'y ait pas de grumeaux. Verser le tout dans la baignoire. L'eau devient laiteuse. Et l'enfant en sort tout propre, tout doux et tout lisse.

BAIN DE SON
Indications: **Pour calmer les petites irritations de la peau**

Faire bouillir, dans une casserole en émail, 2 tasses (500ml) de son dans 1 pinte (1 libre) d'eau. Laisser refroidir un peu. Puis passer à travers un grand morceau de toile fine (''coton à fromage''). Vous nouerez la toile pour en faire un petit sac étanche. Vous mettrez ce sac dans l'eau du bain, ainsi que l'espèce de lait obtenu par le filtrage.

BAIN DE TILLEUL (OU DE CAMOMILLE)
<u>Indications</u>: **Pour enfants nerveux**

Faire infuser 9 onces (250g) de tilleul (ou de camomille) dans 5 pintes (5 litres) d'eau bouillante. Laisser tiédir. Verser l'infusion filtrée à travers une passoire dans l'eau du bain. Vous plongerez le bébé (ou l'enfant) 5 à 10 minutes dans cette eau délicieusement parfumée. Il dégagera une bonne odeur de tilleul et il dormira paisiblement toute la nuit.

Avant que je ne parle des lavements, des purgatifs et des diarrhées je crois que vous apprécierez la lecture de ces témoignages puisqu'il s'agit d'un récit écrit par une ancienne infirmière (qui est une dame que j'apprécie beaucoup) dont **le père fut soigné par le Dr. Paul Carton;** et du cheminement d'un couple vers la médecine douce. Les méthodes naturelles en médecine ayant amélioré la santé de leurs enfants, ils ont ensuite pu apprécier les bienfaits de **l'alimentation thérapeutique** sur eux-mêmes.

La médecine naturelle est venue à mon secours

En jetant un regard rétrospectif sur mon cheminement, je constate que ma venue au naturisme résulte d'un concours de circonstances et d'événements probablement providentiels.

Dès ma plus tendre enfance, alors que ma famille habitait Paris où je suis née, (mon père était boursier du gouvernement québécois), je fus éveillée au naturisme. Mes parents, partis de leur patrie pour quatre ans, avec un jeune bébé de quelques mois (ma soeur aînée), se trouvaient très isolés. Mon père, virtuose de l'orgue, souffrait d'un trac incontrôlable lors de concerts qu'il donnait. Sa recherche incessante de la vérité en matière de santé et son grand désir de se débarrasser de ce trac l'amenèrent à ce grand maître du naturisme, le Dr. Paul Carton.

Pendant près de deux ans, ils furent les disciples de cet homme qui, après avoir obtenu un doctorat en médecine, se vit terrassé par une terrible maladie. À vingt-cinq ans, on le déclara incurable et les médecins lui enjoignirent de retourner chez lui et d'y attendre la mort. Au lieu de se soumettre à leur verdict, il commença une lutte à sa façon contre le mal qui le rongeait. Chaque jour, il inscrivait chacun des aliments qui composaient ses repas et l'effet qu'ils produisaient;

graduellement, il vit son état s'améliorer et c'est ainsi qu'il se guérit complètement en découvrant le naturisme. Par ses nombreux écrits, il devint un des grands chefs de file en cette matière. C'est cette méthode qui éclaira mes parents et guérit mon père complètement.

Hélas, de retour au Québec, où à cette époque, très peu de personnes avaient entendu parler de cette méthode de vie, le contact était rompu, la famille, tout en gardant les principes de base, s'en éloigna un peu. Ce n'est que plusieurs années plus tard, lorsque je fus aux prises avec des problèmes de santé inguérissables par la médecine traditionnelle, que le naturisme revint me hanter.

Toujours très intéressées par tout ce qui touche au domaine de la santé, ma soeur et moi avons fait notre cours d'infirmière. Je me souviens entre autre de cette fillette de dix ans, opérée pour une pleurésie purulente, dont la plaie continua de suppurer pendant des semaines. Les parents de la petite lui apportaient à chacune de leurs visites à l'hôpital, quantité de bonbons et friandises que l'enfant ingurgitait, au grand désespoir de ma soeur dont c'était la patiente.

Un jour que la fillette était désespérée de ne pouvoir quitter l'hôpital, ma soeur la convainquit de supprimer complètement les sucreries et l'assura qu'elle allait guérir beaucoup plus vite. Au bout de quelques jours, la suppuration cessa, on put enlever le drain, la plaie se cicatrisa et la petite fille, toute heureuse, rentra chez elle guérie.

Quelques années plus tard, étant mariée, j'ai eu la grande douleur de perdre un petit garçon de trois ans, à cette époque mon unique enfant. Durant cette épreuve, une colite fonctionnelle s'installa chez moi, au point où je ne pouvais absolument rien manger qui n'était préalablement passé au mélangeur: pas même d'inoffensives carottes cuites à l'eau. Inutile de dire qu'il n'était pas question de manger de la laitue ou autres légumes crus, sans encourir des diarrhées quasi irréductibles.

Après consultation des meilleurs médecins et internistes, la situation ne s'améliorait que tant que je m'alimentais comme un bébé de six mois. Le spécialiste à qui je demandai: **"Vais-je guérir un jour?** me répondit: **"N'y comptez pas trop"**!!! À trente ans, envisager de passer sa vie avec un pareil handicap, ce n'est pas un cadeau!

Mais voici qu'un jour, un article traitant des bienfaits du yogourt me frappa; on y disait qu'il reconstituait la muqueuse intestinale et qu'il était un remède merveilleux dans les cas de diarrhées. Inutile de dire qu'à partir de ce jour, cet aliment figura à mes menus quotidiens, et je vis mon état s'améliorer graduellement, bien que la guérison complète se faisait attendre.

Or voilà qu'un de mes proches fut atteint d'une grave dépression nerveuse, qui dura plusieurs mois, sans qu'aucun médecin ne lui apporte la guérison. Recherchant sans répit le remède à sa maladie, j'entendis parler de Raymond Dextreit. Une lettre, un appel au secours vers ce grand homme et quelques jours plus tard, la réponse venue de France qui apportait la lumière sur le problème et indiquait la route à suivre pour faire recouvrer la santé à l'un des miens et du même coup, la guérison complète à mon intestin délabré.

Dans les années qui suivirent, mon alimentation et la façon de me soigner connurent une grande amélioration, mais Raymond Dextreit vit en France, bien des choses sont différentes ici et là-bas et malgré tous ses volumes qu'on peut acheter ici, une communication directe de personne à personne manque beaucoup pour certains cas plus complexes.

C'est ainsi que j'ai grandement apprécié de pouvoir consulter des naturopathes chevronnés qui m'ont définitivement mis sur la route de la vérité. Je peux désormais résoudre mes petits problèmes de santé et ceux de ma famille, d'une façon toute naturelle, sans médicament, donc sans effets secondaires, qui sont parfois pires que le mal lui-même.

J'ai retrouvé la joie de vivre, une sérénité et une quiétude qui coûtent certains renoncements, certains sacrifices, mais qui vous récompensent au centuple. Combien de moyens en apparence très simples aident à résoudre les mille et un petits problèmes qui nous créent de l'inconfort ou de la souffrance, au fil des jours.

Je voudrais en citer quelques uns. Je sais pertinemment que les nombreux volumes sur le sujet en diffusent abondamment, mais j'aimerais partager avec d'autres ces petits trucs expérimentés avec succès.

D'abord l'argile: elle tient une très grande place dans ma pharmacie. Que ce soit pour faire tomber des verrues plantaires, enlever les durillons ou la corne à la plante des pieds, ou encore soulager un muscle ou un genou tuméfié, l'argile redonne merveilleusement aux choses leur état normal. Pour moi, elle est la reine des médecines douces.

Que faire pour une entorse? Aussitôt que possible après qu'elle s'est produite, faire couler un filet d'eau froide pendant vingt à trente minutes sur le point douloureux. C'est difficile à supporter mais radical. On répète le traitement une ou deux fois dans la journée qui suit. Une entorse soignée ainsi est guérie quasi instantanément.

176

Un remède efficace en cas d'indigestion? Le jus de citron dans une petite tasse d'eau chaude, boire lentement. Depuis que j'ai expérimenté ce moyen, je garde toujours des citrons frais à la maison et je n'ai plus jamais eu besoin de fermentol, citro-carbonate, etc.

Un rhume de cerveau? Infusion de thym, ou encore capsules de thym que je fais moi-même avec les capsules de gélatine vides que je remplis de thym moulu. Un coryza soigné ainsi dure quarante-huit heures.

Souffrez-vous de conjonctivite: (yeux rouges, larmoyants, paupières collées au réveil) une décoction de fleurs de bleuets à raison de 1 c. à thé (5ml) par tasse (250ml) d'eau, bouillir 5 minutes. Passer au tamis. Faire des bains d'yeux ou appliquer au compte-gouttes. Soulagement et guérison très rapides.

Un mal de tête vous assaille au réveil? Un grand verre de jus de carotte, à jeûn, bu lentement et tout rentre dans l'ordre plus rapidement et de façon plus durable qu'avec des analgésiques.

Vous êtes très tendu(e), stressé(e)? Vous souffrez d'une toux nerveuse et persistante? Ce cataplasme de son et de feuilles de lierre grimpant peut certainement vous venir en aide. Je l'ai d'ailleurs expérimenté. Ces deux produits s'achètent dans les magasins d'aliments de santé.

— Mélanger: 5 poignées de son
2 poignées de feuilles de lierre grimpant
6 onces (120ml) d'eau

Faire cuire en brassant jusqu'à évaporation de l'eau. Placer entre 2 gazes et appliquer chaud sur le plexus solaire (durant quelques secondes puis enlever et appliquer de nouveau) jusqu'à ce que l'on puisse bien supporter la chaleur du cataplasme. Alors on le laissera en place durant au moins deux heures. Il ne faut pas oublier de le recouvrir d'une flanelle ou d'une grosse serviette. Ce cataplasme est également indiqué dans les cas de **coqueluche.**

Je veux également vous donner cette merveilleuse recette de Raymond Dextreit pour les cas de: **toux persistante, toux nerveuse, coqueluche, etc.**

5g d'Arnica (fleurs)
5g d'absinthe marine
10g de pivoine (pétales)
15g de coquelicot (fleurs)
15g de douce amère

15g de gui (feuilles)
15g de narcisse (fleurs)
15g de pêcher (fleurs)
15g de Solidago (sommités fleuries)
15g de valériane (racine)

2 à 5 ans: 1 c. à thé (5ml) par tasse d'eau bouillante.
5 à 10 ans: 2 c. à thé (10ml) par tasse d'eau bouillante.
Adultes: 1 c. à soupe (15ml) par tasse d'eau bouillante.

Infuser 5 à 10 minutes. Une petite tasse toutes les trois heures.

On peut se procurer ces plantes ou ces fleurs qui semblent rares en en faisant la demande dans un magasin d'aliments de santé et une herboristerie.

Vous communiquez ainsi ces petits secrets me rappellent ma mère et le soin qu'elle apportait à résoudre nos problèmes. Nous étions six enfants et chacun devine sans peine qu'il se passait rarement une journée sans qu'un des six ne présente un malaise qu'il fallait soigner. Le souvenir de la ténacité qu'elle mettait à chercher jusqu'à ce qu'elle ait trouvé la solution, le soin qu'elle apportait à notre alimentation, la douceur et la minutie avec lesquelles elle faisait les pansements lorsque l'on se blessait, me prouvent à quel point cette femme a eu une influence prépondérante sur toute notre famille en matière de santé.

En me gardant bien de faire du sexisme, je constate que, dans la plupart des familles, la mère demeure la gardienne de la santé des siens, c'est elle qui donne la ligne de pensée en matière d'alimentation et de soins. C'est par elle que se transmet d'une génération à l'autre, les attitudes et les comportements en ce domaine et cela avec la complicité de l'homme qui, en tant que mari ou père, lui reconnaît ce rôle.

Voilà que de revoir mon cheminement à travers de multiples expériences m'amène à cette constatation: chaque fois que j'ai été confronté avec un problème de santé récalcitrant où la médecine traditionnelle ne m'apportait pas de solution, la médecine naturelle est venue à mon secours. Maintenant, je sais qu'elle fera pour moi plus que guérir; elle m'aidera à prévenir et à sauvegarder le plus précieux des dons: **la santé.**

(J'ai omis volontairement, toute une période de ma vie où j'ai été prise avec d'atroces migraines causées par l'hypoglycémie, qui furent d'ailleurs soignées par la naturopathie). Cet épisode sera relaté dans une autre publication.

Marie Lapierre-Malo
Laval

Notre cheminement vers la médecine douce

Notre premier contact avec la médecine naturelle remonte à l'époque de ma première grossesse, soit il y a neuf ans. Nous savions qu'une grossesse, une première en particulier, est une expérience primordiale. C'est à ce moment précis que nous avons effectué les premiers changements d'ordre alimentaire (nous avons cessé la caféine et le pain à farine blanche, par exemple).

Lors de la naissance de notre fille, comme tous les parents nous voulions donner ce qu'il y a de mieux à ce premier enfant: donc allaitement maternel, mise en purée et congélation de nos propres légumes du jardin. Nous étions très aux aguets face à l'alimentation.

Les premiers malaises dont souffrit notre fille firent leur apparition vers l'âge de 18 mois lorsqu'elle eut une sérieuse otite. Le médecin lui prescrivit un antibiotique. L'otite continue de plus belle accompagnée d'une fièvre. Tant et si bien que nous allons à l'hôpital, où l'on décide de changer d'antibiotique. Ce dernier a des conséquences désastreuses sur l'organisme de notre fille. Elle est en diarrhée presque continuelle pendant deux semaines. À ce moment, nous nous adressons à une amie qui connaît la médecine naturelle. À l'aide d'un régime alimentaire approprié et de capsules de yogourt, elle guérit notre enfant. Les premiers germes de médecine naturelle venaient d'être semés. Mais nous étions encore sceptiques.

Puis survint la seconde grossesse. Durant cette période, nous avons rendu visite à un couple d'amis attendant la venue d'un premier enfant. Cette amie suit des cours prénataux d'une naturopathe: son régime alimentaire est fonction de son état et il est complété par des vitamines de source naturelle, ce qui éveille notre curiosité et donne un second souffle à notre démarche.

Puis le second enfant, un fils, vient au monde. On décide de le faire suivre par la naturopathe de notre amie. Puisque l'allaitement s'avère difficile physiquement, la naturopathe nous indique une formule de lait que nous devons préparer nous-mêmes. En même temps, nous restons toujours attachés à la médecine traditionnelle. Nos enfants continuent à rendre visite à leur pédiatre. Ce dernier connaît d'ailleurs notre démarche face à la médecine naturelle. Mais un jour, celui-ci est absent et nous rencontrons un collègue du même bureau. Voilà qu'il nous déclare tout d'un trait: **"À boire ce lait et prendre de telles vitamines, votre enfant deviendra rachitique d'ici peu"**.

Vous pouvez imaginer notre frayeur et la panique qui s'empara de nous. Nous écrivons aux personnes et aux endroits suivants: Hôpital

Montreal's Children, Louise Lambert Lagacé, Ministères de la Santé fédéral et provincial et enfin au Dispensaire diététique de Montréal. Tous sont unanimes: **"il s'agit d'une excellente formule de lait mais que nous nous donnons beaucoup de troubles étant donné que nous devons balancer les divers constituants en fonction du poids de notre fils, et que d'excellentes formules toutes préparées existent déjà sur le marché".** Nous sommes donc rassurés et en même temps certains de l'exactitude de notre démarche.

Durant cette même période, notre fille semble nerveuse et tendue au point de faire des crises. Elle se réveille la nuit, agitée et hors de contrôle. Au début, nous croyons qu'il s'agit d'une réaction face à l'arrivée de son jeune frère. Mais cette situation perdure. La naturo-pathe nous prescrit une réorientation de son régime alimentaire de même que des suppléments pour fortifier son système nerveux. Les crises cessent rapidement.

À l'âge de deux ans, notre fils a une infection dans la bouche. Nous nous présentons chez un pédiatre pour obtenir un diagnostic: du muguet. Il nous prescrit un traitement d'antibiotique liquide à prendre avant les repas pour engourdir la langue et lui permettre de manger. Un effet secondaire fera en sorte qu'il aura de la difficulté à digérer son lait. Nous optons pour la médecine naturelle: chlorophylle et magnésium liquide. Deux jours suffisent pour le guérir. Cependant, nous les parents continuons à nous renseigner sur la médecine naturelle par le biais de livres, de revues, de conférences, etc.

Le pédiatre continue à suivre nos enfants sur une base annuelle. Tout est toujours conforme aux courbes de développement, aucun problème. Nos enfants sont en bonne santé physique et mentale. Ces visites affermissent notre conviction du bien-fondé de la médecine natu-relle… pour nos enfants.

Notre conversion personnelle à la médecine naturelle s'est produite lors d'un problème particulier: des démangeaisons vaginales. Visites chez différents gynécologues… traitements différents… Aucun résul-tat! Tout cela pour finalement aboutir dans une clinique spécialisée d'un hôpital montréalais. L'ultime recours, semble-t-il, est une médi-cation dont les effets secondaires sont des maux de tête et des troubles digestifs. Et en plus, chaque membre de la famille sera soumis à cette médication.

Plutôt que d'emprunter cette voie, nous consultons un naturo-pathe, qui décèle l'hypoglycémie. À l'aide d'un régime alimentaire spécifique accompagné de lactate de calcium et de capsules de chlorophylle entre autres et de douches vaginales à la chlorophylle, les démangeaisons disparaissent en une semaine.

En conclusion, la médecine naturelle nous a ouvert un chemin: **celui de la conscience. En respectant les lois de la nature et en agissant avec elles, nous pouvons mieux vivre!**

Carole Morissette et Claude Jacques

LES LAVEMENTS

LAVEMENT À L'AIGREMOINE, AU PLANTAIN ET AU TILLEUL
<u>Indications</u>: Pour aider à enrayer la diarrhée

Faire bouillir 1 pinte (1 litre) d'eau et ajouter ½ c. à thé (2ml) de chacune de ces plantes.

Laisser mijoter pendant 15 minutes. Retirer du feu.
Laisser infuser durant 15 minutes, passer à travers une fine passoire et faire un lavement assez chaud.

LAVEMENT SIMPLE
<u>Indications</u>: constipation

Ajouter à 2 ou 3 tasses (500 à 750ml) d'eau bouillie (tout dépend de l'âge de l'enfant) 1 c. à thé (5ml) d'huile de soya, de tournesol ou de carthame. Placer un oreiller sous les fesses de l'enfant afin que l'eau pénètre plus facilement dans son intestin et laissez-le dans cette position durant 5 à 10 minutes, selon les possibilités.

LA DIARRHÉE

Le lavement d'aigremoine, plantain et tilleul n'est pas la seule solution naturelle aux problèmes de diarrhée.

- le riz (complet de préférence), l'eau de riz (faire cuire à feu moyen ½ tasse (115g) de riz brun dans 2 ou 3 tasses (500 à 750ml) d'eau selon l'intensité de la diarrhée).

- le caroube.

- les carottes cuites, la fécule de maïs.

- le concentré de rhizome de tormentille, d'herbes de galeopside, de salicaire, de renouée des oiseaux, d'herbes d'avoine et de racines de pétasite est un produit naturel extrêmement efficace pour combattre la diarrhée.

• le yogourt et les comprimés de bactéries de yogourt.

On suggère souvent de cesser le lait lorsque les enfants ont la diarrhée. On remplace alors le lait par du jus de pomme. Ce qui n'est guère mieux. L'intestin étant alors fortement irrité, il faut donner de l'eau de caroube et miel, de la camomille, de la verveine, de l'eau de riz ou simplement de l'eau.

PURGATIF POUR ENFANTS

Dose: 3 à 4 c. à thé (15 à 20ml) le matin à jeûn et entre les repas.

Infusion: verser ⅓ de pinte (⅓ de litre) d'eau bouillie sur 2 pincées de bourrache et 1 c. à thé (5ml) de graines de lin. Couvrir, laisser macérer 15 minutes et passer.

CYSTITE (INFLAMMATION DE LA VESSIE)

L'enfant ou l'adulte se plaint de sensation de brûlement plusieurs fois dans la journée en urinant. Il urine peu à la fois. Il est recommandé de faire boire beaucoup d'**eau Vittel,** des tisanes de busserole ou d'aubier de tilleul et de prendre également du bouillon d'oignon. La chlorophylle en liquide ou en comprimés aidera à désinfecter la vessie.

Cataplasme: préparer un cataplasme de pulpe d'oignons crus dans un ''coton à fromage'' et l'appliquer sur le bas-ventre. Utiliser de préférence des oignons blancs très juteux, coupés fins. Maintenir le cataplasme pendant 2 heures et répéter au besoin. Le bain chaud aux algues ou au sel de mer aidera à décongestionner les reins et la vessie. Si les douleurs persistent, il est nécessaire de faire analyser l'urine au microscope et de consulter un professionnel de la santé.

GRIPPE

On utilisera l'argile en faisant se succéder les applications à divers endroits (bas-ventre, foie, nuque, reins, front), selon l'intensité de la grippe.

Aussi un bain de pieds chaud auquel on ajoutera une infusion de vigne rouge (1 pinte — 1 litre) accélérera la circulation et les éliminations.

Faire un enveloppement chaud de tout le torse et bien recouvrir d'une couverture de laine ou simplement prendre un bain chaud.

Tisane de thym, capsule d'ail, phosphate de fer, baume de tigre, etc.

Trois règles d'or, en cas de grippe:

1. **S'abstenir de tout aliment solide**
2. **Boire le plus possible (liquides non nutritifs: tisanes, eau citronnée, eau argileuse)**
3. **Activer toutes les évacuations**

La vitamine C (avec églantier ou Acerole) ou les ampoules de vitamine C (avec pectine) fortifieront alors l'organisme. Le sel biochimique no. 4 (phosphate de fer) aidera à décongestionner.

N.B. Lors d'un refroidissement, si l'on craint qu'une grippe ou un rhume se déclare, il est bon de prendre un bain de pieds aux oignons crus (de préférence les blancs). Il s'agit tout simplement de recouvrir les pieds de morceaux d'oignons (5-6 oignons) durant 10 à 15 minutes.

APHTES OU ULCÈRES

Infuser 1 c. à soupe (15ml) de racines de guimauves dans l'eau bouillante pendant 20 minutes. Faire rincer la bouche avec cette solution 3 à 4 fois par jour et sucer des comprimés de chlorophylle.

Mâcher de la racine de savoyane. Surveiller les combinaisons alimentaires et l'évacuation intestinale.

MANQUE D'APPÉTIT

Huile d'olives (1 c. à soupe — 15ml) à la cannelle (¼ c. à thé — 1ml). Bien insaliver.

Enfant 5 ans et plus: 1 c. à thé (5ml) au lever.

PERCÉE DENTAIRE

Masser plusieurs fois par jour les gencives avec un mélange d'huile d'amandes et de poudre de clous de girofle. (1 c. à thé (5ml) d'huile d'amandes et ¼ de c. à thé (1ml) de poudre de clous de girofle). Ce mélange pourra être remplacé par de la gomme de sapin avec laquelle on frottera les gencives des bébés et des enfants.

Les sels biochimiques de phosphate de calcium (#2), de magnésium (#8) et de silice (#12) sont également fort utiles lors de percée dentaire.

BRÛLURES LÉGÈRES

Application d'onguent à la vitamine E ou encore de gelée d'aloès ou d'huile de lin.

PANARIES — ABCÈS — FURONCLES

Application d'un cataplasme chaud de purée de pommes de terre. Purifier le sang avec des herbes dépuratives (boldo, bourrache, hydraste du Canada) et de la chlorophylle. Il faudra dans ces cas aussi rectifier le régime alimentaire.

SAIGNEMENTS DE NEZ

Placer une compresse d'eau froide sous le nez et pencher la tête vers l'arrière. Si nécessaire, il faudra appliquer en alternance un cataplasme froid d'argile verte sur la nuque et le front. Si les saignements de nez sont trop fréquents il faudra incorporer le sarrasin de façon plus régulière à l'alimentation car il contient de la rutine, qui fortifie les vaisseaux sanguins, et éviter les aliments trop acides. L'automne et l'hiver, un manque d'humidité dans la maison peut être la cause des saignements de nez.

DARTRES

Appliquer avec de la ouate ce mélange sur les dartres au lever et au coucher:

Infuser: 1 c. à thé (5ml) de zeste de citron
1 c. à thé (5ml) de feuilles d'eucalyptus
1 c. à thé (5ml) d'écorce de bouleau
1 c. à thé (5ml) d'angélique

Infuser le tout dans ½ pinte (½ litre) d'eau bouillante. Il faudra conserver l'infusion au réfrigérateur. Il est toutefois nécessaire de mentionner ici également que des rectifications alimentaires s'imposent.

Le jus de carotte frais et la levure alimentaire aideront grandement les enfants souffrant de dartres.

LÈVRES GERCÉES

D'abord utiliser du jus de tomate fait à l'extracteur pour désinfecter. Ensuite, enduire les lèvres d'huile d'amandes douces.

AMPOULES

Ampoule causées par les souliers.

— Les percer avec une aiguille stérilisée

— Appliquer un cataplasme d'argile pendant 1 heure

ou

— Appliquer des feuilles vertes fraîches (chou vert, laitue) en attendant d'appliquer l'argile.

ENGELURES

Mettre des compresses d'eau froide. Ou encore faire baigner la partie atteinte dans un bain d'eau froide avec du vinaigre de cidre (¼ de tasse ou 60ml), ce qui favorisera la circulation du sang.

PIQÛRES D'INSECTES, D'ABEILLE, DE GUÊPE

Cueillir n'importe quelle feuille verte se trouvant à proximité, la froisser et en frotter l'endroit piqué par une guêpe ou un moustique. Enlever le dard s'il y a lieu et frotter la région piquée avec un oignon coupé en deux.

Si la partie semble enflée, appliquer une compresse de vinaigre de cidre ou de jus de citron.

Si un enfant ou un adulte semble une proie particulièrement appréciée par les moustiques il est indiqué dans ces cas d'enlever le sucre blanc et le sucre brun de l'alimentation (il faut même dans certains cas éviter l'excès de miel). Il faut également éviter tous les aliments acides et augmenter la consommation d'aliments riches en calcium, en chlorophylle et en vitamines du complexe B (spécialement la levure). Les moustiques n'aiment pas tellement l'ail, il faudra donc manger de l'ail ou prendre des capsules d'huile d'ail.

ECCHYMOSES

Application d'une compresse d'eau froide et de glace et, si nécessaire, frotter localement avec de la vanille naturelle ou de la teinture d'Arnica, ce qui aidera à réduire l'enflure et la congestion.

ORGELETS

Faire des compresses de jus de chou frais fait à l'extracteur, plusieurs fois par jour.

VERRUES

Couper une gousse d'ail et frotter la partie à traiter et ensuite appliquer un cataplasme d'argile verte. Le Dr. Paul Carton conseillait pour les verrues de faire tremper pendant 36 heures 1 c. à thé (5ml) de blé puis, de le faire cuire à feu doux en changeant trois fois l'eau au cours de la cuisson (pour un adolescent) et une fois seulement pour un enfant. (On peut faire cuire plusieurs portions à la fois).

Il est recommandé de prendre 1 c. à thé (5ml) de ces grains de blé cuit tous les midis pendant trois semaines. Quand des verrues apparaissent c'est que le terrain y est propice.

EMPOISONNEMENTS

S'il s'agit d'empoisonnement causé par les alcalins: ammoniaque, lessive de soude, potasse, soude caustique: faire vomir l'enfant en chatouillant le fond de sa gorge et lui faire prendre du jus de citron en abondance. On peut également faire boire de l'eau fortement vinaigrée à raison de 5 c. à soupe (75ml) de vinaigre pour 1 tasse (250ml) d'eau.

Le traitement au citron ne peut être appliqué qu'à condition d'être sûr de la nature de l'empoisonnement. Autrement, l'emploi de lait (1 tasse ou 250ml) additionné de 3 c. à thé (15ml) d'argile blanche (en prenant soin de bien brasser) est utile dans tous les cas. **Important: ne donner aucune huile à l'enfant pour 3 jours car l'huile et l'argile formeraient un mastic dans l'intestin. Entrer en communication avec le centre anti-poison d'un hôpital.**

Pour ce qui a trait aux premiers soins, il me reste deux points à aborder: **les maladies contagieuses** et **la trousse de premiers soins naturels.** Mais avant d'en arriver là, je tiens à insérer quelques témoignages de personnes qui ont accepté de faire part de leur démarche. Vous verrez comme il est intéressant de constater que chaque être humain a son histoire, même dans le domaine de la santé. Après quoi dans la dernière partie je parlerai:

- **du sang**
- **du ''jardin des métabolismes''**
- **de la loi de la compensation**
- **des rythmes biologiques**
- **de mes enfants**
- **des maladies féminines**
- **d'une rétrospective de ma démarche naturopathique au chapitre de ''Questions et réponses''.**

Le témoignage de cette infirmière convaincue de l'importance et de l'efficacité de moyens simples et naturels pour soigner ne manquera pas de vous toucher. Comme plusieurs, elle a connu des problèmes de santé, et l'hérédité pour ne pas dire la vie l'a dotée d'un organisme un peu fragile pour ne pas dire très sensible. Il me semble que dans ce siècle de vitesse cela est cependant un **avantage** qui, s'il est bien accepté peut amener une personne plus rapidement hors des sentiers empruntés par la majorité dans le domaine de la santé. J.I. Rodale fut d'ailleurs une de ces personnes. Né avec un coeur malade, il se fortifia grâce aux méthodes naturelles et il fut des plus actifs durant plusieurs années.

Soigner dans la simplicité

Par mes expériences vécues, je voudrais vous convaincre, comme je suis moi-même convaincue, de l'efficacité des moyens simples et naturels pour soigner, guérir et prévenir les maladies. Étant infirmière et ayant été malade moi aussi, j'ai côtoyé quotidiennement la maladie, la souffrance, les malades et tous les moyens disponibles pour soigner ou soulager la maladie.

Je suis née en 1943, sur une ferme, dans une campagne ravissante. Mes parents étaient des gens simples qui se soignaient eux-mêmes. Mes grands-mères, mes grands-tantes, mes tantes et mes cousines étaient presque toutes sages-femmes et connaissaient une foule de moyens naturels pour soigner. À cette époque les femmes s'occupaient du soin des malades et des blessés. Même mon père qui était cultivateur soignait ses animaux par des moyens naturels quand ils étaient malades, ce qui était peu fréquent.

Revenons à mes expériences. À ma naissance, j'étais une enfant normale. Les problèmes ont commencé avec les premières tétées. Je ne digérais pas le lait, y compris le lait maternel. À cette époque, il n'existait pas de substitut au lait et personne ne connaissait de remède à cette maladie **enzymatique** qui se traite maintenant. Alors je vomissais et j'avais la diarrhée. Pas nécessaire d'ajouter que ma peau était très sensible et que mon siège irrité et rempli d'urticaire n'arrangeait rien à la situation. Je hurlais jour et nuit et mon poids baissait de semaine en semaine. Devant cet état de choses ma mère consulta un médecin qui lui donna comme réponse: **"Elle ne digère pas le lait; cette enfant n'est pas viable, tu en auras d'autres, tu es jeune".**

À la suite de cet entretien peu réjouissant, ma mère me prit en main. Maintenant elle connaissait l'origine de mes problèmes de santé. Alors elle m'enleva le lait et commença à me nourrir avec des jus de légumes au début, puis elle ajouta des jus de fruits. Voyant que les pleurs avaient cessé, elle comprit vite qu'elle me guérirait. Plus tard, elle ajouta des céréales et d'autres aliments, mais toujours sans lait. À l'âge de neuf mois, j'avais un poids normal et j'étais en forme. Finis les pleurs, les vomissements, les diarrhées, l'urticaire et les problèmes de poids. La bonne humeur régnait au sein de la famille. Et ça grâce à la perspicacité de ma mère. Aujourd'hui je suis vraiment guérie de cette maladie enzymatique qui consistait en une impossibilité d'assimiler le lactose (sucre de lait). Je bois du lait, je mange du fromage sans problème. J'en reparlerai plus tard.

Vers l'âge de vingt mois je ne marchais pas encore. Ma grand-mère plaça de la fougère sous mon drap, dans mon lit et trois semaines plus tard, je marchais. Une faiblesse au niveau de la région lombaire qui se corrige par un moyen simple.

Une expérience importante dans mon jeune âge. Un jour, après avoir reçu une purgation à l'huile de ricin, (il paraît que c'était à la mode dans ce temps-là, le médecin donnait de l'huile de ricin aux enfants) ma mère me trouva dans mon lit froide et bleu foncé comme une morte, les jambes et les bras repliés sur mon ventre et ma poitrine et elle eut vraiment l'impression que je ne respirais plus et que j'étais morte. Alors elle cria: ''La petite est morte''. Et me déposa en vitesse sur mon lit.

Elle eut la peur de sa vie. Ma grand-mère l'entendit. Elle me prit dans ses bras et fit couler de l'eau froide sur mon front. Cette eau venait du puits et coulait par la chantepleure. Quelques instants après, je me mis à pleurer et je repris petit à petit des couleurs normales. Par la suite, elle m'enveloppa dans des flanelles d'huile camphrée chaude et me garda à la chaleur du four. Quelques heures après j'étais bien. Et je vivais! Ma mère a toujours pensé à un miracle. Moi je pense que ma grand-mère connaissait les vertus de l'eau froide. Et la vie continua.

Mon enfance et adolescence se passèrent sans dommage. Vivant en campagne, j'avais une bonne alimentation: des fruits et légumes frais, des oeufs, de la viande et du poisson frais aussi. Ma mère faisait son pain, donc il était frais, sans additif et surtout elle le faisait au blé et au seigle. Le poisson provenait de la pêche des parents, et la viande d'animaux élevés sur la ferme, nourris avec de bons aliments. À cette époque, on ne donnait pas d'antibiotiques et de médicaments chimiques aux animaux. Du moins pas à la ferme de mon père et de mes grands-parents. Donc les menus étaient variés et l'alimentation adéquate pour des enfants et adolescents. D'autant plus que nous ne prenions pas de médicaments, excepté ce que j'appelle les remèdes de grand-mère qui étaient efficaces et inoffensifs. Nous avions du bon air, de l'exercice, la belle vie...

J'en arrive à une autre époque de ma vie. À l'âge de dix-huit ans, j'arrive à Québec avec armes et bagages pour faire un cours d'infirmière. J'étais attirée par le soin des malades, mais je ne savais pas ce qui m'attendait. Alors je fis des abus de toutes sortes. Mauvaise alimentation ou pas d'alimentation du tout, la nourriture étant mauvaise. Je ne parvenais pas à manger ce que l'on nous servait à la cafétéria. Je perdis peu à peu mon teint de pêche, mes belles pommettes rouges, et enfin vingt livres (9.8 kilos) les trois premiers mois de mon cours et par la suite je commençai à avoir des problèmes de santé. Je fis des allergies de toutes sortes. Ensuite ce furent les infections à virus, les grippes puis j'attrapais les maladies contagieuses ou virales de mes patients. Alors je consultai le médecin du service-santé des étudiants. Je commençai à prendre des médicaments de toutes sortes et le cercle vicieux s'installa. J'oubliai petit à petit ce que j'avais reçu dans ma jeunesse. Enfin je passai à travers. Trois ans de ma vie terminés. Un diplôme en main, mais la santé quelque peu détériorée.

Je continuai à travailler auprès des malades après avoir obtenu mon diplôme. À ce moment-là j'aimais ce travail. Aujourd'hui je ne peux plus travailler de cette façon car après certaines expériences, je suis revenue à une façon naturelle et simple de vivre, de prévenir ou de soigner les malades, comme au temps de mon enfance.

Je continue le récit de ma vie. Je suis dans la fleur de l'âge: vingt et un ans. Je travaille dans un hôpital, chez les tuberculeuses. Par la suite en médecine nucléaire, puis en chirurgie. J'étais souvent malade, maladie sur maladie, avec une mauvaise hygiène de vie; médicaments chimiques, cigarettes, alcool à l'occasion, sorties tardives, donc peu de sommeil. Enfin, tout le cocktail pour être malade. Puis commencèrent les opérations: opération pour des varices, ablation d'une partie de l'intestin, etc.

Après la dernière opération, j'étais tellement épuisée que j'avais peine à tenir debout. Je cessai de travailler. D'ailleurs je n'en avais plus la force et je faisais des allergies médicamenteuses qui me donnaient bien des problèmes. Vous savez, j'étais résistante, je passai à travers... Puis ce fut le grand coup: une mononucléose infectieuse, vraiment le coup de grâce, je faillis en mourir. Médicalement je devais mourir. La médecine me donnait environ six mois à vivre. Avec un poids de 60 livres je ne pouvais aller loin. Le diagnostic importe peu, pour moi. Ce qui importe, ce sont les moyens qui m'ont permis de refaire ma santé. Donc je consultai une femme naturopathe, en face de l'échec de la médecine conventionnelle. Ici, je veux être claire, je ne blâme pas la médecine moderne, je fais le récit de mes expériences pour une situation ne pouvant être traitée par les moyens de cette médecine.

J'ai choisi la médecine naturelle, celle que je connaissais et que j'avais abandonnée. Je me pris en main. Aujourd'hui je suis en bonne santé, mon poids est normal et je commence sous peu un cours de phytothérapie, afin de venir en aide à ceux qui veulent se guérir par des moyens naturels et simples.

Pour en revenir à mon état de santé d'alors, je repris une alimentation naturelle et saine. J'ai désintoxiqué mon organisme avec des plantes, des remèdes naturels. Je pris aussi un supplément de sels minéraux, de vitamines et de protéines. Je cessai de fumer et j'eus des heures normales de sommeil. Je fis de l'exercice, du yoga, de la détente sans oublier la vie au grand air. Enfin, tous les moyens naturels et simples à la disposition de tous. Je changeai mes pensées pour des pensées plus positives, plus constructives, en m'efforçant en même temps de ne faire que le bien.

J'essaie autant que possible de donner de l'amour, de la joie, du bonheur. Je suis heureuse de vivre et je m'efforce de cultiver la santé. Je vous souhaite à toutes et à tous une bonne santé.

Réjeanne Dubé
Québec

Maintenant, c'est avec joie que je vous invite à lire ''Passeport pour une vie nouvelle'' écrit par une personne qui m'est chère, ma mère. Elle fut pour moi un phare sur la route de la médecine douce et de l'alimentation naturelle. Au cours des années, elle put acquérir de plus en plus d'expérience et ses initiatives, qui marquèrent mon adolescence: achat d'un extracteur de jus, tisane de queues de cerises, lecture du livre de Gayelord Hauser <u>Vivez jeune, vivez longtemps</u> ne furent pas des semences inutiles.

Passeport pour une vie nouvelle

Un jour, au début de ma vie conjugale, j'observais une vitrine et je fus attirée intuitivement par le titre d'un volume <u>Vivez jeune, vivez longtemps</u> de Gayelord Hauser. Laissez-moi vous citer le premier paragraphe: "**— Passeport pour une vie nouvelle — Ce volume que vous venez d'ouvrir n'est pas un livre comme les autres, il est en quelque sorte un passeport pour une vie nouvelle. Vous ne commencez pas seulement une lecture. Vous vous lancez dans une grande aventure, un voyage, une expédition —**".

Et quel voyage! Cette expérience je l'ai vécue il y a maintenant vingt-cinq ans, et ça dure.

Il faut dire qu'à l'âge de douze ans, je voyais mon père manger des racines, boire des décoctions d'herbes pour purifier son sang, bois-

190

sons qu'un Amérindien (Tapp) lui avait recommandées. Et avec les années il lui a redonné la joie de vivre. Mon père fuyait les médecins et a prié toute sa vie pour ne pas subir d'intervention chirurgicale. Il a été exaucé. Il a rendu l'âme à quatre-vingt-dix ans et huit mois, après une semaine de maladie.

Ce livre j'en ai fait mon livre de chevet. J'en ai fait profiter ma famille en achetant de la levure de bière, du germe de blé, du calcium, etc. Nous buvions des jus de légumes que je faisais à l'aide d'un extracteur de jus. Il se donnait des cours de cuisine naturiste que j'ai suivis d'ailleurs. Et une autre chose à laquelle je tenais, la bonne humeur à table et les bons échanges. Mon mari acceptait de bon gré mes idées et ne s'opposait pas à ce que nous ayions un mieux être.

Dans mon enfance, l'hiver, ma mère nous donnait de l'huile de foie de morue, j'en léchais la cuillère. Elle nous purgeait avec du soufre et de la mélasse. Notre nourriture était saine. À vingt-trois ans j'ai dû faire six mois de sanatorium à Ste-Agathe-des-Monts pour excès de fatigue. Je travaillais le jour et je chantais le soir. Outre mes cours de chant, je faisais partie d'une troupe et nous divertissions les soldats durant la guerre de 1939, d'où mon excès de fatigue.

J'avais entendu dire que l'ail était excellent pour les poumons. Je me mis donc à manger de l'ail. J'en mettais dans ma soupe, dans mes pommes de terre, dans la viande, excepté le dessert. J'avais le surnom de **stinker** (celle qui ne sent pas bon). En général la cure de repos et de grand air pouvait durer un, deux ou trois ans. J'en sortais après six mois. Je suis certaine que l'ail, qui est un désinfectant naturel, avait aidé à guérir mes voies respiratoires.

Comme je recherchais la logique en toutes choses, lors de mes accouchements, je sentais que la respiration du diaphragme, que j'avais apprise lors de mes cours de chant, m'aidait à me détendre et à ne pas paniquer. À cette époque la méthode de la respiration pour aider les contractions n'était pas encore en vigueur. Le Dr. Donation Marion, mon accoucheur, disait que j'étais la femme-surprise, que j'accouchais plutôt vite.

Ayant subi un échec dans ma vie conjugale, j'ai dû refaire ma vie. Après quelques années j'ai ouvert une boutique d'aliments naturels à Ste-Agathe-des-Monts, où j'ai oeuvré pendant dix ans. Étant convaincue moi-même et ayant une fille naturopathe, ma conviction circulait dans mes veines et les clients le ressentaient. Combien de personnes venaient au magasin en dernier ressort, ne sachant où aller, cherchant des conseils qui pourraient leur donner espoir. Et en changeant leurs vieilles habitudes alimentaires nocives, en nettoyant l'organisme au moyen de décoctions de racines, de tisanes, et en leur donnant ce dont ils avaient besoin en suppléments alimentaires pour combler leurs carences, ils reprenaient goût à la vie.

À la fermeture du magasin, j'ai récupéré plusieurs livres, dont entre autres La bouillie idéale du Dr. Phil Kuhl. Après en avoir pris connaissance, je décidai donc de tenter cette expérience, de manger mon pain de grains entiers **moisi,** toutefois sans qu'il n'en dégage aucune odeur de pourriture, odeur toujours provoquée par une décomposition bactérienne. Et oh! surprise! ma digestion était plus facile, je n'avais plus de fermentations, plus de gaz. J'ai le pancréas fragile et j'assimile difficilement les farineux au niveau intestinal. Cette légère moisissure du pain amenant en quelques sortes une pré-digestion des hydrates de carbone m'aida grandement. Il existe d'ailleurs plusieurs aliments fermentés donc pré-digérés dont ont profité plusieurs peuples depuis des siècles: le yogourt, le kéfir, la sauce soya, le fromage, le tempeh, etc.

Le processus est donc une prédigestion des matières vivantes du pain qui en améliore le goût, la digestibilité, et la valeur biologique, tout en détruisant les toxines éventuelles. Voici le mot de la fin de ce livre: **"Si selon le professeur Jores de Hambourg, la faillite qui menace la médecine moderne doit être évitée, il est temps que nous nous tournions vers la Nature non contrefaite, celle réalisée par le Créateur, non analytique, dont la perfection n'est pas à chercher dans les différents composants, mais dans l'harmonie de l'ensemble, que nous nous tournions vers des aliments complets et de qualité, non dénaturés (dévalorisés) traités ni chimiquement, ni techniquement".**

D'après les connaissances du père de la médecine, Hippocrate, l'homme est ce qu'il mange. C'est une réalité qui découle d'une très longue expérience pratique et qu'il m'est possible de confirmer. Voilà!

Réalisons que tant de maladies sont curables dès que nous acceptons la santé, c'est-à-dire l'harmonie de l'esprit, du corps et de l'âme et rejetons de notre vocabulaire le mot «impossible». Comme dans beaucoup de choses, l'homme a étudié la maladie au lieu de la santé, la guerre au lieu de la paix, il a donné une réalité à ce qui est négatif.

La civilisation est en faillite, elle est malade, au fond il n'y a qu'un seul médecin: **Dieu, la grandeur de Sa Création et Ses Lois.**

Paule Verdon
Ste-Agathe-des-Monts

"Un chemin nouveau pour moi" est le récit intéressant d'une femme engagée sur la voie de la santé naturelle depuis plus de dix ans.

Un chemin nouveau pour moi

Afin de vous faire part de mon cheminement dans le domaine de la santé naturelle, je dois retourner douze ans en arrière. Mère de six enfants, je fréquentais souvent les salles d'urgence d'hôpitaux et les bureaux de médecins car nous avions, ma famille et moi, plusieurs problèmes de santé.

C'est au début de ma quatrième grossesse que j'ai commencé à être consciente de tout cela et que j'ai voulu changer nos habitudes de vie. Je me retrouve donc à l'hôpital aux premiers mois de grossesse en état dépressif. On m'administre des calmants sans savoir que j'étais enceinte. Revenue chez moi, j'essaye de remonter la pente du mieux que je peux. Je commence à prendre des suppléments naturels, ce qui me permet de continuer ma grossesse tant bien que mal.

L'accouchement se déroula assez bien, au début le bébé était très endormi et puis il y a eu des complications, tout d'abord avec les formules de lait et ensuite toutes sortes de maux, sans compter les nuits passées près de lui.

Habitant à la campagne, j'utilisais à ce moment-là les moyens qui étaient à notre disposition pour me renseigner, et c'est en cherchant que j'entendis parler d'une naturopathe qui se spécialisait dans les soins naturels pour les enfants. Je voulais en savoir plus sur la bonne alimentation, les bonnes combinaisons alimentaires, etc. Je pris un premier rendez-vous avec l'enfant, pour une première évaluation de sa santé. Visite après visite, j'essayais d'en apprendre le plus possible. Je suivais ses conseils, elle m'initiait aux enveloppements chauds pour le bébé, aux cataplasmes et aux tisanes. J'étais très heureuse d'aller enfin toucher la vraie cause du mal et en même temps d'être guidée par cette femme naturopathe sur ce chemin nouveau pour moi. Pour toute la famille le changement de mode de vie s'est fait graduellement.

Je continuais à me renseigner par la lecture de livres qui traitaient du sujet et je suivis un cours de puériculture par correspondance avec ma naturopathe. La santé du bébé s'améliora beaucoup, et notre santé à tous aussi par le changement d'alimentation. Deux ans et demi après, j'étais enceinte de mon cinquième enfant, et pour moi c'était la première grossesse depuis notre changement d'alimentation. Je savais que mon corps s'était nettoyé et renforcé. La grossesse et l'accouchement se sont bien déroulés, et je trouvai merveilleux de pouvoir allaiter mon enfant longtemps, sans qu'il ait besoin d'aliments solides. J'avais une bonne lactation.

Alors que le bébé avait six mois, un accident survint dans notre famille, nos deux enfants âgés de 6 et 7 ans furent heurtés par une auto en traversant la rue après avoir laissé la main de mon mari, sans qu'il ait eu le temps de les retenir. Ma petite fille eut un bras brisé, la mâchoire fracturée et un choc nerveux. Mon garçon fut plus atteint, dans un coma complet pendant 8 jours ayant lui aussi un bras brisé, la mâchoire fracturée, et des cellules du cerveau détruites. C'est alors que je me suis surprise à passer à travers cela avec une force incroyable et avec la conviction que j'allais les aider à se refaire des forces neuves avec une bonne alimentation, le soleil et l'air pur de la campagne. Ma naturopathe m'aida aussi par ses bons conseils, autant pour les enfants blessés, que pour le bébé que j'allaitais.

Tout cela a amené pour moi un éveil spirituel, un début de recherche. Savoir pourquoi ces choses arrivent à des personnes et non à d'autres. Découvrir les belles choses qui nous entourent dans la création. Je remerciais le Seigneur de voir que les enfants reprenaient vite leurs forces. À la grande surprise des médecins, Christian se remettait très vite de son accident; aujourd'hui, 9 ans plus tard, c'est un garçon très fort et en bonne santé.

Toutes ces expériences vécues avec ma famille m'ont apporté beaucoup de confiance en moi-même. Quand ils étaient malades, je les soignais le plus naturellement possible en faisant attention aux combinaisons alimentaires. En même temps, j'utilisais beaucoup les cataplasmes de graines de lin et d'argile pour les grippes; ce que je trouvais très efficace c'étaient les tisanes de thym, qui les décongestionnaient beaucoup. Je n'ai presque plus besoin d'utiliser cela à présent pour les soigner, leur immunité naturelle étant renforcée. Entre temps, nous avions décidé d'avoir un sixième enfant; une fille est née. La grossesse, l'accouchement ont été un enchantement. Le bébé n'a eu aucun problème de santé. Je l'ai allaité jusqu'à 13 mois, ça a été une très belle expérience. Aujourd'hui, à six ans, elle est en très bonne santé.

Je crois que toute femme peut jouer un rôle important auprès de sa famille avec son intuition. Elle peut être un guide, car je me suis rendue compte au fil des années, qu'ayant acquis une connaissance suffisamment étendue dans ce domaine, j'en arrivais à ressentir de façon intuitive les besoins alimentaires de ma famille au jour le jour, selon la saison, leurs activités et leurs tempéraments biologiques.

Toutefois, cela ne s'arrêta pas au plan physique. Il y avait les besoins de l'âme et ceux de l'esprit. Je me rappelais cet adage: **"un esprit sain dans un corps sain"**. Aujourd'hui, toujours consciente de ce devoir qu'a la femme d'ennoblir son environnement, je me retrouve avec joie dans un site enchanteur sur le bord du lac Simon dans l'Outaouais avec toute ma famille. Car nous sommes maintenant propriétaires d'une auberge où nous recevons le public. Dans la salle à manger, par un choix de mets constitués d'aliments naturels et de combinaisons alimentaires saines, j'aide les gens à devenir plus conscients des lois de la santé. Mon cheminement dans ce domaine ayant ouvert la voie de mon cheminement spirituel, je suis donc consciente de pouvoir apporter de l'aide à celles et ceux qui cherchent sincèrement...

Gisèle Brunet
Lac Simon, ''La Pineraie''

LES MALADIES CONTAGIEUSES

Il m'est arrivé souvent depuis treize ans d'avoir à conseiller des mères dans l'utilisation adéquate des cataplasmes, des bouillons, des jus à l'extracteur, de divers sels minéraux et de plantes, lorsqu'un enfant souffre d'une maladie contagieuse. Les parents sont souvent pris au dépourvu lors d'une varicelle, d'une rougeole ou d'une roséole et ils s'inquiètent avec raison car **ces maladies doivent être bien soignées.** En conseillant donc nombre de mères, j'ai eu maintes fois l'occasion de vérifier l'efficacité de la médecine naturelle dans ce domaine.

Je me suis intéressée, grâce à diverses publications: <u>Ma santé</u> (Grace Gassette, Éditions Astra); <u>Mon enfant, sa santé, ses maladies</u> (Dr. Zur Linden, Éditions Triades) sans oublier celles de Jeannette Dextreit et de plusieurs autres, aux traitements naturels indiqués lors de ces affections. Plusieurs substances naturelles peuvent alors soulager grandement les enfants. Je crois qu'il est nécessaire que cela soit connu. Plusieurs parents ne connaissent pas les traitements naturels indiqués pour la fièvre par exemple, lorsque se prépare la maladie contagieuse et surchargent l'enfant de viande, d'oeufs pour le renforcer disent-ils parce qu'il est fiévreux. Mais en agissant de cette façon ils nuisent à l'enfant.

J'insiste toutefois sur ce point important: **lors d'une maladie contagieuse il faut faire examiner l'enfant afin d'identifier la maladie et de faire évaluer principalement l'état des amygdales, des ganglions et des oreilles.**

195

Parler des maladies contagieuses et des soins naturels applicables dans ces cas est un sujet qui me semble délicat et je tiens à préciser ici que je ne veux soulever aucune polémique mais bien indiquer comment lors de ces affections, l'art médical peut compléter la science médicale.

Le développement de la science médicale au XXème siècle a permis de connaître avec précision la nature des maladies contagieuses, leur temps d'incubation et les symptômes qui les caractérisent. Toutefois même lorsqu'il a été vacciné, un enfant peut souffrir d'une maladie contagieuse. Ces maladies étant soignées à la maison (sauf lors de graves complications) il m'apparaît important que les femmes connaissent les traitements de la médecine douce applicables dans ces cas. Il y a certes l'aspect préventif qui permet de fortifier le ''terrain organique'' par un mode de vie adéquat mais il y a également l'aspect curatif. Ici encore, les infusions et les inhalations seront importantes, les bouillons,, les cataplasmes, les ''breuvages-santé'', les sels minéraux, la vitamine C, etc. L'aspirine et les antibiotiques peuvent chez nombre d'enfants provoquer des effets assez sérieux et j'aimerais ici citer un article de Evelyne Dreyfus publié dans la revue <u>Médecines douces</u> no. 11 (France) 1982, page 46: **''On a longtemps vanté les ''prodigieuses victoires'' de la médecine aux antibiotiques. Depuis quelques temps cependant, on admet qu'ils ont tous des effets secondaires plus ou moins graves et qu'il faut les manier avec la plus grande prudence (...) Mais il y a pire. On sait aujourd'hui qu'un certain nombre de microbes sont devenus totalement résistants. Ils se sont adaptés aux produits qui devaient les éliminer. Désormais, la médecine classique va devoir pratiquer une médecine de terrain et renforcer les mécanismes de défense du malade pour vaincre la maladie. En somme, ils devront pratiquer des médecines plus douces malgré eux''.**

Dans cet article, elle a d'ailleurs interviewé le Dr. Laget,, assistant des universités et des hôpitaux de Paris qui a accepté de donner un aperçu des faiblesses les plus préoccupantes du ''système antibiotiques''. Selon lui la menace la plus grande provient des bactéries ''multirésistantes'' qui ont appris avec le temps à déjouer nombre d'antibiotiques. Mais il n'oublie pas de mentionner que les antibiotiques peuvent détruire la flore intestinale, affaiblir les reins et déséquilibrer la formule sanguine. **Toutefois, il ne serait pas plus sage de les ignorer que d'en abuser car ils peuvent être utiles dans certains cas.**

LES OREILLONS

Incubation: 14 à 28 jours

Contagion: de 1 à 6 jours avant l'apparition de l'inflammation et jusqu'à ce que l'inflammation ait disparue.

Symptômes: gonflement des glandes salivaires, particulièrement les parotides situées sous les pavillons des oreilles. Un peu de fièvre les trois premiers jours. En général, un côté gonfle avant l'autre. L'enfant aura des difficultés à avaler et des maux de tête. Quelquefois, il aura mal aux oreilles.

Recommandations importantes: régime liquide: jus à l'extracteur.

Si à cause de la fièvre l'enfant n'a pas faim et n'a pas soif, 1 c. à thé (5ml) de jus de carotte frais donnée à toutes les 10-15 minutes fait souvent des merveilles.

Infusion de verveine (à laquelle on ajoutera de 2 à 4 clous de girofle par tasse durant le temps de l'infusion).

Cataplasmes d'argile verte sur le cou durant 1 heure, deux fois par jour et sur le ventre les journées où l'enfant est fiévreux.

Les ampoules de vitamine C avec pectine, et le magnésium, fortifieront le système de défense.

Les sels biochimiques #4 (phosphate de fer) et #12 (silice) peuvent être donnés plusieurs fois par jour.

Lorsque l'enfant a faim, une compote de pommes, de poires ou de pêches lui fera du bien ou encore une crème de légumes à l'eau. La reprise alimentaire se fait progressivement: tofu, quark, crudités finement coupées, etc.

Des oreillons bénins pourront disparaître en 3-4 jours mais règle générale le gonflement peut être présent durant une dizaine de jours. Il est nécessaire que l'enfant garde le lit durant cette période ou qu'il ait des activités modérées.

LA VARICELLE

Incubation: 10 à 20 jours

Contagion: une journée avant l'apparition des boutons à six jours après l'apparition des premières cloches.

Symptômes: éruption d'une série de boutons surmontés de petites cloches contenant un liquide jaunâtre. Autour des boutons la peau est rougeâtre. Manque d'appétit, maux de tête et fièvre légère. Au bout de quelques heures après leur apparition les cloches éclatent et forment un genre de croûte. Durée de l'éruption: trois à quatre jours avec démangeaisons.

Recommandations importantes: l'enfant ne doit pas gratter les cloches car l'inflammation pourrait augmenter. Les boutons se transformeraient alors en clous et laisseraient des marques. Si nécessaire couper les ongles de l'enfant et donner une infusion calmante (camomille ou fleurs d'oranger).

Bain chaud deux à trois fois par jour à la gélatine, ou à la fécule de maïs. Laver le corps avec un savon soufré ou à l'argile et appliquer de **l'onguent aux herbes ou de la crème à l'échinacea ou au consoude.** Ne pas essayer de faire tomber les croûtes, et bien désinfecter les mains et les ongles de l'enfant, deux à trois fois par jour.

Ici également les jus à l'extracteur sont recommandés (si vous n'avez pas d'extracteur, il se vend dans les magasins d'alimentation naturelle une pâte de carottes biologiques dont on fait un jus de carotte **reconstitué**). Durant la fièvre le cataplasme d'argile verte est toujours essentiel.

Les sels biochimiques #4 (phosphate de fer), et #7 (sulfate de potassium) apporteront au corps les combinaisons minérales ayant une influence bénéfique sur l'oxygénation du sang et le décongestionnement de la peau. Si les éruptions s'infectent, il faudra ajouter le sel #12 (silice).

J'ai pu l'observer à différentes reprises, les sels biochimiques sont alors d'une grande efficacité. La chlorophylle et la vitamine C avec pectine sont également recommandées. Tout dépend de l'intensité de la varicelle. Il sera préférable de consulter un professionnel de la santé dans ce cas. Il faudra reprendre l'alimentation progressivement et introduire les légumes jaunes avant les légumes verts. L'enfant pourra retourner en classe et aller jouer à l'extérieur 2 à 3 semaines après le début de la maladie.

LA ROSÉOLE

Incubation: 4 à 5 jours

Symptôme: fortes poussées de fièvre durant 3 à 4 jours mais aucun symptôme de rhume. Disparition rapide de la fièvre et éruption légère sur tout le corps (ressemblant un peu à celle de la rougeole). Une fois l'éruption sortie, l'enfant se sent tout à fait bien. Après un ou deux jours, les éruptions disparaissent.

Exception faite de l'onguent aux herbes ou à l'échinacea, qu'il ne sera pas utile d'appliquer sur les éruptions, la roséole peut être traitée de la même façon que la varicelle.

LA ROUGEOLE

Incubation: 10 à 14 jours

Contagion: de 3 à 4 jours avant l'éruption jusqu'à 5 jours après. Complications **si mal soignée:** otite (infection des oreilles), bronchite ou pneumonie, encéphalite (chez les enfants **très carencés** ayant une alimentation pauvre en minéraux et en vitamines, consommant beaucoup de pain et de sucre blanc. Mais cela se produit rarement).

Symptômes: yeux rouges et larmoyants (intérieur des paupières inférieures rouge). L'enfant semble faire un rhume de cerveau, toux sèche. Chaque jour la fièvre s'élève (102°F ou 39.5°C durant 4 à 5 jours). Présence de **taches de Koplik** un jour avant l'apparition des éruptions. Les **taches de Koplik** sont situées près des molaires inférieures. Ce sont de petits points bleuâtres entourés d'un cercle rougeâtre quelquefois difficile à percevoir. Ces taches sont présentes chez 80% des enfants. Les éruptions sortent vers le troisième ou le quatrième jour. Elles sont rosées et situées surtout derrière les oreilles; elle se répandent progressivement sur la figure et le corps.

Manifestations normales: l'enfant a peu d'appétit durant un ou deux jours après l'apparition des éruptions. Il a peu d'énergie. Il peut tousser particulièrement le soir.

Manifestations anormales: la fièvre persiste durant plusieurs jours après l'apparition des éruptions ou encore elle reprend après la sortie complète des rougeurs.

Recommandations importantes:

1. Bien surveiller le fonctionnement des intestins. Si l'enfant n'a pas eu de selles de la journée, donner un lavement ou appliquer un suppositoire à la glycérine.

2. Bain vinaigré: une fois par jour. Bain de son: une fois par jour (l'après-midi), assez chaud. (Si la fièvre est disparue).

3. Appliquer sur la peau un peu de fécule de maïs ou de l'argile blanche. Si la peau est trop irritée, utiliser de l'onguent aux herbes.

4. Repos. Augmenter l'humidité dans la chambre pour soulager la toux.

5. Garder les pieds bien au chaud (avec une bouillotte ou des bas de laine).

6. Si l'enfant a mal aux yeux, tamiser la lumière et laver les yeux avec une infusion de fleurs de bleuet (1 c. à thé (5ml) infusée dans 3 onces (90ml) d'eau bouillante).

7. **Les sels biochimiques #4 (phosphate de fer), #5 (phosphate de potassium) et #7 (sulfate de potassium) doivent être donnés régulièrement,** à chaque heure ou à chaque demi-heure, selon l'état de l'enfant. La chlorophylle, le magnésium et la vitamine C avec pectine sont également recommandés. (Consultez un professionnel de la santé pour avoir la recommandation d'un dosage adéquat).

   Concernant le magnésium, la formule de Pierre Delbet (appelée Delbiase) me semble être la plus adéquate. Ce magnésium on peut le faire fondre dans du jus de raisin (non-sucré) à raison de 1 pastille pour 3 onces (90ml) de jus. Il est préférable que ces 3 onces (90ml) de jus de raisin **au magnésium** soit bues très lentement. Règle générale un comprimé par jour suffit. Le magnésium est un minéral présent particulièrement dans les aliments **non raffinés.** Il fait partie de la composition du corps et fortifie les globules blancs, donc le système de défense. (La seule contre-indication au magnésium: lorsqu'un enfant souffre d'une sérieuse insuffisance rénale).

   De 4 à 6 ans: ½ c. à thé (2ml) à chaque heure jusqu'à ce que les 2 onces (60ml) aient été bues (dans la journée).

   6 ans et plus: 1 c. à thé (5ml) à chaque heure.

8. Ici également, les jus de l'extracteur (particulièrement le jus de carotte) doivent être donnés à l'enfant en plus d'une alimentation légère, lorsque la fièvre disparaît.

9. Ne pas oublier l'argile verte sur le ventre, durant les journées de fièvre.

10. Faire examiner l'enfant. S'il a mal aux oreilles, ne pas oublier les gouttes de jus d'oignon (coupé avec moitié d'eau) ou l'ail (voir otite).

L'enfant pourra se lever deux jours après la disparition de la fièvre. Il reprendra graduellement son alimentation et ses activités. Il pourra sortir dehors seulement lorsque la toux et tous les autres symptômes seront disparus.

J'aimerais ici citer le Dr. Zur Linden dont j'ai parlé précédemment; ce pédiatre ayant à son actif plus de 40 années de pratique, parle en ces termes de la rougeole dans son livre <u>Mon enfant, sa santé, ses maladies</u>.

"Les maladies éruptives qui se distinguent toutes par l'apparition de rougeurs sur la peau: rougeole, scarlatine et rubéole, font apparaître distinctement quel peut être le rôle de la maladie. On exprime très bien ce fait lorsqu'on parle à leur sujet d'"auxiliaires de la vie".

J'ai eu un jour l'occasion de soigner deux petits jumeaux (vrais jumeaux) tous deux atteints de rougeole. L'un avait été assailli par une éruption violente et une forte fièvre, tandis que l'autre était très légèrement atteint. La maladie une fois terminée, le premier prit dans son développement un cours très favorable. Manifestement, il avait acquis un bien meilleur niveau de santé et d'harmonie intérieure.

Tandis que son frère a dû lutter encore longtemps pour parvenir jusque là. Donc, même chez les jumeaux véritables (nés du même oeuf), une même maladie infectieuse peut prendre des degrés d'intensité très variables et porter des fruits très différents. Ici "l'auxiliaire de la vie" s'est manifesté dans un des deux cas seulement. Cet exemple montre bien que la maladie n'est pas une force venue de l'extérieur, et qu'elle n'est pas véhiculée par les germes, sinon elle ne prendrait pas des formes si diverses. La maladie est dans le malade d'abord, et le germe pathogène ne fait qu'en déclencher les symptômes.

Pour presque tous les enfants, la rougeole est, si l'on peut dire, une nécessité; ils sont donc en quelque sorte intérieurement préparés, et c'est pourquoi dès qu'ils sont en contact avec elle, la contamination a lieu. (...) Tous ces phénomènes sont le signe d'une sorte de révolution dans l'organisme liquide, qui forme, on le sait, presque 70% de l'ensemble physique chez l'enfant".

Mes fils ont eu la rougeole et celle-ci fut soignée par les méthodes naturelles. (Ils n'ont d'ailleurs jamais pris de médicaments pharmaceutiques). Ils faisaient de la fièvre et leur petit coeur battait plus rapidement et c'était normal (à cause de la fièvre). J'avais alors une gardienne très gentille qui accepta de les soigner tel que je le lui indiquais. (Je l'avais d'ailleurs initiée à l'utilisation de plusieurs substances naturelles). Je devais me rendre à notre magasin de santé, nous venions de l'ouvrir depuis peu de temps et, même si la rougeole faisait des siennes, j'étais tranquille. Je savais que leur corps bien construit durant le temps de la grossesse résisterait à la **tempête** et qu'ils étaient bien soignés.

LA RUBÉOLE

Incubation: 14 à 25 jours

Contagion: durant les jours précédant la sortie des éruptions et durant les quatre jours suivant la sortie des éruptions.

Symptômes: très différents de ceux de la rougeole. Pas d'écoulement nasal et pas de toux. **Gonflement des ganglions au cou** et quelquefois dans les aines. Certains enfants ont un peu mal à la gorge. Les éruptions sortent dispersées sur tout le corps et celui-ci peut devenir rouge d'une façon assez uniforme.

Manifestations normales: même chose que pour la rougeole.

Manifestations anormales: même chose que pour la rougeole.

Recommandations importantes: même chose que pour la rougeole. En plus des cataplasmes d'argile verte sur les ganglions enflés. Si l'enfant a mal à la gorge, donner à sucer un comprimé de chlorophylle, de 3 à 4 fois par jour.

LA COQUELUCHE

Incubation: 5 à 21 jours

Contagion: 4 à 6 semaines avant le début de la maladie.

Symptômes: toux sèche qui va en augmentant pendant environ deux semaines. Elle se manifeste plus particulièrement la nuit. La coqueluche, ressemble au début à un rhume mais au bout de deux semaines, l'enfant peut tousser de 8 à 10 fois lors d'une seule expiration puis inspirer rapidement et profondément (chant du coq) puis retousser plusieurs fois. Après plusieurs quintes, il vomit. Il arrive toutefois que certains enfants ne vomissent jamais. **Ce qui est important pour reconnaître la coqueluche: les quintes de toux caractéristiques de la deuxième semaine causées par le gonflement des ganglions lymphatiques situés à la racine des poumons.**

La durée majeure d'une coqueluche sera de quatre semaines lorsqu'elle est bien traitée par les méthodes naturelles de santé. Traitée aux antibiotiques la toux disparaît rapidement puis, réapparaît après la prise d'antibiotiques si bien, qu'il arrive que des enfants atteints de coqueluche doivent avoir plusieurs prescriptions d'antibiotiques qui les affaiblissent autant que la coqueluche elle-même **sinon plus.**

Voilà pourquoi ici aussi il est utile de connaître les cataplasmes qui peuvent soulager, les compresses chaudes, les tisanes pectorales, etc. Évidemment cela n'est pas de tout repos mais l'enfant n'en ressort pas amoindri, **lorsque les méthodes naturelles ont été bien appliquées.**

Recommandations importantes: Après avoir soigné la coqueluche comme un rhume lorsque les quintes de toux sont régulières et qu'il est évident que l'enfant commence la coqueluche, enlever complètement tous les produits laitiers de l'alimentation. Faire des cataplasmes de moutarde de 1 à 2 fois par jour. Assurer un degré d'humidité suffisant. Donner à l'enfant un sirop naturel et des suppléments de magnésium et de vitamine C. **Il existe plusieurs composés homéopathiques à base de plantes et de sels minéraux qui soulagent grandement.** Il faudra éviter les mouvements rapides déclanchant des accès de toux ainsi que le vent froid.

Du point de vue alimentaire, il faudra éviter les aliments très acides (jus de citrus, vinaigre, sucre). Ne pas surcharger l'enfant d'avoine et de viande rouge. Le Dr. Zur Linden recommande pour soulager les quintes de toux les compresses chaudes sur la poitrine pendant 10 minutes et les applications de cire d'abeille chauffée. On fait fondre la cire d'abeille au bain-marie. On y plonge un morceau de tissu que l'on pose sur la poitrine avant que la cire ne fige. On recouvre le tout de flanelle. Ce cataplasme peut être conservé toute la nuit et être appliqué également sur le dos.

Important: un enfant atteint de coqueluche doit être examiné par un professionnel de la santé avec lequel il faudra rester en contact durant le temps de la coqueluche.

FIÈVRE SCARLATINE

Incubation: approximativement 1 semaine avant la sortie des boutons.

Contagion: dès le début des symptômes jusqu'à la fin de l'éruption (durant cette période, on pourra faire une application de vinaigre des quatre voleurs matin et soir aux autres membres de la famille). Complications si mal soignée: otite et fièvre rhumatismale, chez les enfants fortement carencés en calcium et magnésium. On voit donc ici aussi l'importance de la **prévention** puisque une femme consciente des divers types de métabolisme et du danger des carences en diverses substances naturelles essentielles à la santé peut éviter nombre de complications lors des maladies contagieuses de ses enfants.

Symptômes: difficultés respiratoires, maux de tête, maux de gorge, fièvre et vomissements. 12 à 18 heures après l'apparition de ces symptômes apparaissent les plaques rouges souvent rugueuses et qui ont tendance à se rejoindre. Elles se manifesteront d'abord aux endroits du corps les plus chauds et les plus humides (les plis articulaires et le dos).

Au bout d'un certain temps, la langue pourra être de couleur framboise (en commençant par le bout). Au bout de deux jours après la sortie de l'éruption, la peau commence à peler. L'éruption disparaît après une semaine. Souvent, on remarque que les ganglions lymphatiques du cou enflent.

La fièvre scarlatine présente des formes d'intensité très variables. Il existe des manifestations très discrètes avec légère irritation de la gorge et éruptions légères.

N.B. Si la scarlatine est forte, il peut se produire une desquamation de la peau et dans ces cas il est préférable de rester en contact avec un professionnel de la santé. Il est important que l'enfant boive suffisamment pour que les reins assurent une bonne filtration des déchets.

Recommandations importantes:

1. Alimentation légère: jus à l'extracteur, eau de source embouteillée, potages légers, compotes de fruits, décoctions de céréales (si la température n'est pas trop élevée).

2. Maux de tête: cataplasme de pommes de terre.

3. Recommandations générales: voir rougeole (ne pas donner le bain vinaigré et exclure le point no. 6).

4. Lorsque la peau pèle: bain à la fécule de maïs. Si la peau desquame: bain à la gélatine plus onguent à la vitamine E.

J'ai omis intentionnellement de parler de quelques autres maladies contagieuses d'une part parce qu'il est rare que les enfants souffrent de ces autres affections et aussi parce qu'il serait préférable dans ces cas que l'enfant soit sous surveillance médicale. Mais j'ose préciser, dans un hôpital où l'on accepterait d'ouvrir un département où la médecine naturelle serait appliquée. C'est un de mes projets les plus chers! Mais là encore, il faudrait que cela soit appliqué **selon les règles de l'individualisation et de la manoeuvre thérapeutique.**

J'aimerais donner ici la recette d'une décoction hautement désinfectante inspirée du livre Back to Eden de Jethro Kloss. Cette décoction pourra être donnée aux membres d'une même famille, lors d'une grippe ou d'une maladie contagieuse à raison de 1 à 6 onces (30 à 180ml) de 3 à 5 fois par jour.

Racine de valériane: 1 c. à thé (5ml) comble
Racine de pissenlit: 1 c. à thé (5ml) comble
Hydraste: 3 c. à thé (15ml) comble
Poivre de cayenne: 1 bonne pincée
Herbe à chat: 1 c. à thé (5ml) comble
Écorce de cerisier sauvage: 2 c. à thé (10ml) comble

Porter à ébullition dans 1 pinte (1 litre) d'eau de source et laisser chauffer à feu moyen durant 20 minutes.

Après avoir parlé des maladies contagieuses et de la médecine douce je vous présente deux textes écrits par des parents soucieux d'une alimentation saine et de soins traitant la cause des divers problèmes de santé. D'une part un témoignage signé par un couple, où, il est heureux de constater que le père soutient fortement la mère dans ''l'approche naturiste'', ce qui je l'espère sera un exemple pour plusieurs et d'autre part, un témoignage alliant les traitements de la médecine douce à l'évaluation mise au point par les techniques modernes dans certains cas.

L'approche naturiste

Un sondage sur la santé des Québécois rapporte que les gens fonctionnent jusqu'à 60 ans pour ensuite survivre, malades, les hommes jusqu'à 70 ans, les femmes jusqu'à 78 ans. Les maladies compilées sont, dans l'ordre: mentales, cardiaques et du système digestif.

Sur le plan physique, on souffre au Québec d'artériosclérose, d'angine, de cancer, de diabète, de rhumatisme, d'embonpoint. C'est pour éviter ces maladies de dégénérescence, de stress, de foie abusé et agressé que nous sommes devenus naturistes.

Examinons le panier de provisions de nombreux clients au supermarché: 1 lb de boeuf haché bon marché et bien gras,, 2 pains blancs, 1 sac de croustilles, six bouteilles de liqueurs douces format géant, une boîte de sauce spaghetti, des pâtes alimentaires, 1 boîte de petits gâteaux, de la crème glacée, 1 pot de boisson à l'orange et autres denrées raffinées industriellement et d'usage courant.

À l'encontre de ces produits, nous préférons le pain de blé entier, les pâtes alimentaires de sarrasin, les légumes de saison, la laitue, les carottes, les pommes, le yogourt-maison de chèvre, les succédanés de viande rouge de plus en plus nombreux que sont le tofu, les noix, les oeufs en quantité limitée, le poisson, les fromages maigres, les sucres sous forme de miel ou de fructose, les gras sous forme d'huile d'olive vierge, de tournesol ou de carthame.

Que de précautions, d'abnégations, de privations réclament ces nourritures inhabituelles pourra-t-on m'objecter! Pas du tout, au contraire. Nous avons reçu chez nous, avec les six services traditionnels du grand repas français agrémenté de vin, en utilisant les mets briè- vement mentionnés et nos invités concluaient: chez vous, on mange durant deux heures et on se sent si bien qu'on se demande quel sont vos secrets. Maintenant, vous les connaissez un peu.

Pourquoi ne pas terminer le repas par une tisane menthe-camomille- verveine-tilleul-mélisse que le grand herboriste français Mességué appelle la **tisane bonheur** car elle harmonise les viscères et les humeurs et donne une sensation de calme, de bien-être physique et de perception mentale alerte.

Je pus apprécier l'approche naturiste quand ma mère me signala qu'elle avait dû subitement s'immobiliser et ensuite marcher difficile- ment avec une canne parce que son genou était enflé à cause d'un cartilage usé entre les os du genou. Les spécialistes lui suggèrent de la cortisone et une opération où on remplace le cartilage du genou par un morceau de plastique.

Sachant que ma mère, à 73 ans, fait ses deux milles de ski de fond chaque jour de l'hiver, prend des cours de natation et est active comme jamais, je vois là une urgence absolue et l'approche de la médecine me terrifie.

L'usure de ce cartilage a une origine arthritique et je lui recom- mande d'éviter tout fruit acide, de consommer des jus de légumes à action alcaline comme ceux de carotte, de céleri, et de prendre de la vitamine C, le complexe B et des algues.

Mais ce cas étant un peu compliqué pour ma compétence, je la réfère à un naturopathe diplômé, spécialiste de l'arthrite. Il lui prescrit un diurétique et un dépuratif à base d'herbes, un reconstituant des tissus en plus des conseils que j'ai donnés. En trois mois, ma mère n'a plus besoin de sa canne, monte des marches lentement et après six mois, elle reprend ses deux milles (1 kilomètre) de ski de fond, sans plastique dans le genou, sans les effets assez désastreux de la cortisone et l'or- ganisme en meilleur équilibre général et en meilleure santé qu'avant.

Concetta, une italienne de 46 ans, me dit souffrir d'anémie depuis trois ans et son cas est rebelle malgré les injections de fer de son spécialiste et le foie de veau qu'on lui a conseillé de manger le plus souvent possible, au point où elle est dégoûtée de cet aliment.

Je lui propose ce traitement: tisane dépurative d'une vingtaine de végétaux incluant écorce d'épinette, frêne, merisier, bouleau, etc., un supplément de fer et de cuivre ''chelatés'', de grandes marches chaque jour, éviter les pâtes alimentaires et le pain blanc, consommer les aliments les plus courants qui contiennent de bonnes quantités de fer: abricots, persil, épinards, cresson, brocoli, carottes, pommes et mélasse.

Cette approche lui plaît. Elle décide de laisser de côté les médications de son spécialiste et elle entreprend le traitement que je lui propose avec conviction, trichant quelques fois comme tout le monde pour se faire plaisir, à l'occasion.

À l'approche du test de son spécialiste prévu à tous les trois mois, je suis un peu anxieux. Une semaine après ce test, j'entre dans la grosse épicerie qu'elle gère avec son mari et elle me tend la main en me disant: ''J'ai obtenu 11 sur une normale de 12 pour le fer dans mon sang, alors qu'il restait toujours à 7 depuis trois ans, et je t'en remercie''. Je suis plus surpris qu'elle. Le naturisme a encore marché.

Valérie notre petite fille de 3 ans et demi n'a jamais bu de lait de vache et n'a jamais pris d'antibiotiques. Jusqu'à six mois, elle fut nourrie de lait maternel. De six mois à un an, au lait maternel s'est ajouté du lait de soya, des jus de pommes Délicieuses jaunes et des jus de carotte frais, fabriqués à l'extracteur, plus des fruits, des légumes, du yogourt, du fromage cottage, etc.

Soutenue par tous les suppléments pertinents dès avant sa naissance, nourrie suivant toutes les connaissances diététiques aujourd'hui accessibles, nous avons l'impression que Valérie a développé des cellules nerveuses et musculaires de qualité.

Sans antibiotique, sans télévision, sans viande ou presque, sans pain ou sucre blanc, sans gâterie, comment élever un enfant aujourd'hui?

Ce qui nous angoisse un peu, ce sont les adultes si sympathiques et si proches de nous qui tendent bonbons, chocolats, biscuits, croustilles, sodas, vers Valérie avec un air fasciné, attendri et tentateur.

Ce qui nous encourage un peu c'est Valérie qui mange son muffin de blé entier, miel, raisins, noix, sésame quand les petits amis ont leur portion de gâteau ''Forêt noire'', avec crème glacée, jello rouge, sans que notre fille ne manifeste aucune envie pour ces supposés délices.

Face à la fièvre ou au rhume la solution de facilité usuelle est l'antibiotique, assez dangereux parce qu'il peut rendre les bactéries pathogènes plus résistantes, faire disparaître les symptômes mais déplacer la maladie vers d'autres organes, avec risques accrus. L'approche naturiste est sans danger, elle procure un bon nettoyage de l'organisme. Voici comment nous procédons avec Valérie.

Nous lui donnons des ampoules de vitamine C avec pectine, magnésium (formule de Delbet), et les sels biochimiques #4, #5, #7 et #11 pour renforcer son organisme afin de lutter contre l'infection. Si elle fait une forte fièvre, comme la fois où sa température a atteint 103.5°F (39.5°C), son unique nourriture est de l'eau de source et nous enveloppons ses jambes de "coton à fromage" imbibé de moitié eau moitié vinaigre de cidre, le tout recouvert de polythène, pour faire chuter la fièvre.

Un cataplasme d'argile verte sur le ventre, une tisane de verveine, une bonne sudation de deux ou trois heures sont indiqués quand la fièvre a baissé un peu.

La reprise de nourriture s'effectue par un jus de pomme, de papaye ou de pruneau, coupé d'eau quand la fièvre est faible ou disparue. Une fièvre bien traitée de cette façon brûle les déchets. La clarté du teint, le brillant des yeux et l'énergie déployée par Valérie dans les jours qui suivent témoignent que l'approche naturiste a d'heureux effets sur la santé.

On disait autrefois que le meilleur héritage qu'on puisse laisser à son enfant c'est une bonne instruction. Nous croyons que le meilleur héritage, c'est une bonne santé globale qui se manifeste par de l'énergie, la présence de vitalité, de calme, de concentration et la coordination. Un enfant ainsi pourvu va plus naturellement vers l'acquisition des connaissances.

Valérie, par son niveau de langage, son esprit inventif, ses aptitudes sportives, son expression en dessin, semble confirmer notre conviction.

Georges Blanchet & Denise Lechasseur Blanchet

L'apprentissage de la santé

Je m'intéresse depuis longtemps à tout ce qui touche la santé mais peut-être d'une façon plus intense depuis que j'ai mes trois enfants. C'est la maladie de ces derniers qui m'a poussée à chercher les moyens les plus naturels de les guérir et de les maintenir en santé. Cela ne s'est pas fait tout seul car au début je ne me sentais pas adéquate et je laissais facilement à d'autres la tâche de soigner mes enfants.

Aujourd'hui j'ai acquis le pouvoir de gérer la santé des miens. Je sais mieux harmoniser médecine traditionnelle et médecine naturelle et je suis devenue une adepte de ce qu'on pourrait appeler la **médecine raisonnable.** La médecine raisonnable c'est celle qui se laisse guider par la situation et qui sait faire la part des choses entre le préventif et le curatif.

C'est à la suite de la maladie de Fadelle que j'ai rencontré une naturopathe. Avec elle débuta mon apprentissage d'une nouvelle façon de voir la santé.

J'ai appris depuis, que prendre soin de sa santé doit devenir comme la respiration, un réflexe naturel et vital. Vivre en santé c'est vivre en contact avec soi, c'est-à-dire selon les lois de la nature. Ce n'est pas parce que nous ne sommes pas malades que nous sommes en santé, car la santé est avant tout synonyme de vitalité et cela se reflète dans l'équilibre énergétique tant physique que mental. La médecine naturelle vise à maintenir la vitalité de l'organisme et à lui donner les moyens de se défendre contre les agressions que lui inflige notre mode de vie moderne.

La médecine traditionnelle quant à elle s'attaque à la maladie d'abord et faute de temps et de connaissances laisse la personne dans l'ignorance des causes profondes de son problème. Je veux ici vous faire part de mon évolution par rapport à la santé en vous racontant brièvement comment j'ai soigné mes enfants ces dernières années.

Fadelle

En 1978, Fadelle avait deux ans et demi. Je venais de découvrir qu'elle faisait une infection urinaire qui selon les médecins pouvait dater de la naissance. Il n'est pas rare, paraît-il, de rencontrer chez les enfants de sexe féminin des infections urinaires à répétition. Selon les recommandations du médecin je me mis à soigner Fadelle avec des antibiotiques. Pendant deux ans, elle prit donc des antibiotiques à tous les deux mois pour une période de deux semaines chaque fois. Lorsque je demandais la cause de ces infections on me répondait toujours la même chose: "des milliers, madame, des milliers". Vu mes inquié-tudes, mon médecin résolut de lui faire passer des tests pour malfor-mation. Tout était parfait de ce côté. Cependant, même avec les anti-biotiques, la maladie ne semblait pas régresser. Chaque jour je voyais Fadelle perdre de son entrain. Elle avait le teint gris et je ne voyais pas comment les choses pouvaient s'améliorer.

Je me tournai vers la Providence afin de trouver une solution. C'est ainsi que sur les recommandations d'un ami, je me présentai, anxieuse, chez une naturopathe. Enfin, je me sentais entendue. Il existait des causes à ces infections et nous prendrions le temps de les découvrir ensemble.

Dans un premier temps il fallait s'attaquer aux effets secondaires des antibiotiques qui avaient détruit la vitalité de ma fille. En cherchant les causes de ces infections, nous avons d'abord changé son régime alimentaire, car Fadelle faisait beaucoup d'acidité et nous nous sommes acharnées à reconstruire les défenses naturelles du corps par une médication quotidienne appropriée. Il nous a fallu faire plusieurs essais avant de trouver les éléments auxquels Fadelle répondait le mieux. Jour après jour, je vis lentement ma fille revivre, et reprendre son teint rose que je lui voyais autrefois. J'ai dû souvent me défendre contre mon entourage qui jugeait mes efforts et me condamnait, car je ne me fiais pas aux médecins. Cette résistance je devais la vivre pour conquérir le droit de soigner mon enfant.

La bataille n'est pas encore terminée; mais le chemin parcouru est satisfaisant. Au début elle avait 100 + globules rouges par champ microscopique à l'analyse d'urine. Maintenant les tests indiquent de 0 à 2 globules rouges par champ microscopique. Nous continuons donc les soins avec un plan d'entretien qui permet d'apporter à l'organisme l'ensemble des substances nutritives dont il a besoin pour terminer sa guérison. Aujourd'hui je me considère largement récompensée pour les efforts que j'ai faits lorsque je vois ma fille grandir joyeuse et en santé.

Alexandrine

Entre temps, en janvier 1980, je mettais au monde ma deuxième fille, Alexandrine. Elle présenta très tôt des difficultés respiratoires. Lorsque je consultai les médecins on me disait qu'elle était en parfaite santé et que ces difficultés allaient disparaître avec l'âge. Insatisfaite de cette réponse, je consultai ma naturopathe. Elle me suggéra de changer l'alimentation d'Alexandrine, voyant qu'elle avait des difficultés d'assimilation. À cela nous avons ajouté des sels minéraux etc. Après ce changement de régime alimentaire, tout revint à la normale. Cet incident augmenta ma confiance dans la médecine naturelle.

Un autre événement cependant vint ébranler cette confiance naissante. Le temps arriva pour Alexandrine de se faire vacciner contre la rougeole. Sa réaction au vaccin contre la rougeole fut très vive, (cf: Chapitre ''Questions et réponses'', question no. 21) si bien qu'elle eut la rougeole après avoir reçu le vaccin qui devait l'immuniser. Et ce qui au début nous apparut comme une petite réaction se transforma bientôt à notre insu en pneumonie et ce, malgré les soins naturels que je lui prodiguais sous les conseils de cette naturopathe. La réaction d'Alexandrine au vaccin était si forte que la médecine douce ne pouvait lui venir en aide.

Je me retrouvai donc à l'hôpital pour apprendre que ma fille était très malade. J'avais tardé à amener Alexandrine à l'hôpital. Mes préjugés envers la médecine traditionnelle m'ayant "écartée" momentanément. Nous avons mon mari et moi passé 25 jours à l'hôpital auprès de notre petite fille. Elle eut ses deux ans à l'hôpital... Si petite et si malade! Quelle tristesse!

J'ai réalisé à cette occasion l'importance d'utiliser les techniques modernes de diagnostic pour guider les soins à donner. Je suis donc aujourd'hui réconciliée avec la médecine traditionnelle à laquelle j'allie la médecine naturelle. Par exemple, après le retour d'Alexandrine de l'hôpital, j'ai continué pendant au moins deux mois à l'aider à rétablir son équilibre avec des sels minéraux et des suppléments alimentaires.

Cette expérience m'encouragea à pousser plus loin mes connaissances sur l'organisme humain et ses besoins. C'est ainsi que je me suis efforcée d'observer davantage les enfants et de saisir les changements physiologiques qui pouvaient me donner des informations sur leur santé générale. L'été venu, j'observai chez Alexandrine les symptômes suivants:

— tonus musculaire faible
— jambes légèrement arquées — nonchalance et difficultés à supporter le soleil

En rapportant cet état de fait à ma naturopathe, je découvris que ma fille manquait de vitamine D. Une carence en vitamine D entraîne une carence en calcium. Nous sommes alors dans un cercle vicieux car la carence en calcium affaiblit l'organisme et ainsi de suite. Sa peau réagissait au soleil et Alexandrine ne pouvait pas supporter la lumière vive. Dès qu'on lui donna un supplément de vitamines D et A tout revint graduellement à la normale.

Cette expérience me donna confiance en ma capacité d'observation et me fit comprendre intuitivement que le corps humain fait partie de la nature et est dépendant des lois qui la régissent. Qu'est-ce que la vie voulait m'apprendre par ces expériences? D'abord j'ai mieux compris ma responsabilité de mère. Les petits corps que j'avais formés dans mon ventre, je me dois d'en prendre soin jusqu'au moment où mes enfants pourront par eux-mêmes s'occuper de leur santé. Cette prise de conscience de mes responsabilités au lieu de m'écraser me donne de l'élan car je me dis que si j'ai cette responsabilité, j'ai sûrement les moyens de l'assumer. C'est ainsi que je me redonne à moi-même le droit et le pouvoir de soigner mes enfants. Je comprends que mon rôle est de porter attention à ce qui se passe pour eux et d'utiliser les ressources que m'offre mon environnement pour répondre à leurs besoins.

S'il est un héritage que je veuille laisser à mes enfants c'est celui du respect de la nature, donc de la santé. Je voudrais qu'ils soient reconnaissants de la beauté de la vie, je voudrais leur laisser le goût d'une bonne santé car c'est la porte ouverte sur une activité joyeuse dans le monde.

Ghislaine Cimon-Charest
Montréal

* Mme Cimon-Charest a poursuivi sa démarche. Elle est maintenant directrice générale adjointe (co-fondatrice) de la ''Maison de la vie''.

N.B.: (CF, ail dans les oreilles p. 135)

Si les morceaux d'ail râpé semblent irriter l'intérieur de l'oreille, il faudra les entourer d'un tissu épais (ou de deux épaisseurs de gaze aseptisée) et les laisser dans l'oreille de ½ heure à deux ou trois heures ou plus, selon la tolérance. Car cela peut varier d'une personne à une autre.

8

La trousse des premiers soins
de la médecine douce

La trousse des premiers soins
de la médecine douce

Il devient donc évident que toute famille devrait avoir à portée de la main sa **pharmacie végétale** constituée de graines de lin, farine de moutarde, poudre de caroube, ail, cannelle, son, eau de rose, argile, sans oublier nombre de plantes, de fruits, de légumes et autres aliments.

Certains composés de minéraux, des concentrés liquides de plantes ou des huiles essentielles devront également faire partie de cette trousse pour qui veut utiliser les méthodes naturelles. Voici un résumé des aliments, plantes, sels biochimiques et teintures pouvant constituer la trousse de premiers soins en médecine douce:

Aliments:

Ail, oignon, chou, navet, carotte, concombre, graines de lin, betterave, pomme de terre, huile d'olive, cannelle, piment, melon, poireaux, persil, cubes de bouillon de légumes, riz brun, citron, piment vert, etc.

* Il est difficile d'avoir à la maison toute la variété des légumes ''soignants'' mais on peut facilement se les procurer lorsque nécessaire.

Divers: comprimés de bactéries de yogourt, teinture de rhizome de tormentille (voir informations sur la diarrhée), algues marines (comprimés), baume de tigre, vinaigre des ''quatre voleurs'', argile verte, argile blanche, son, lierre grimpant, moutarde en poudre, onguent à la vitamine E, gel à l'aloès, eau de rose, eau de fleurs d'orangers, poudre de caroube, vinaigre de cidre, huile d'amande douce, huile St-Jean (millepertuis), comprimés d'écorce de saule, petit lait (lactosérum), sachets d'algues micro-éclatées (bain), gros sel de mer (bain), gomme de myrrhe (liquide), hydraste du Canada, enzymes de papaye, chlorophylle liquide ou en comprimés, vitamine C (avec pectine) en ampoules, comprimés de vitamine C acérola 300mg, comprimés d'ail et persil, gomme de sapin, gomme de pin ou sirop de sapin, teinture de rudbeckie (échinacea), teinture de raifort, teinture de plantain, sels biochimiques numéro 4, 11, 12 (idéalement les avoir de 1 à 12), coton à fromage, bouillotte, petite poire pour aspirer les sécrétions nasales (bébés), sac à douche vaginale, poire à lavement, bain de siège, bandes de draps et flanelle, morceaux de draps et flanelles de formes triangulaires, extracteur de jus, bols en bois, cuillères de bois, etc...

Plante en vrac: Thym, romarin, verveine, herbe à* dinde, boldo (ou sachets d'herbes mélangées pour le foie), anis étoilé, fenouil, verge d'or, bourdaine, ortie, bois de réglisse, vigne rouge, valériane, prêle, etc...

* Achillée-millefeuille.

215

Simone Weil, ministre de la Santé en France, il y a quelques années, avait émis cette idée fort intéressante: **"Il faut que parallèlement à la médecine d'urgence fonctionne une médecine de savoir-vivre directement reliée au savoir manger"**. Elle avait vu juste!

Cette **médecine parallèle** et essentielle est celle de la vie de tous les jours. La trousse de premiers soins est donc en quelque sorte celle qui nous est offerte par la nature. Et bien utiliser les aliments de toutes sortes (y compris les plantes, l'oxygène et le soleil) permettra également à notre **pharmacie biologique** de bien fonctionner. Un corps en santé ne possède-t-il pas sa propre trousse de premiers soins. Notre corps produit des anticorps, des globules blancs etc. Diverses substances qui peuvent nous protéger dans de multiples cas d'urgence!

9

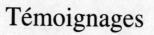

Témoignages

Lisons encore quelques "expériences vécues" avant de parler de façon plus précise du sang. Voici six témoignages très intéressants.

- Le cheminement vers les soins naturels d'une ancienne puéricultrice qui a voulu un jour essayer quelque chose de différent.

- L'expérience d'une personne ayant un tempérament neuro-arthritique et les soins naturels qu'elle apprit à prodiguer à son fils.

- L'expérience d'une femme qui a appris à connaître et entretenir la vie. Et qui aujourd'hui sait ce que signifient médecine douce et féminité.

- Le témoignage d'une femme ayant souffert d'hypoglycémie. Guérie et fortifiée grâce aux méthodes naturelles de santé, elle est maintenant mère de trois enfants. Consciente de l'importance de l'allaitement maternel elle élève ses enfants et les soigne naturellement afin d'en faire des enfants sains, sachant l'importance d'une alimentation adaptée à leurs besoins, c'est-à-dire à leur métabolisme et à leur bagage héréditaire.

- Le changement de mode de vie d'une ancienne infirmière avec spécialisation universitaire en "hygiène publique", qui a vu sa santé générale s'améliorer de façon tangible.

- La prise de conscience d'un homme, père de deux enfants, face à l'alimentation naturelle et à la médecine douce.

Je suis heureuse car j'oublie la maladie

J'aimerais raconter comment j'en suis venue au naturisme. À l'âge de dix-huit ans, j'étais en pleine forme. Je décidai d'aller suivre un cours de puériculture dans un hôpital de Montréal. Je travaillais auprès des enfants et pour éviter la contamination, je devais porter un masque chaque fois que j'avais le rhume. Une visite au bureau de santé était aussi nécessaire et on me prescrivait des antibiotiques. Les rhumes étaient plus fréquents, car j'étais de plus en plus faible. J'avais aussi plusieurs autres problèmes, et à l'âge de trente ans j'avais:

— Les deux seins pleins de kystes.
— Mes menstruations étaient pénibles, accompagnées de pertes brunes qui duraient une semaine.
— Démangeaisons et rougeurs au niveau de la vulve.
— Douleurs aux jointures (début d'arthrite).
— Cellulite aux cuisses et aux bras.
— Urine concentrée (forte) en petite quantité et souvent.
— Constipation trois jours et diarrhée la journée suivante.

— Langue blanche et crevassée.
— Maux de tête fréquents à l'ovulation, avant et après les menstruations.
— Vomissements fréquents spécialement lorsque je mangeais des plats aux tomates (pizza, lasagne, spaghetti, etc).

Je ne savais plus que faire; j'avais maigri de 15 livres. Je suis allée voir un médecin pour prendre du poids. Il m'a trouvée très nerveuse et m'a fait prendre des pilules qui m'étourdissaient et me rendaient malade. J'ai aussi consulté un gynécologue à deux reprises, qui n'a rien trouvé d'anormal et m'a conseillé de me marier, que cela règlerait tous mes problèmes!

Je travaillais toujours en milieu hospitalier; j'étais épuisée, je pleurais souvent et ma plus grande peur était d'avoir le cancer (à cause des kystes aux seins). J'avais décidé de travailler beaucoup, me ramasser le plus d'argent possible, aller dans un pays étranger pour mourir sans que ma famille me voit dépérir. J'était découragée.

Une compagne de travail, voyant mon état, m'a conseillé d'aller voir un naturopathe. À cette époque, je ne savais pas ce que c'était un naturopathe et je n'y croyais absolument pas. Étant au désespoir je décidai d'essayer, car j'étais allée voir plusieurs médecins sans résultat valable. Cette décision a été la plus bénéfique de toute ma vie. Avec l'aide du naturopathe, j'ai commencé à me désintoxiquer et à retrouver la santé jour après jour. Je revenais à la vie, tout était beau autour de moi; je voyais la vie en rose.

J'ai lu plusieurs livres sur le sujet tout en en parlant avec ma famille, puis mon frère a commencé à s'y intéresser. Ensemble, nous avons aidé notre mère à se débarrasser de son arthrite et mon père de l'urticaire qui accompagnait sa fièvre des foins chaque année en août. Ma mère a 69 ans et mon père en a 80. C'est en suivant les règles de base naturistes et en sacrifiant quelques douceurs que nous avons réussi à améliorer de beaucoup notre santé et vivre une vie agréable.

Aujourd'hui j'ai 42 ans, je suis mariée et mère de deux enfants; une fillette de 6 ans et un garçon de 2 ans. J'ai allaité mes deux enfants assez longtemps et n'ai jamais eu aucune douleur aux seins. Tous les kystes que j'avais ont mis quatre ans à se résorber complètement sans douleur et je n'ai jamais eu d'opération.

J'ai encore un peu de cellulite à faire disparaître, mais après deux grossesses cela se comprend. J'essaie d'élever mes enfants avec les méthodes naturelles le plus possible. Je suis naturiste à 80% environ. À l'occasion, j'ai de petits problèmes mais ce n'est rien à comparer à tous ceux que j'ai eus avant. Je trouve difficile de discuter avec les gens de naturisme, car la plupart sont pour la médecine allopathique. Tout est à refaire, changer notre façon de vivre, de s'alimenter, nos habitudes, notre façon de soigner enfants et adultes, etc.

Ayant travaillé assez longtemps en milieu hospitalier, je suis souvent en conflit avec moi-même. J'ai déjà essayé de retourner à la médecine conventionnelle, mais j'ai été déçue et suis revenue vite au naturel.

Nous avons vécu dans un autre pays durant quelques années, ma fille a fait deux infections urinaires qui ont été traitées avec des anti-biotiques. À la troisième infection urinaire deux mois après, j'ai décidé de consulter une naturopathe et elle n'en a jamais fait d'autre depuis!

Ma famille et moi-même croyons fermement que c'est avec les méthodes naturelles de santé que nous pouvons aider notre corps à demeurer en santé. Je suis satisfaite d'avoir découvert le naturisme en 1971, et c'est parce que, un jour, j'ai voulu essayer autre chose de différent. Je suis heureuse, car j'oublie la maladie et je pense santé!

Rose-Hélène Borduas
St-Hubert

À chacun son expérience

Je suis arthritique! Cette maladie, difficile à vivre, je l'accepte maintenant comme faisant partie de ma route, comme une compagne qui m'aide à m'arrêter, à me remettre en question, à faire mes choix.

C'est difficile à vivre quotidiennement bien sûr, car l'arthrite ne tarde pas à se manifester lorsque je néglige l'un ou l'autre des aspects qui l'éveille soit: le stress ou l'alimentation inadéquate. Cependant cette maladie est pour moi un outil précieux car elle fut et est encore une lumière sur ma route.

Dès les premiers symptômes de l'arthrite je résistais à tout ce qui était médicament et je les prenais car les douleurs étaient intenses, mais avec peur, tristesse et révolte. Ils me soulageaient mais ne réglaient rien de la maladie. J'en étais convaincue. Je me voyais dans un "cul de sac" et je ne pouvais m'y résigner. J'était intérieurement persuadée que j'avais moi-même créé cette maladie et que si j'en trouvais la cause profonde je pouvais la guérir.

Ma formation dans les sciences humaines m'amena à toucher à toute la dimension phychosomatique de cette maladie: la psycho-thérapie entreprise à ce moment s'avéra des plus utiles; ce fut un long voyage à l'intérieur de moi-même. Je dénouai, en cours de route les noeuds fondamentaux de ma vie émotive et j'appris à m'apprécier telle que j'étais. J'avais choisi de naître, de vivre cette vie et c'est en santé que je la vivrais. Mon corps serait amicalement à mon service pour m'aider à vivre ma vie, mon idéal: la pleine réalisation de l'être que je suis!

Suite à mon hospitalisation, ma détermination était si grande, ma conviction de pouvoir vivre heureuse et en santé et ma confiance en une force plus grande que la mienne étaient si intenses que chaque jour m'apportait du support et des réponses à mes recherches.

C'est ainsi que j'entrepris de redonner à mon corps son énergie physique en douceur par l'anti-gymnastique (Le corps a ses raisons de Thérèse Bertherat). Pendant un an je suivis des ateliers de gymnastique douce. Puis afin d'aller plus en profondeur dans la reconstruction de mon corps blessé par tant de négligence j'entrepris une démarche qui dura deux ans en physiothérapie méziériste. Quelle force j'y retrouvais, mois après mois.

Pourtant, au cours de ces étapes et dès les premiers symptômes de ma maladie je savais grâce à une sensibilisation par mon entourage que je me nourrissais d'une façon peu conforme aux besoins de mon organisme. Ce fut un changement des plus difficiles à réaliser. Aller en thérapie, physiothérapie, prendre du repos, ralentir mon rythme de vie, changer graduellement plusieurs valeurs furent très exigeants mais changer mes habitudes alimentaires fut toute une épreuve digne d'un chevalier ou d'une princesse, comme dit si bien mon fils!

Me rediscipliner, afin de pouvoir nettoyer mon organisme qui s'était doucement mais sûrement ''encrassé'' et aussi changer ma façon de voir l'alimentation, ne se firent pas sans détachement. Je n'avais pas le choix car ce que je gagnais par les thérapies, je le perdais par une alimentation inadéquate. Mon corps réagissait de plus en plus par de l'eczéma, de l'insomnie, des maux de ventre, etc. C'est ainsi que j'ai arrivai à la naturopathie. J'avais besoin d'un guide, d'un support, une amie m'y amena.

Je m'entrepris donc doucement, jour après jour, fermement décidée à ne plus retomber dans le gouffre de la crise aiguë qui pendant des mois m'avait fait souffrir à un point tel que je n'avais plus envie de vivre. Au début, j'ai dû écrire tout ce que je mangeais quotidiennement afin d'en faire l'analyse. Puis je procédai à l'élimination graduelle de certains aliments dommageables pour mon organisme. Ce fut la guerre à l'acidité et la recherche à l'alcalinité.

Au fur et à mesure que certains aliments disparaissaient, j'en intégrais des nouveaux. J'apprenais à les aimer, à les cuisiner avec l'aide de livres sur l'alimentation végétarienne (sans pour autant l'être) et des conseils d'amies qui me soutenaient dans ma démarche. Petit à petit mon garde-manger et mon réfrigérateur se transformèrent. Je me dépouillai de tout ce qui était médicaments, aliments en boîte, épices, sucre raffiné, farine, viande rouge, boissons gazeuses, pâtisseries commerciales, etc., pour faire place à des fruits alcalins, à des légumes de toutes sortes, au miel, à la farine de blé, aux pâtisseries-maison, aux pâtes alimentaires de blé et de soya, au tofu, aux noix, aux tisanes variées, au riz brun, au millet, à l'orge, etc.

Je suivis avec beaucoup d'intérêt des cours de premiers soins par les méthodes naturelles donnés par une naturopathe. Ce fut le point tournant de ma transformation. Pouvoir me soigner et soigner mon fils sans aspirine, sirops médicamentés et surtout sans antibiotique à la moindre amygdalite, voilà ce à quoi j'aspirais depuis fort longtemps. Le changement a débuté il y a deux ans et j'en suis des plus heureuses. J'ai donc appris à utiliser divers éléments de la médecine douce.

Cataplasme de pommes de terre pour les maux de tête, cataplasme d'argile pour les maux de ventre, la fièvre, les douleurs arthritiques, cataplasme de graines de lin pour les bronchites, tisane de thym pour les rhumes, sel #4 (phosphate de fer), ampoules de vitamine C avec pectine, magnésium pour les grippes, levure, chlorophylle, rutine pour aider à l'élimination des toxines amies de l'arthrite.

Voilà "entre autres" ce qui constitue ma pharmacie! J'ai eu l'occasion d'expérimenter les soins par ces méthodes naturelles et ça fonctionne. Je me rappelle d'ailleurs que ma mère soignait mes grippes par des tisanes **d'herbe à dinde,** * des cataplasmes de moutarde, des bains chauds. Nous devions prendre des médicaments mais je n'en ai qu'un vague souvenir tant ces soins étaient réconfortants et efficaces.

Bien sûr, il faut du temps, bien sûr c'est plus exigeant que d'avaler 3-4 aspirines, et d'ingurgiter des antibiotiques pendant 10 jours sans rien faire d'autre. Mais la guérison est tellement plus sûre (si l'équilibre de vie et la bonne alimentation accompagnent les soins) et la satisfaction de prendre réellement soin de son corps tellement plus grande!

Mon fils apprécie cette nouvelle façon que j'ai de le soigner. Quel enfant n'apprécie pas que maman prenne le temps de les dorloter, le frictionner, lui servir bouillon, tisane, lui appliquer bouillotte, cataplasmes quand son petit corps fatigué est en détresse. Le réconfort apporté par cette façon de soigner est si précieux pour aider la fièvre à faire son chemin et à s'en aller doucement en laissant l'organisme renforcé après un tel combat.

* Achillée-millefeuille.

Graduellement, une harmonie s'installe car l'alimentation vient si bien supporter cette façon de soigner les petites défaillances de l'organisme. Nous savons maintenant à la maison que dès qu'un rhume se manifeste, les produits laitiers, les féculents et les aliments sucrés sont enrayés pour quelques jours. Les bouillons, soupes avec légumes, tisanes délicieuses de thym et de verveine, les jus de santé (carotte, céleri, concombre, pomme) prennent tous la place et agréablement.

Grâce à une alimentation plus saine et à l'élimination de produits pharmaceutiques à effets secondaires néfastes, les amygdalites, les gastro-entérites, les otites, les grippes répétées qui n'en finissent plus n'habitent plus avec nous. Bien sûr elles frappent à la porte de temps à autre, l'accueil est aimable... car elles sont des indicatrices de négligences, mais nous avons tôt fait de leur faire tirer la révérence...!!

Il y a environ un an, mon fils de sept ans en vacances à l'extérieur de la maison contracta un virus et souffrit pendant près d'une semaine d'une très forte diarrhée avec fièvre. Il ne put rien manger pendant quelques jours. Pour le soigner ses hôtes, de bonne foi, lui donnèrent des produits médicamentés connus en vue d'arrêter la diarrhée et la fièvre. Les médicaments furent efficaces. À son retour à la maison tous les symptômes avaient disparus bien qu'il fût fatigué et sans appétit. Quelques jours plus tard, les maux de ventre, la diarrhée et la fièvre reprirent de plus belle. Constatant que la cause physique profonde de son malaise n'était pas enrayée, j'entrepris de le soigner avec des produits naturels. Le menu fut donc:

— crème de légumes pendant deux jours.
— cataplasme d'argile sur le ventre pour soulager maux de ventre et fièvre.
— gouttes de concentrés de plantes pour diminuer la diarrhée, capsules de yogourt pour refaire sa flore intestinale et bien sûr bien au chaud dans son petit lit avec la présence de maman pour le dorloter.

Deux jours plus tard tout était revenu dans l'ordre. Il recommença à se nourrir normalement très graduellement et les comprimés de yogourt ne furent pas oubliés pendant près de deux semaines, histoire de redonner à sa flore intestinale son équilibre. Depuis ce temps aucun problème, lui qui était sujet à des diarrhées depuis sa naissance. Il faut dire que notre façon de nous alimenter, et de vivre avec plus de calme permettent un meilleur équilibre physiologique.

Découvrir l'art de soigner sans créer un déséquilibre est pour moi des plus passionnants. Je suis continuellement aux aguets de tout ce qui peut contribuer à **embellir notre santé.** Je fais de plus en plus confiance à ma capacité de savoir ce qui est bon pour moi. Ma santé est importante et ma maladie aussi, je dois prendre soin des deux, car l'une est dépendante de l'autre.

Voilà pourquoi j'apprécie cette maladie qui me surprit il y a cinq ans maintenant. Elle correspondait à la fois à un déchirement et à une naissance. Ce qu'elle m'apporta de plus précieux fut une ouverture spirituelle. Cela m'amena à découvrir qui j'étais, pourquoi je vivais, le sens de ma vie, le sens de la Vie. Ce fut donc le début, disons d'une longue histoire d'amour qui aboutit entre autre à une prise en charge réelle de mon être, de ma santé. Je sais maintenant que ma santé m'appartient, que j'en suis responsable et libre de m'en occuper ou de la laisser à d'autres. Le monde médical est précieux. Malheureusement nous avons tellement maltraité notre corps que nous en sommes venus à déformer sa raison d'être, ce qui nous amena dans un cercle vicieux où l'on craint de perdre sa santé et l'autre son pouvoir.

Pour notre part, nous devons prendre en main notre santé et travailler de pair avec le monde médical plutôt que de nous y abandonner. Nous devons travailler à redonner à notre corps sa place, son rôle, sa force. Recréer la santé nous appartient et peut-être principalement aux femmes, car **prendre soin** relève de la féminité profonde. L'intuition féminine avec tout ce que ça suppose d'écoute, d'ouverture, de délicatesse, de pureté, est essentielle pour redonner à notre être un corps sain au service de la Création.

Bonne santé!

Michelle Lettre
Montréal

"Connaître et entretenir la vie"

Il y a huit ans déjà, en lisant un livre de Martin Gray <u>Au nom de tous les miens</u> je fus touchée par la façon dont la femme de Martin Gray et M. Gray ont décidé de se préparer à avoir des enfants. Elle, c'est son deuxième mariage. Elle n'a jamais eu d'enfants; quant à Martin Gray c'est son plus cher désir. Alors, dès le début de leur union, sa femme rencontre un médecin qui lui dit que pour avoir des enfants, elle devra subir un traitement hormonal et peut-être une opération. Ils ne veulent pas avoir recours à ces moyens. Par l'entremise d'une amie, sa femme entend parler d'un médecin soignant par le jeûne et une nourriture naturelle et végétarienne. Enfin, ils ont trouvé un espoir.

Ils cessent tous les deux de fumer, renoncent à la viande, au sel, etc. Ils commencent ensemble un jeûne à la clinique de ce médecin. Le jeûne de Martin Gray dure 38 jours et le jeûne de son épouse dura

15 jours. Un mois plus tard, elle était enceinte. Ils avaient fait confiance à la nature. Cette belle histoire éveilla en moi le désir de consommer des aliments naturels et d'être mère à nouveau. Mon mari et moi n'avions plus beaucoup d'espoir d'avoir d'autres enfants. J'avais une fille de 9 ans à ce moment-là. J'avais vu plusieurs médecins et j'avais même accepté d'être hospitalisée durant deux semaines pour subir des examens de toutes sortes. Pourtant, à la suite de tout cela, j'étais encore vis-à-vis de rien. On n'avait pas trouvé ce qui n'allait pas. Le seul moyen c'était semble-t-il de prendre des hormones très fortes et je n'en voulais pas. Je décidai donc d'opter pour une solution plus naturelle et je commençai à lire plusieurs ouvrages sur le sujet. Avec l'aide d'un naturopathe, j'ai revu mon alimentation et quelques mois plus tard, j'étais de nouveau enceinte. C'est à ce moment que je fis la connaissance d'une naturopathe ayant publié un livre traitant des facteurs naturels de santé et de la femme enceinte. Elle me guida de ses précieux conseils, tout au long de ma grossesse. Je m'inscris alors à des cours d'alimentation naturelle et à des cours de premiers soins par les méthodes naturelles. Et voilà qu'arrive le temps de l'accouchement. Un beau petit garçon est né!

Durant les trois premières années, aucun problème de santé. J'ai dû recommencer à travailler par la suite et j'ai fait garder mon fils. L'alimentation n'était plus la même et l'enfant se mit à faire des amygdalites à répétition. Je le soignais du mieux que je pouvais mais les amygdalites revenaient car l'alimentation devait être corrigée. La dernière fois qu'il fit une amygdalite, un médecin m'annonça que c'était sérieux car les ganglions étaient très enflés. L'intérieur de la gorge était plein de petites têtes blanches et il conseilla l'opération en plus de prescrire des antibiotiques. Alors j'ai décidé de rencontrer à nouveau cette naturopathe. Je suivis ses bons conseils en appliquant des cataplasmes d'argile sur la gorge et en lui faisant prendre des ampoules de vitamine C avec extrait pectique de pulpe d'orange, sans oublier la chlorophylle. Ce traitement fut très efficace et l'enfant fut complètement guéri. Cela fait déjà trois ans et il n'a pas subi d'opération.

Et puis il y a le cas de ma fille: à l'âge de quatorze ans, elle a eu la mononucléose. Elle était vraiment mal en point. Elle fut examinée à deux cliniques médicales et après lui avoir fait passer des tests de sang tous me répétaient qu'il n'y avait rien d'autre à faire que prendre du repos. Elle ne pouvait se tenir debout plus d'une minute, tellement elle était faible. Ses ganglions étaient très enflés. Elle pouvait à peine avaler une gorgée de liquide et sa gorge dégageait une très mauvaise odeur. Je ne pouvais croire qu'il n'y avait rien à faire. De nouveau je rejoins cette naturopathe et lorsqu'elle me confirme qu'il y a quelque chose à faire pour soigner ma fille, je vais la rencontrer. Nous commençons le traitement: jus à l'extracteur, forte concentration de vitamine C, capsule de poivre de cayenne, chlorophylle, etc. Et voilà qu'au bout de 5 jours de ce traitement suivi sérieusement, ma fille retrouva ses forces. Elle était vraiment bien. Un vrai miracle de la nature!

Je termine mon témoignage en ajoutant ceci: je crois que la femme a une place très importante dans le domaine de la santé et cela, hors du "système médical" que l'on connaît. Son rôle est d'entretenir la vie. La femme ressent la vie. Elle doit servir de guide car, de nature, elle est très intuitive et plus humaine. Il y a toujours eu des sages-femmes, des femmes qui dans la vie quotidienne soignaient par des moyens naturels. Elle soignaient leur famille et leurs enfants. Elles étaient des médecins non reconnus. Pour moi la femme doit reprendre sa place en ce domaine afin d'entretenir la vie.

Véronique Gagnon
Montréal

Des enfants sains de corps et d'esprit

Il y a dix ans déjà, j'ai commencé à m'intéresser à une façon de mieux vivre. Ceci fut déclenché par une émission radiophonique dans laquelle un naturopathe vantait les mérites du naturisme. N'étant pas satisfaite de mon état de santé qui de jour en jour se détériorait, et étant très déçue de l'approche actuelle de la médecine allophatique, je décidai alors que je n'avais rien à perdre en tentant ma chance avec une médecine plus naturelle.

Effectivement, ayant pris contact avec un naturopathe, on découvrit que mon problème de santé se résumait à **l'hypoglycémie.** On effectua alors une désintoxication d'usage à l'aide de produits vitaminés et minéralisés et d'un régime approprié. On réussit à contrôler cette hypoglycémie et aussi simple que cela puisse paraître, on m'apprit à bien manger et à différencier les aliments morts des aliments vivants, à lire les étiquettes avant d'acheter et à faire un choix plus judicieux des combinaisons alimentaires. Me sentant beaucoup mieux, cela me donna le goût d'avoir des enfants, chose que je n'aurais jamais pensé avant étant donné l'épuisement continuel dont je souffrais.

J'ai eu effectivement trois enfants. Je les ai allaités tous les trois jusqu'à l'âge de un an en faisant appel aux suppléments de vitamines naturelles. Parce que l'allaitement puise énormément dans nos réserves, je pris des suppléments afin d'éviter les carences et aussi pour stimuler la lactation. L'allaitement est un gage de succès face aux problèmes post-partum. On a trop souvent mystifié l'allaitement. Les mamans sont toujours inquiètes face à un premier allaitement. Moi je pense que si l'on est bien nourrie et que l'on veut vraiment allaiter, il ne peut y avoir de barrières. Un bon naturopathe peut servir de guide à ce moment. J'eu durant l'allaitement du premier enfant un problème de peau qui fut résolu au bout de quelques mois avec un traitement naturel approprié.

J'élève mes enfants avec les concepts du naturisme et je sais qu'en leur donnant le maximum de moi-même, je réussirai à en faire des enfants forts et sains de corps et d'esprit.

Aujourd'hui trop de couples sont réticents à l'idée d'avoir plus d'un enfant. J'ai eu mes trois enfants de façon naturelle sans complications d'aucune sorte. L'allaitement, je le dis souvent, c'est pour les femmes paresseuses: pas de biberons à préparer et c'est meilleur pour le bébé. Après l'accouchement du dernier enfant je me sentais un peu plus faible. Je pris alors un tonique naturel qui donna des résultats évidents au bout de quelques semaines. La prise de sang était très concluante à ce niveau. Mon taux d'hémoglobine était nettement plus élevé. Je pense que tout ceci est très motivant et que le fait d'être capable d'engendrer des enfants et d'en faire des êtres forts, conscients et sains fait que la vie vaut la peine d'être vécue. Soyons respectueux des règles de la nature; bien sûr il y a bien quelques concessions à faire mais cela en vaut le coût.

Ordinairement, les femmes durant la grossesse font très attention à leur alimentation et s'abstiennent de cigarettes et d'alcool, mais ce qu'elles oublient c'est que la grossesse se prépare plusieurs années à l'avance et que l'état de santé de la femme et de l'homme influence également le développement du foetus. De là l'importance de la désintoxication avant la grossesse et d'une saine alimentation de la part de l'homme et de la femme.

Il ne faudrait pas oublier la marche quotidienne qui est très importante pour l'équilibre psychologique et physiologique parce qu'elle détend, qu'elle oxygène le sang et fait fonctionner tous les muscles. Voilà un exercice qui est très facile à exécuter et qui apporte beaucoup à celui qui le pratique.

En conclusion, le naturisme m'a apporté beaucoup. Je pense qu'il faut faire confiance à la nature. Le naturopathe est là, il faut savoir s'en servir.

Louise Pellerin
Lorraine

Un changement de mode de vie

C'est avec joie que je rends aujourd'hui témoignage des beaux résultats que j'ai obtenus grâce à ma conversion au naturisme à l'aide de la compétence d'une naturopathe. Il me paraît tout naturel et même impérieux de tenter de partager mon heureuse expérience avec ceux et celles qui cherchent désespérément la voie à suivre pour obtenir une guérison ou pour améliorer une santé chancelante.

Disons, au départ, que je suis infirmière licenciée avec spécialisation universitaire en ''Hygiène publique'' et que j'ai oeuvré plus de trente ans dans cette voie. Si je fais part de ces détails c'est que j'ai des notions plus élargies en anatomie, physiologie et pathologie que le commun des mortels et qu'ayant côtoyé et observé les membres de la profession médicale pendant autant d'années, j'ai été en mesure de les voir à l'oeuvre. Mais mon rôle ne consiste pas à décrire les méfaits de la médecine moderne, ni à me prononcer sur ce qui m'apparaît comme une grande faiblesse de cette dernière, soit de s'en prendre trop souvent aux effets de la maladie plutôt que d'en traiter les causes.

Il y a quatre ans, lors d'un examen visuel de routine, un excellent ophtalmologiste de Montréal dépista une augmentation anormale de la pression interne de mes deux yeux. Ceci constituait une menace de glaucome éventuel. Or chacun sait que cette affection peut entraîner une diminution du champ visuel allant parfois jusqu'à la cécité. Mais comme la science médicale semble ignorer le rapport entre les yeux et l'organisme humain dans sa totalité, le spécialiste, au lieu de pousser son investigation pour connaître les causes de mon affection, se contenta de me garder sous observation en me donnant un rendez-vous dans six mois.

Les six mois écoulés, ayant quitté Montréal, je pris un rendez-vous au centre hospitalier de mon voisinage ou, un autre ophtalmologiste constata le même phénomène. Pas plus que le premier il ne me questionna sur mes habitudes de vie et sur ma façon de m'alimenter. Bien pire lorsque je lui demandai s'il y avait quelque chose à faire pour améliorer mon sort, tel que cesser de fumer ou prendre un repos, il me répondit simplement que cela n'avait aucun rapport avec la pression oculaire et que, par conséquent il m'était inutile de me priver pour rien.

Pourtant, à cette époque, je menais une vie absolument anarchique. Faire bonne chère, ingurgiter apéritifs, vins de table et digestifs et fumer comme ''une cheminée'' (une quarantaine de cigarettes par jour et des plus longues) étaient chose naturelle pour moi. De plus, il était rarement question de repos et de détente. J'étais submergée par le travail et les responsabilités professionnelles. Je recevais beaucoup et traitais "grassement" mes invités qui me rendaient du reste mes politesses. M'affairant sans répit entre une maison de ville et un chalet dans les Laurentides, j'étais entraînée dans un tourbillon sans fin. Ignorant une toux persistante due aux cigarettes que je calmais avec des pastilles, des fréquents maux de tête que je soignais avec des aspirines (quatre à la fois), des brûlures d'estomac calmées par des antiacides et des saignements abondants lors d'extractions dentaires, je continuais à vivre ainsi en me gardant bien d'y changer quoi que ce soit. Pourtant je me rends compte maintenant combien ma résistance physique diminuait de jour en jour; la fille pleine d'allant et débordante d'activités que j'étais au départ s'abrutissait toujours davantage!

J'en étais là lorsqu'on est venu m'apprendre que je souffrais d'une pression oculaire pouvant, plus tard, causer la cécité. Craignant le pire, j'étais déterminée à faire l'impossible pour améliorer mon sort. Par bonheur j'avais une soeur traitée depuis deux ans par une naturopathe. Grande migraineuse, ayant consulté plusieurs médecins sans résultat, elle s'était très vite senti délivrée de ses affreux maux de tête grâce à un diagnostic sûr et un traitement alimentaire approprié.

Les résultats obtenus par ma soeur Marie m'incitèrent à demander à être reçue par sa naturopathe. La première rencontre m'inspira immédiatement confiance et me poussa à suivre cette nouvelle voie.

Ce fut la première année de traitement qui m'imposa le plus de sacrifices. Il me fallait réapprendre à vivre et à m'alimenter. Cesser à la fois de fumer la cigarette, d'absorber de l'alcool et ne manger que des aliments simples. Ne manger que des viandes maigres et des poissons au court-bouillon. Éviter tous les aliments à réaction acide dans l'organisme. Boire des tisanes, des jus de légumes frais, prendre des suppléments alimentaires et proscrire de ma diète tout aliment ou toute préparation alimentaire contenant des additifs chimiques.

Heureusement que mes efforts et mes privations étaient largement compensés par des résultats étonnants. En effet, trois mois à peine après le début de mon traitement, le spécialiste constate, à ma visite de contrôle, et sans bien sûr que je ne le mette au courant de ma conversion au naturisme, un progrès sensible.

Il s'est écoulé deux ans depuis le début de mon traitement et mon état général s'est amélioré d'une façon tangible. Je ne tousse plus, mes maux de tête ont cessé ainsi que mes brûlures d'estomac. Mon temps de coagulation est redevenu normal, ce que j'ai été en mesure de vérifier le mois dernier lors d'une extraction dentaire. Je dors beaucoup mieux qu'avant et chose merveilleuse, ma fatigue chronique est disparue. Grâce au naturisme j'ai appris à me mettre à l'écoute de mon corps.

Si parfois il m'arrive de déroger à mes bonnes habitudes alimentaires, je m'en rends compte le jour même ou le lendemain en général. Cette cloche d'alarme me permet de réaliser que je ne dois plus retomber dans de mauvaises habitudes alimentaires et me confirme, à chaque fois, que j'ai trouvé le bon chemin.

Hermine Lapierre
Val Morin

Mon choix: l'alimentation naturelle

J'ai commencé à prendre conscience de l'alimentation naturelle et de l'existence des médicaments naturels en 1974 lorsque Jeannine, ma femme, était enceinte de trois mois. Elle avait une grippe depuis le mois de septembre, nous étions rendus en novembre et cette grippe était soignée aux antibiotiques aux 10 jours et toujours pas guérie.

C'est une amie qui nous a recommandé une naturopathe. En suivant les recommandations naturopathiques, dans les deux semaines qui suivirent la grippe disparut. Nous avions à ce moment-là commencé quelque chose qui m'a conduit à être plus à l'écoute de mon corps. Ce fut très difficile pour moi car j'avais pris pour acquis que bien manger veut dire se remplir à ras bords. Par exemple, je mangeais une petite pizza ''garnie'' au moins une fois par semaine. Je me faisais des déjeuners copieux: 2 oeufs, ½ livre de bacon, six rôties (pain blanc), 1 verre de vin rouge; voilà pour un déjeuner le dimanche! Tout ceci a disparu après trois ans de vie en milieu naturel (jus, salade).

J'ai souffert le martyr lorsque le midi au travail, je mangeais ma salade et qu'il y avait quelqu'un qui mangeait une pizza. J'ai appris que mon corps est vivant et que je dois choisir d'y introduire des aliments vivants et naturels. Dans mon cheminement ce fut pour moi une étape importante d'avoir nettoyé mon corps d'aliments qui l'endormaient. Je continue maintenant d'en prendre soin selon mes choix et ceci m'a conduit à une autre prise de conscience qui est la connaissance de mon moi véritable. Et aujourd'hui, même si je suis seul avec mes filles, mon choix reste l'alimentation naturelle et les soins naturels.

Réjean Dubois
Longueuil

Après avoir pris connaissance du cheminement de toutes ces personnes dans le domaine de la santé, parlons un peu du sang.

10

Le sang

Le sang ce **suc tout particulier** disait Goethe, est un précieux liquide, cela est évident. Je crois qu'il est nécessaire de s'y attarder un peu plus afin de comprendre jusqu'à quel point le sang contient non seulement des globules rouges (transportant l'oxygène), des globules blancs (ayant une fonction de défense) et des plaquettes (essentielles à la coagulation du sang) mais plusieurs autres substances nutritives. Le sang a donc dans le corps une fonction:

- **de protection,**
- **de nutrition,**
- **de désintoxication,**
- **de réparation.**

Le docteur Alexis Carrel dans son livre L'homme cet inconnu compare le sang a un **tissu mouvant** qui s'insinue dans toutes les parties du corps; portant à chaque cellule la nourriture dont elle a besoin. Il sert en même temps d'égout collecteur aux produits de déchet de la vie tissulaire. Il contient également diverses substances chimiques et des cellules pouvant opérer des reconstructions organiques dans les régions du corps où cela est nécessaire. De plus Carrel précise en page 121-122 de ce même volume: **"Le plasma sanguin n'est pas, en réalité, ce que les chimistes nous enseignent. Certes, il répond vraiment aux abstractions auxquelles ces derniers l'on réduit. Mais il est incomparablement plus riche qu'elles. Il est, sans nul doute, la solution de bases, d'acides, de sels, de protéines dont Van Slyke et Henderson ont découvert les lois de l'équilibre physico-chimique. (...) Mais il est fait aussi de protéines, de polypeptides, d'acides aminés, de sucres, de graisses, de ferments, de métaux en quantité infinitésimales, des produits de sécrétions de toutes les glandes, de tous les tissus".**

Comment donc pouvons-nous ignorer l'importance d'une bonne nutrition, de l'oxygénation, du sommeil et des bonnes pensées, puisque tous ces éléments d'importance ont une influence sur la composition du sang? Ce que l'on appelle le **PH** du sang ne varie pas. Il offre ainsi à l'organisme un équilibre près de la neutralité. Mais les nombreuses études en hématologie et en biologie démontrent de plus en plus jusqu'à quel point d'autres de ses constituants peuvent être instables, tels que le fer, le potassium, le taux de sucre, les sécrétions de certaines glandes. Il est vrai que certaines de ces variations sont normales, exemple: le taux de sucre sanguin baisse lorsque l'appétit se manifeste avant les repas. Mais d'autres manifestations sont anormales. De plus, puisque le **PH** du sang ne doit pas varier, le sang va chercher dans les os, et les organes, diverses substances tels que les minéraux alcalinisants, afin de maintenir son équilibre physico-chimique.

D'autre part, il est intéressant de constater l'évolution de l'étude des divers groupes sanguins. La revue Sciences et Avenir (Spécial Hors série no. 16) indique d'ailleurs dans un article ''Le laboratoire mène l'enquête'' en page 53: **''(...) au début de ce siècle, Karl Landsteinier avait montré que les globules rouges d'un individu ne se mélangent pas nécessairement avec le sérum d'un autre. Des incompatibilités apparaissent, qui permettent de distinguer quatre types de globules rouges — quatre groupes sanguins. En 1950, ces quatre groupes étaient devenus — sur la base de techniques expérimentales fort simples — 29,952. On peut aujourd'hui distinguer près de trois milliards (2,717,245,440) de phénotypes, (...) Selon le professeur William J. Schull, de l'Université du Texas, il suffirait de s'intéresser à quelques autres constituants du globule rouge (enzymes, antigènes, protéines diverses...) pour multiplier à volonté le nombre de combinaisons. En d'autres termes, chaque sang est unique et le restera longtemps''.**

La compréhension de la complexité du sang et les études de la très grande variété des groupes sanguins m'amènent donc à parler de la nécessité d'une alimentation et d'un mode de vie personnalisé. Comment cela est-il réalisable sans être trop compliqué? Vous penserez peut-être aux bébés qui ne choisissent pas leur nourriture? Si la mère connaît les divers types de tempérament biologique (dont je parlerai plus loin) et de façon plus précise les secrets (pourtant simples) de la nutrition, c'est son rôle d'y veiller durant l'enfance et d'instruire son enfant en conséquence. Et l'enfant, si on lui présente des mets naturels manifestera souvent des goûts pouvant correspondre à certains besoins. C'est d'ailleurs ce qu'avait constaté Adelle Davis.

Je pourrais parler longtemps des groupes de sang et des tempéraments biologiques mais ce que je tiens surtout à mettre en évidence c'est la nécessité d'une alimentation plus personnalisée, particulièrement lors de la manifestation d'un problème de santé. Mais comment procéder et comment se comprendre dans tout cela? La voie la plus simple est celle qui se définit comme suit: **aller des effets à la cause, en somme chercher les racines du ou des problèmes de santé, remonter le courant. En résumé, il faut suivre le ''fil conducteur''. L'expression populaire ''petites causes, grands effets'' éclaire le sens de cette démarche. Les racines sont moins nombreuses que les manifestations.**

Les manifestations peuvent varier à l'infini, selon le bagage héréditaire, selon le groupe sanguin et la nature profonde de l'individu (le monde invisible de l'âme et de l'esprit). Le dictionnaire auquel j'aime bien m'attarder pour définir le sens des mots indique pour âme: **''prin-**

cipe spirituel dans l'homme" et "rendre l'âme": expirer, mourir. N'oublions donc pas cette importante notion. Chaque individu est habité d'un principe spirituel dont les irradiations lui sont propres. Ici aussi, on ne saurait ignorer la personnalité. Les expressions populaires:

"Avoir du sang dans les veines": être énergique.

"Avoir le sang chaud": être ardent, dynamique.

"Avoir le sang qui monte à la tête": être sur le point de se fâcher.

"Avoir un coup de sang": apoplexie.

"Glacer le sang": causer de l'effroi.

"Se faire du bon sang": avoir des sentiments heureux, des bonnes pensées.

"Se faire du mauvais sang": s'impatienter, s'inquiéter, avoir des pensées noires.

Et encore plusieurs autres expressions nous aident à percevoir l'effet de la santé du corps (nutrition, oxygénation) ou encore de l'attitude psychologique et profondément spirituelle d'un individu sur son sang. Entrons donc maintenant dans ce merveilleux **"Jardin des métabolismes"**.

11

Le jardin des métabolismes

Quel merveilleux jardin ai-je donc exploré depuis plusieurs années! Ce jardin ne manque pas de variété. J'emploierai ici une expression imagée: le sol de ce jardin est le même pour tous, c'est la nature humaine mais les semences elles sont différentes.

J'ai voulu faire une synthèse des **tempéraments biologiques** ou encore des **divers types de métabolisme.** Aidée par nombre de pensées médicales ou naturopathiques, j'ai tenu compte de cet aspect afin de préciser pour chacun le type de nutrition.

1. Il y a certes les classifications déjà connues: les quatre tempéraments bilieux, sanguin, nerveux ou lymphatique qui d'ailleurs peuvent se combiner et donner des types mixtes: bilieux-nerveux, sanguin-nerveux, etc.

2. Paul Carton, ce médecin dont j'ai tant parlé, classifiait les tempéraments de cette façon mais selon les divers types de métabolisme et la nutrition (erreur de régime) il classifiait les différents troubles de santé en syndrome (réunion de symptômes). Cette classification est des plus intéressante. Il en fait part en particulier dans son livre: Les clefs du Diagnostic et de l'Individualité (1942).

• **Le syndrome d'intoxication digestive:** troubles d'estomac, d'intestin, de foie, fièvres et grippes à répétition, tendance arthritique, troubles circulatoires, troubles nerveux, obésité, amaigrissement, troubles des émonctoires, peau, urines chargées, voies respiratoires congestionnées, gastrite, pertes vaginales abondantes.

• **Le syndrome de déminéralisation:** taches et traits blancs sur les ongles, sensibilité des dents et caries dentaires, frilosité, fatigue facile, fissures de la peau et des muqueuses, eczéma, urines troubles et phosphates dans l'urine, décalcification des os, prédisposition à la coqueluche, à l'urticaire, à la tuberculose, douleurs aux os, nervosité, insomnie, articulations sensibles, etc.

• **Le syndrome d'hyposystolie** (mauvaise circulation): teinte carminée des ongles (rougeâtre), foie sensible et souvent hypertrophié, diminution de la respiration à la base du poumon droit, oreilles et nez rouges, tendances aux hémorragies.

• **Le syndrome de dévitalisation:** grande fatigue physique et psychique, réduction ou disparition des lunules des ongles, dépilation des mollets, crampes, spasmes, troubles des centres nerveux, perte des cheveux, température du corps plus basse que la normale chez les enfants.

• **Le syndrome de surminéralisation:** (à cause de difficultés digestives et d'aliments trop concentrés). Irritation du système digestif et nerveux, urines chargées, asthme, toux, amygdalite, urticaire, eczéma.

Mais il y a aussi d'autres classifications. André Hoerter dans son livre <u>Les hormones pour ou contre la santé</u>, (La diffusion nouvelle du livre, 1960) parle de différents canevas glandulaires héréditaires ou qui se sont développés à cause d'un régime alimentaire inadéquat, d'un mode de vie déséquilibré ou du stress. Ici encore, il y a des aliments qui conviennent et d'autres qui doivent être déconseillés.

Il existe divers autres classements: Jenny Jordan dans son livre <u>Avant que de naître</u>, (Éditions Enea) parle de la typologie des Docteurs Nebel et Vannier, précisant trois types de constitution osseuse:

— **Le carbonique (sensible aux manifestations arthritiques).**
— **Le phosphorique (sensible aux troubles du foie, des poumons, de l'abdomen).**
— **Le fluorique (tissus fragiles, pouvant souffrir de rétention d'eau ou de sclérose).**

D'autre part, l'homéopathie se soucie principalement du type constitutionnel du bébé, ou de l'enfant afin d'indiquer le **remède de fond:** enfant de type: silicea, ferrum, calcarea phosphorica, etc.

Les prescriptions d'oligo-éléments favorisant l'équilibre du sang et du métabolisme ont amené le classement de divers types:

— **le manganèse-cuivre,**
— **le manganèse,**
— **le manganèse-cobalt,**
— **le cuivre-or-argent,**
— **le zinc-cuivre,**
— **le zinc-nickel-cobalt, etc.**

Grace Gassette dans son livre <u>La santé</u>, (Éditions Astra) mentionne que selon leur mois de naissance les individus semblent nécessiter de façon plus marquée tel ou tel sel biochimique. Tout cela m'intéressa au plus haut point.

Il faut donc, considérant la grande variété des types de métabolisme et des sangs, personnaliser l'alimentation et les soins de santé. Cela toutefois ne sera possible que par l'union de la science médicale et de l'art médical. Donc individualiser, manoeuvrer, connaître certes l'aspect physique mais aussi: ressentir. Herbert Vollman dans son livre <u>Un portail s'ouvre</u> (Éditions Françaises du Graal, 1983, p. 34) écrit, (parlant des temps futurs): **"Il faut avant tout attirer l'attention sur une nourriture naturelle et modérée. En effet, c'est précisément le savoir concernant le choix judicieux des aliments et des boissons qui sera l'une des aides les plus valables pour le corps humain.**

Alors l'intuition de l'homme s'affinera à nouveau à un degré tel qu'elle lui permettra, par le choix de la nourriture, d'obtenir la composition du sang qui lui convient le mieux, celle qui correspond à sa nature. Un refus temporaire des aliments dont on a l'habitude et le besoin d'autres nourritures font partie de ce renouveau.

Cependant, outre les nourritures solides et liquides, il ne faut pas oublier la troisième façon "d'absorber de la nourriture": l'art de la respiration.

Pour celui qui est appelé à cet effet, s'ouvre là un vaste champ d'action car on peut modifier avantageusement une mauvaise composition sanguine par une manière de se nourrir individuelle et naturelle qui influence directement les glandes. Celles-ci absorbent les précieux éléments nutritifs qui leur sont offerts et les utilisent pour produire les hormones qui oeuvrent de façon mystérieuse et qui contribuent à leur tour à une "santé florissante" et, par conséquent, à une saine irradiation sanguine".

Ce texte me semble résumer ce qui doit naître dans le domaine de la santé et qui sera, je le crois, le premier pas de la Féminité. Les femmes seront des guides en ce sens. Je crois qu'elles en ont la capacité:

— nourriture naturelle et modérée,
— choix judicieux des boissons et des aliments,
— alimentation personnalisée: équilibre optimum du métabolisme (humeurs, organes, glandes), du sang, de l'âme et de l'esprit,
— refus temporaire des aliments et changement de régime lors de soins alimentaires précis.

Les femmes pourront influencer en ce sens les soins à la maison et dans les hôpitaux, la fabrication des aliments et les programmes de santé.

Il y a tant de questions:

— Quelles céréales choisir?
— Comment combiner les acides aminés?
— Quelles combinaisons alimentaires doivent être tolérées et d'autre évitées?

— Quels breuvages sont conseillés?
— Puis-je manger des aliments congelés ou en conserves?

243

Cela demande, il est certain, de s'attarder aux symptômes, aux diverses réactions du corps. **Je suggère très souvent d'inscrire les menus d'un côté d'une page de cahier et d'inscrire les réactions et les comportements de l'autre côté, lorsqu'il faut s'attarder de façon particulière à un problème de santé.** Toutefois cela n'est pas toujours nécessaire.

12

L'alimentation personnalisée et thérapeutique

L'alimentation personnalisée
et thérapeutique

J'eus donc à soigner depuis treize ans plusieurs problèmes de santé: de l'eczéma aux otites, en passant par les diarrhées, l'asthme, l'arthrite (chez les enfants), les amygdalites, etc. Et je dois le dire, ces gens qui vinrent me consulter étaient insatisfaits de la médecine moderne. Des petits enfants ou des bébés déshydratés par des diarrhées chroniques et rebelles furent rétablis par un régime alimentaire adéquat, des enfants ou des adultes remplis de mucus au niveau respiratoire (sujets aux bronchites ou aux sinusites chroniques), des enfants souffrant d'eczéma, divers cas d'acné, de douleurs articulaires, d'amygdalites, etc.

J'ai toujours dit que soigner sans tenir compte du point de vue alimentaire c'est tourner en rond. Et je n'arrive pas à m'expliquer comment il se fait que ce point de vue soit oublié dans le domaine des soins de santé. Certes nombre de femmes diététistes l'ont **mis au monde** si l'on peut dire en considérant l'équilibre des divers groupes alimentaires et c'est très bien. Mais il reste beaucoup à faire. Des sommes incroyables sont dépensées pour les hôpitaux, les opérations, les médicaments et tout cet argent pourrait être géré autrement. Je sais toutefois que ce n'est pas du jour au lendemain que ces connaissances se répandront dans l'ensemble de la société mais il y a un début à toute chose.

Je vois d'une part l'importance d'une forme d'éducation auprès des enfants afin de les sensibiliser à l'aspect curatif et préventif de l'alimentation et à la diversité des types de sang et de métabolisme.

D'autre part, je vois la revalorisation de la **féminité gardienne de nos sociétés** dans cette grande connaissance du respect fondamental de la vie, à-travers l'utilisation adéquate de l'alimentation et des soins de santé. **Cela et bien d'autres choses encore doivent être déposées entre les mains des femmes.** De façon positive, sans agressivité, mais en reconnaissant que là où l'homme éprouve des difficultés la femme peut réussir, puisque son rôle est différent.

Dans une conférence ayant pour titre: **"Les femmes du "Grand Renouveau" "**, j'ai d'ailleurs développé de façon détaillée ce qu'il faut reconnaître non pas comme une guerre des sexes mais comme la **complémentarité naturelle entre l'homme et la femme.** Plus que jamais dans l'histoire du monde, la femme doit prendre sa place. Cette place qu'au fond elle n'a jamais vraiment eue.

Mais revenons au chou, au millet et aux carottes puisque ce chapitre consacré à l'alimentation personnalisée et thérapeutique est un peu le point central de ce livre. M'inspirant des travaux de: Paul Carton (les syndromes), de Herbert Shelton (les combinaisons alimentaires), de Frances Moore Lappé (<u>Sans viande et sans regrets</u>,) (cette dame a écrit en 1970 un livre très intéressant sur la complémentarité des acides aminés pour avoir des protéines plus complètes), des docteurs E.M. Abrahamson et A.W. Pezet (Le corps, l'esprit et le sucre, Éditions Laplante et Langevin, 1975), ces chercheurs ont mis au point un régime alimentaire pour certains types de déséquilibre glandulaire causant l'hypoglycémie, dans les cas d'allergies, d'asthme, de fatigue chronique, d'agressivité incontrôlée, d'alcoolisme, etc., de David et Barbara Reuben (Le régime alimentaire sauveur, concernant la question des fibres alimentaires.) De Sharon Yntema (Vegetarian baby); de l'Équipe Rodale (The complete book of food and nutrition); de Margaret Elisabeth Kenda et Phyllis S. Williams (The natural baby food cookbook); de Jeannine Passebecq (Menus et recettes de santé, Centre d'hygiène naturelle); de Adelle Davis, du Dr Ben Feingold (Pourquoi votre enfant est-il hyperactif?) etc. Sans oublier les synthèses et tableaux mentionnés dans mes deux premiers livres, ajoutant à cela l'expérience thérapeutique clinique acquise depuis, j'ai constitué ces tableaux-guides.

N.B.: Les aliments qui doivent être consommés ou évités lors de différents problèmes de santé sont effectivement les médicaments de la nature. Je l'ai mentionné à quelques reprises au cours de ce livre, ils peuvent être pris sous forme de: bouillons, galettes, crèmes, infusions, cataplasmes, inhalations, etc. Tout dépend évidemment de l'aliment. Toutefois je tiens à ce que cela soit clair: **l'utilisation des sels minéraux ou de certaines plantes est quelquefois essentielle pour compléter l'action des aliments et des breuvages. Il sera toutefois surprenant de voir jusqu'à quel point les "médicaments de la nature" seront efficaces lorsqu'ils sont bien utilisés dans la vie de tous les jours, dans un cas d'urticaire par exemple, d'eczéma ou d'urine brûlante, etc. Cela sans oublier l'hygiène normale du corps, l'oxygénation, le repos et les "bonnes pensées".**

Ces tableaux-guides sont constitués des aliments et des breuvages regroupés par **famille d'action thérapeutique.** Je vais donc parler dans ce chapitre:

A) **Des familles d'action thérapeutique et d'aliments encrassants.**

B) **Des sources alimentaires de vitamines, de minéraux et de protéines.**

C) **Des combinaisons alimentaires.**

LES FAMILLES D'ACTION THÉRAPEUTIQUE ET D'ALIMENTS ENCRASSANTS

Aliments acides et irritants

(Voir **syndrome de déminéralisation:** chapitre "Le jardin des métabolismes"). *Ces aliments sont spécialement contre indiqués lors de problème de santé classés dans le syndrome de déminéralisation. Il ne faut donc pas conclure que de façon générale et pour tous les problèmes on doive éviter ces aliments.

Le sucre blanc, la cassonade, le sucre brun, le fructose, les colorants alimentaires, le boeuf, l'orange, le pamplemousse, le citron (les citrons non mûris au soleil), le vinaigre blanc, le vinaigre de cidre, les jus de fruits embouteillés, la sauce soya, la tomate, surtout hors saison, l'aubergine, l'épinard, le cresson, l'arachide, l'avoine, le cacao (chocolat), le thé, le café, le vin, les boissons alcoolisées, les marinades, les sauces tomates à pizza et spaghetti, le poivre, les confitures, les fromages forts, l'abricot, le kiwi, l'ananas, les conservants alimentaires, le "beurre noir", la rhubarbe, tous les petits fruits (fraises, framboises, bleuets, cerises, mûres), **l'excès** de navet (rutabaga), **l'excès** de chou, **l'excès** de pain et de beurre, le raisin frais **(hors saisons),** les pêches (semi-acides), le radis, le raifort, la pomme (certaines variétés au goût sûr sont acides), la betterave (acide oxalique), les lentilles, les pois cassés, les fèves rognons. Les charcuteries, la chicorée et l'endive, l'asperge, le cassis, l'agneau, le veau (semi-acide), la cannelle, la muscade, la moutarde, la prune, le blé et le seigle (semi-acide), le saumon et le thon, **l'excès** de lait (si mal assimilé), les fruits de mer, **l'excès** de viande. Dans certains cas, les raisins secs et l'ensemble des fruits séchés (à cause de leur trop grande concentration en sucre), le yogourt commercial.

N.B.: Certains fruits acides tels que la pomme ou les petits fruits perdent de leur acidité lorsqu'ils sont cuits. Selon les différents types de métabolisme, d'autres aliments pourront être évités comme le poivre de cayenne, l'ail, le poireau ainsi que... le surmenage et les **pensées négatives.**

Les personnes dont l'organisme est appauvrie en sels alcalins (calcium, potassium, magnésium, sodium) sont particulièrement sensible à certaines substances contenues dans ces aliments: vitamine C, soufre, chlore, phosphore, gras saturés, sucre, acide oxalique, acide citrique etc...

Aliments alcalins
(peu irritants, ne surexcitant pas le système nerveux
''sympathique'')

Tapioca, riz, millet, amande, carotte, concombre, graines de tournesol (non salées), graine de sésame (spécialement non décortiquées), pomme jaune Délicieuse, pomme-poire rouge, poire, pomme de terre, banane, fromage de chèvre doux à pâte molle, lait de chèvre, courgette, courge

249

potiron, citrouille, céleri (quelquefois cuit, selon les tolérances), cous-cous, avocat, camomille, verveine, chou-fleur, laitue frisée, laitue romaine, laitue boston, fromage quark, fromage cottage, lait **humain,** levure alimentaire **engevita,** noisette, oignon cuit, orge, persil (pour sa richesse en chlorophylle), poivron vert et rouge doux, melon de miel (mangé seul avant le repas ou en collation), poireau, noix de coco, luzerne, eau, soleil, repos, «**bonnes pensées**».

N.B.: Le poulet (de grains) de préférence et le poisson (sole et turbot) ainsi que certains fromages dégraissés pourront être intégrés à un régime alcalin.

Il existe d'autres aliments qui laissent un résidu semi-acide comme le maïs, le blé et le navet (rutabaga), mais j'ai voulu ici indiquer ceux qui sont vraiment alcalins afin que la constitution des familles théra-peutiques alimentaires soit plus claire.

Aliments riches en purines

(Pouvant surcharger les reins donc irriter les voies urinaires et amener une trop grande présence d'acide urique dans le sang entraînant: douleurs articulaires et début d'arthrite, urines chargées et brûlantes, pertes vagi-nales trop abondantes, névralgie, nervosité, etc., voir syndrome d'in-toxication digestive.)

Le saumon, le thon, les lentilles, le soya et toute la variété des légu-mineuses, le tofu, l'avoine, les sardines, les abats d'animaux (rognon, foie), le hareng, la viande chevaline, les viandes rouges, (les viandes blanches comme le poulet et les poissons maigres en contiennent en moins grande quantité), le thé, le café, le cacao (chocolat), les épinards, les champignons, le chou-fleur, les asperges.

Les oeufs, le caviar, la gélatine et le beurre en contiennent modérément. Le lait, les fromages, les fruits et les légumes (sauf ceux indiqués plus haut) ainsi que les céréales et le miel en sont à peu près dépourvus.

Aliments formateurs de mucus

(Encore ici il faudra considérer le **type de maladie et de métabolisme.** Certaines personnes sont peu sensibles aux aliments formateurs de mucus). Voir **syndrome d'intoxication digestive.**

Les produits laitiers: lait, fromage, yogourt, crème glacée, crème (lors-qu'ils sont écrémés ils forment moins de mucus), les céréales (prin-cipalement l'avoine et le blé), les légumineuses (le soya sous forme de tofu est toutefois plus facile à assimiler et souvent ne produit pas de mucus, ainsi que les pois chiches en hummus (purée de pois chiches qui sont également sous cette forme plus faciles à assimiler)).

Les céréales soufflées (riz, blé, maïs, millet soufflés forment beaucoup moins de mucus). Le millet, le couscous, le riz et le tapioca sont les céréales formant le moins de mucus. Il faudra toutefois qu'elles soient consommées modérément. **L'alimentation dévitalisée et surcuite** peut entretenir la formation de mucus, ainsi que la surconsommation de noix et de beurres de noix (beurre d'arachide), de beurre, d'huile cuite, de margarine, la surconsommation de pain.

Aliments anti-diarrhéiques

Le riz, le millet, le couscous, les carottes cuites, le poisson maigre, le caroube, le yogourt, la verveine, la camomille, la fécule de maïs, la pomme de terre, la banane (très mûre).

Par contre, tous les aliments très sucrés: sirops, gâteaux, biscuits avec glaçage, bonbons, liqueurs brunes et l'alcool, la viande rouge, les produits laitiers, les jus de fruits, le café, les crudités et le son peuvent **entretenir** une diarrhée.

Aliments calmants

Tous les aliments alcalins rentrent dans la catégorie des aliments calmants. Ils apaisent le corps; de même la valériane et les petits repas fractionnés. Il faudra évidemment éviter de consommer tous les aliments acides et irritants qui peuvent surexciter l'organisme, principalement chez les enfants ou les adultes nerveux de type hyperactif, qui se rongent les ongles, qui ont des difficultés de concentration ou des problèmes d'insomnie.

Le jus de carotte et de laitue est un breuvage calmant. (La laitue contient une substance calmant le système nerveux que l'on a appelé lactucarium).

Aliments décongestionnant les voies respiratoires

Graines de lin (en cataplasme), les fruits (sauf les bananes) et les légumes (sauf les pommes de terre et l'avocat, le panais et le navet (rutabaga)), le thym, le bouillon d'oignon, l'ail, l'échalotte, la ciboulette, la cannelle, le clou de girofle (en infusion).

Il est bon que les légumes soient servis crus une fois par jour sauf pour les bébés.

N.B.: Le navet (rutabaga) cuit peut congestionner mais le navet (rutabaga) cru ou en sirop est recommandé car il contient de la vitamine C, du calcium et du magnésium.

Aliments décongestionnant les intestins

Betterave, son, mélasse, crudités (fruits et légumes sauf les bananes et les pommes de terre ainsi que l'avocat), l'eau de source, la citrouille, (d'une façon générale, les aliments riches en fibres), les graines de lin.

Les aliments surcuits, trop gras, la surconsommation d'oeufs, de riz, d'aliments raffinés peuvent congestionner les intestins ainsi que le lait, le fromage et la surconsommation de viande et de noix. Voir le **syndrome d'hyposystolie et d'intoxication digestive.**

Aliments congestionnant la circulation

(Douleurs circulatoires, varices et hémorroïdes, voir **syndrome d'hyposystolie**).

Les boissons alcoolisées, les fromages gras, tous les aliments raffinés (donc pauvres en fibres), la surconsommation de viande et d'oeuf, le pain blanc, **l'excès** de pommes de terre, les bananes, **l'excès** de beurre, le sucre, les charcuteries, **l'excès** de sel.

Par contre: les crudités, le son, le seigle, la vigne (en tisane), aident à décongestionner le système circulatoire, l'eau, la lécithine (provenant de la fève de soya) ainsi que les aliments favorisant le travail du foie et des reins (voir tableaux), les combinaisons alimentaires légères, la citrouille, l'ail, et certains aliments contenant de la vitamine E: le germe de blé, le riz brun, la patate sucrée, les pois verts, la pomme, la laitue, les huiles pressées à froid.

Aliments favorisant le travail du foie

Carotte, betterave, artichaut, pissenlit, escarole, citron, radis (rose et radis noir), pomme, poire, raisin frais, pêche (en été), papaye (fraîche), melon (mangé seul), laitue verte, eau de source, huile d'olive (de première pression), l'ensemble des légumes (sauf pomme de terre et avocat), céleri, levure alimentaire.

Aliments diurétiques (favorisant le travail des reins)

Oignon, concombre, melon, céleri, pomme, poire, raisins frais, pêche (en été), eau de source, graines de citrouille, navet (rutabaga), panais, poireau, citrouille, courges, l'ensemble des fruits et des légumes particulièrement lorsqu'ils sont <u>crus</u> (sauf les bananes et les avocats).

Aliments désinfectants

Ail, oignon, ciboulette, poireau, poivre de cayenne, <u>crudités</u> (en évitant toutefois **dans certains cas** non seulement les fruits acides mais aussi les fruits semi-acides), chou (cru), son, eau d'argile, bleuet (en saison), cerise (en saison), d'une façon générale les aliments contenant de la vitamine C.

Avant d'aller plus loin, je veux préciser que les aliments que j'ai indiqué dans ces tableaux sont ceux dont j'ai constaté **plus précisément** l'action thérapeutique lors de divers problèmes de santé, du point de vue préventif ou curatif. L'expérience thérapeutique ne cesse d'accroître mes connaissances voilà pourquoi il est fort possible que j'en ajoute à chaque tableau au cours des années. Il y a également l'aspect personnel qu'il ne faut pas oublier. Ainsi il est possible qu'une personne souffrant d'acidité sente le besoin d'ajouter tel ou tel aliment dans son tableau personnel d'aliments, l'aidant à alcaliniser son organisme.

Voici donc quelques exemples: j'ai constaté à plusieurs reprises que des femmes se plaignant de douleurs aux jambes (ce qui m'est apparu comme des douleurs circulatoires) ont vu leurs douleurs disparaître lorsque je leur ai suggéré de ne manger que des fromages écrémés, de consommer plus de crudités et de boire plus d'eau. Le travail du foie fut donc facilité, le sang était mieux purifié. De plus, les fibres des crudités (exception faite des bananes et des avocats) ont amélioré la circulation. Voilà donc un exemple bien précis **d'alimentation thérapeutique.** Un autre exemple: des petits bébés souffrant de diarrhée chronique et qui furent hospitalisés sans avoir connu une amélioration **durable** de leur état de santé. Certes, on avait coupé le lait, on avait suggéré du riz mais les bébés buvaient du jus de pomme, ce qui entretenait l'irritation des muqueuses intestinales. La connaissance de **l'alimentation thérapeutique** aurait évité tant de souffrances à ces petits enfants. Je suggérai donc d'enlever tous les jus de fruits et tous les fruits et les bébés récupéraient avec le riz, les carottes cuites, le millet, le caroube, le yogourt, la verveine et la camomille. Sans oublier, dans certains cas, lorsque l'irritation intestinale avait pris trop d'ampleur, la recommandation de sels minéraux alcalins comme le phosphate de calcium.

Aliments surminéralisants

(Voir **syndrome de surminéralisation**)

Les combinaisons alimentaires trop lourdes (même dans les aliments naturels car ils sont plus concentrés), de même que certaines combinaisons d'aliments contenant des acides aminés se complétant pour former des protéines complètes. L'avoine, les fruits séchés qu'il faudra alors faire tremper (pour les déconcentrer) et certains légumes qu'il faudra faire cuire dans l'eau (exceptionnellement) afin de les déconcentrer. Diverses combinaisons de céréales, divers produits fermentés comme les fromages forts. Tout dépend de la capacité d'assimilation.

Dans certains cas où l'équilibre acido-basique est fortement perturbé et les fonctions d'assimilation diminuées, il est nécessaire d'éviter certaines crudités comme les laitues ou encore certains légumes verts (même cuits) durant une semaine ou deux afin de ne pas surminéraliser l'organisme.

Aliments fortifiant le système de défense

Tous les aliments non raffinés, les fruits et les légumes. Particulièrement ceux qui sont riches en magnésium (voir liste), en cuivre, en vitamine C et en acides aminés (voir tableau des combinaisons).

N.B.: Ne pas oublier certaines restrictions pour les organismes sensibles aux aliments acides.

* **Aliments contenant du cuivre:** amande, noisette, blé entier, asperge, maïs, radis, betterave, poireau, datte, carotte, chou-fleur, cerise fraîche, pomme, etc.

* **Aliments contenant de la vitamine C:** persil, melon, poivron vert, poivron rouge doux, tangerine, clémentine, ananas **(l'ensemble des fruits),** le navet (rutabaga) cru, la pomme de terre crue, le radis rose, etc.

D'autre part tous les produits contenant du sucre blanc et l'ensemble des aliments irritants affaiblissent le système de défense.

Aliments fortifiant les tissus et les capillaires

Le sarrasin, le germe de blé, les huiles (contenant un bon pourcentage de gras non saturés), les graines de tournesol, l'avocat, les aliments fournissant des acides aminés ou des protéines complètes. Les aliments riches en vitamine A et en vitamine B. D'une façon générale un régime alimentaire équilibré et constitué d'aliments naturels pourra fortifier les tissus et les capillaires. On pourra lorsque les capillaires sont vraiment très fragiles apporter une attention particulière aux aliments contenant de la rutine (vitamine P) lors de couperose, saignements de nez, tendance aux ecchymoses, et à ceux contenant de la vitamine C.

* Aliments contenant de la rutine: poivron (particulièrement la peau blanche à l'intérieur, <u>pulpe</u> de citron et d'orange, raisin, prune, églantier, sarrasin.

Aliments favorisant la coagulation du sang

* Aliments contenant de la vitamine K: luzerne (germée, sous forme de comprimés ou de miel), chou (cru), épinard, chou-fleur, huile de soya, feuilles de carotte.

Ainsi que les aliments contenant du calcium et ceux contenant de la vitamine F.

Aliments atténuant les maux de coeur (début de grossesse)

Les raisins frais (2 raisins aux 10-15 minutes, l'avant-midi et l'après-midi avant 16h), la levure alimentaire, les petits repas fractionnés, certaines céréales (en biscottes ou biscuits secs, le riz, l'orge). Les aliments riches en protéines.

Concernant la grossesse je veux citer ce que je mentionnais dans mon deuxième volume <u>Soins naturels de la femme enceinte</u> (1975). L'action de divers types de régime alimentaires pouvant entraîner des problèmes de santé durant la grossesse:

"**• une alimentation trop salée augmente la rétention d'eau dans les tissus et peut causer une enflure des membres;**

• **une alimentation trop sucrée: destruction des sels minéraux comme le calcium et le magnésium, destruction de vitamines B, nervosité chez la mère et le bébé, immunité naturelle déficiente, débalancement du fonctionnement normal du pancréas, fatigue, angoisse, risque d'infection vaginales, diminution de l'élasticité des tissus, risque d'hypogalactie (sécrétion de lait insuffisante);**

• **une alimentation trop farineuse: augmentation excessive du poids de la mère et du bébé, difficulté d'expulsion lors de l'accouchement, risque d'accouchement prématuré, amollissement des chairs, destruction du calcium, des vitamines B et du magnésium (s'il s'agit d'hydrates de carbone raffinés), débalancement**

255

du fonctionnement hépathique et pancréatique; encrassement du sang et de la lymphe, mauvaise circulation, fatigue, ganglions enflés, diabète de la grossesse, abaissement du taux de globules rouges, etc.;

- **abus de protéines:** présence de fermentations dans l'intestin, intoxication de l'organisme maternel, troubles de la circulation, ralentissement de la digestion, souffle court (surtout les deux derniers mois), troubles rénaux, difficulté d'accouchement, nervosité, constipation;

- **carences en protéines:** bébé sous-développé, prédisposition aux infections, éclampsie ou pré-éclampsie, enfant inadapté;

- **régime pauvre en fruits et légumes:** anémie, risque de malformations, déséquilibre cellulaire, prédisposition aux fausses-couches, enfants inadaptés, mauvaise qualité de la peau, hypogalactie, saignement des gencives, etc...;

- **régime pauvre en produits laitiers (maigres):** risque d'hémorragie lors de l'accouchement, décalcification, déchaussement des dents chez la mère, nervosité, etc... (Le calcium ne se retrouve toutefois pas uniquement dans les produits laitiers);

- **régime alimentaire trop gras:** lenteur de la digestion, prédisposition aux varices et aux hémorroïdes, élévation anormale du taux de cholestérol, etc...;

- **régime carencé en gras non-saturés (vitamine F):** sécheresse de la peau, mauvaise diffusion du calcium, hypofonctionnement glandulaire, vergetures, etc...;

*Les aliments contenant de la vitamine F sont: l'avocat, les huiles de foie de poisson, toutes les huiles pressées à froid particulièrement: de soya, de tournesol, de lin, de carthame, de sésame, les graines de tournesol, les arachides, le poulet, les céréales à grains entiers. (Sous forme d'huiles la consommation quotidienne suggérée de vitamine F est de 3 c. à thé (15ml).

- **régime alimentaire trop lourd (dans l'ensemble):** toxémie, mauvaise circulation, débalancement du taux de sucre sanguin, fatigue, sommeil difficile, excès d'eau dans le placenta, poids du bébé trop élevé et tête trop calcifiée, accouchement difficile;

- **alimentation acidifiante:** (abus de thé, café, cola, chocolat et desserts, citrus, tomates, épices fortes, vinaigre, etc...), carences minérales surtout en minéraux alcalins tels le calcium, le

magnésium, le sodium et le potassium, nervosité, brûlements d'estomac, etc...''

Voilà en ce qui a trait au régime alimentaire durant la grossesse. Il est surprenant de constater jusqu'à quel point les aliments peuvent provoquer divers troubles de santé, s'ils sont de mauvaise qualité, mal choisis ou mal combinés. Par contre, ils peuvent grandement fortifier l'organisme et même soigner si nous connaissons leurs propriétés thérapeutiques. Il y aurait encore beaucoup à dire sur le sujet puisque les aliments, qu'ils contiennent du chrome, du fluor naturel, du brome, du cobalt (aidant à l'élaboration de la vitamine B_{12}), du zinc ou d'autres substances essentielles à la santé ont un pouvoir curatif qu'il ne faut pas ignorer.

LES SOURCES ALIMENTAIRES DE VITAMINES, DE MINÉRAUX ET DE PROTÉINES

J'aimerais maintenant vous préciser ce que contiennent certains aliments et leurs fonctions curatives.

L'ail par exemple, au tableau des aliments désintoxicants, est reconnu pour ses propriétés antibiotiques. L'ail rend le sang plus fluide, régularise la tension artérielle (accompagné d'un bon régime alimentaire) et prévient l'encrassement des bronches. Il contient du phosphore, du calcium, du soufre, de la silice et de l'iode.

Le poireau est tellement riche en minéraux anti-acides qu'on a déjà dit qu'une cure de poireaux valait une cure d'eau de Vichy. Ah, la bonne crème de poireaux constituée de pommes de terre, de poireaux et de lait. C'est une recette hautement reconstituante pour un organisme acidifié! Le poireau contient également du soufre, un minéral aidant à nettoyer la peau, qui est toutefois légèrement acide. Dans le cas d'un métabolisme neuro-arthritique ayant développé un problème d'eczéma assez sérieux, il faudra que le poireau soit très cuit afin d'être plus facilement assimilable les premiers temps, donc déconcentré.

Après avoir traversé une période où j'ai dû soutenir un rythme assez intense d'activités, je sentis le besoin de manger souvent du yogourt de chèvre, du millet et de la noix de coco râpée (non sucrée), cela me fit du bien. Il est intéressant de constater que le yogourt de chèvre m'apporta le calcium dont j'avais besoin pour me renforcer, le millet, de la vitamine A, de la silice et des minéraux alcalins (sans surcharger mon système en hydrates de carbone) et la noix de coco du potassium, ce minéral si important pour le système nerveux.

Le navet (rutabaga) est un légume riche en calcium, voilà pourquoi en cataplasme il est conseillé pour soulager les névralgies aux jambes (douleurs de croissance). Le navet (rutabaga) doit figurer régulièrement dans le menu hebdomadaire. Dans les soupes, dans les pâtés, pilé avec des carottes et des pommes de terre. Il doit évidemment être cuit à la vapeur.

Le panais: la soupe de panais-navet(rutabaga)-oignon augmente l'élimination rénale.

Le céleri est un dépuratif du sang. Il améliore le fonctionnement du foie et des reins. Il doit toutefois être mangé **très vert.**

Le persil est riche en fer, il purifie le sang. La tisane de persil séché aide à tarir la sécrétion de lait lors du sevrage. De même les cataplasmes de persil frais sur les seins.

Le piment (poivron vert ou rouge) est riche en vitamine C et en vitamine P (la peau blanche à l'intérieur).

L'orange est riche en vitamine C mais comme elle est cueillie verte (avant le temps de son mûrissement), elle contient peu de minéraux alcalins. Si vous avez un goût d'orange, il est préférable de la peler avec un couteau et de laisser cette chaire blanche qui entoure l'orange. Car là est la vitamine P qui accompagne la vitamine C, en réduit l'acidité et en favorise l'assimilation. Il est fortement conseillé de remplacer l'orange par la tangerine ou la clémentine.

Le brocoli contient de la chlorophylle, de la vitamine A, du magnésium, etc.

Les champignons sont bons pour la santé. Mes fils ont quelquefois de ces goûts de champignons crus. C'est à qui attraperait le plus gros! Les champignons aident à nettoyer le tube digestif de ses mucosités. Ils contiennent divers minéraux dont le cobalt, important dans l'élaboration de la vitamine B_{12}. On retrouve cette vitamine B_{12} dans: la betterave, les produits laitiers, les oeufs, la viande et le tempeh.

La citrouille aide à décongestionner le système circulatoire. Elle est donc indiquée en cas d'hémorroïdes. Elle contient de la vitamine A.

L'avocat est riche en vitamine F (acides gras non saturés). Il rend la peau plus souple. Les tempéraments bilieux auront quelquefois de la difficulté à bien le digérer.

Le bleuet (ou myrtille) est antiseptique et désinfectant. Il contient divers minéraux et de la vitamine C. Il est intéressant de constater que l'été nous apporte en abondance des fruits remplis de vitamine C, ce qui nous permet de bien récupérer avant l'hiver et de fortifier nos glandes surrénales. Ces glandes si importantes dans le mécanisme de défense du corps luttent contre les allergies et le stress. Elles nous aident à mieux traverser le dur temps de l'hiver.

La datte, dont j'ai d'ailleurs parlé au chapitre "Un bouquet de santé", contient de 3.9mg à 6mg par 100mg de fer. Elle fortifie les muscles, les nerfs et le sang! La nature a bien fait les choses puisqu'on la retrouve dans ces pays très chauds où les gens ont besoin, pour résister à la chaleur et au désert, d'un tonique simple et naturel.

Il y a tant d'aliments, voilà pourquoi je vais un peu à vol d'oiseau. Il est intéressant par exemple de constater ce qu'apportent dix amandes:

Vitamine A: 7 u.i

Vitamines B: thiamine (B1) 15mcg riboflavine (B2) 10mcg niacine (B3) 5mg

Vitamine C: 1mg

Minéraux: calcium 25mg phosphore 45mg
fer 4mg
cuivre 1mg
magnésium 2mg
chlore 3mg
potassium 7mg

Les céréales non raffinées, j'en ai déjà parlé, sont également très importantes et une analyse du docteur Henry Schroeder du Darmouth Medical School a permis de préciser que lors du raffinage, la farine utilisée dans la fabrication du pain blanc perd: 80% de son cobalt, 86% de son manganèse, 85% de son magnésium, 78% de son zinc, 78% de son sodium, 77% de son fer, 71% de son phosphore, 60% de son calcium, 40% de son chrome, 16% de son sélénium. La vitamine A disparaît à peu près complètement, la vitamine E à 86%, la niacine à 81%, la thiamine (B1) à 77%, la vitamine B6 à 72%, l'acide folique (essentielle à l'assimilation du fer) à 67%, la vitamine B5 à 50% et la choline à 30%.

Les céréales ont donc aussi des propriétés importantes. Mais il faut savoir quand les consommer et avec quels aliments. Car quoiqu'elles apportent diverses substances hautement nutritives, elles peuvent encrasser l'organisme de mucus si elles ne sont pas suffisamment bien brûlées et assimilées. Ainsi j'ai constaté que des céréales mal assimilées peuvent entraîner des fermentations intestinales, la présence d'une trop grande quantité de sucre dans la glaire cervicale, et les sécrétions vaginales, rendant l'organisme plus sensible au développement de champignons vaginaux, (l'immunité naturelle des sécrétions du vagin — le PH — étant perturbée).

Les protéines sont également très importantes. Elles aident à stabiliser le taux de sucre dans le sang. Elles aident à la fabrication des anticorps, fortifient les muscles, construisent et réparent, etc. **On les retrouvera dans:** les oeufs, les produits laitiers, les noix, le soya (tofu), le poisson, la viande, la levure alimentaire, le gluten, diverses combinaisons d'aliments aidant à constituer des protéines plus complètes.

LES COMBINAISONS ALIMENTAIRES

Ici donc il nous faut constater la grande variété des combinaisons pouvant favoriser l'assimilation des protéines, ce qui permet de diminuer la consommation de poisson et de viande. Mais il faudra toujours faire un choix dans ces combinaisons selon son propre métabolisme, (tempérament biologique), son sang et ses racines territoriales. Frances Moore Lappé auteur de <u>Sans viande et sans regret</u>, s'est d'ailleurs attardée à étudier ces diverses complémentarités. Elle mentionne au sujet des diverses combinaisons, en page 133 de son livre: **"En fait, vous vous servez probablement déjà quotidiennement de plusieurs de ces combinaisons, par exemple, chaque fois que vous mangez des céréales avec du lait ou de la soupe aux pois avec du pain grillé, vous réalisez une combinaison de protéines complémentaires. Il est intéressant de constater que les combinaisons de céréales avec des haricots, des pois ou des lentilles se sont développées spontanément et sont devenues la base de l'alimentation dans plusieurs parties du monde — le riz et les fèves, dans les Caraïbes, le maïs et les fèves au Mexique, les lentilles et le riz au Inde, le riz et le soya en Chine. D'une façon ou d'une autre, on a dû s'apercevoir, dans chacune de ces cultures, qu'il était meilleur pour l'organisme de combiner ces aliments plutôt que de les manger séparément. Ce n'est que récemment que la science moderne a compris véritablement ce que la race humaine savait <u>intuitivement</u> depuis des milliers d'années. (Je me souviens m'être réjouie, il y a quelques années, en lisant dans le New York Times qu'un laboratoire de diététique d'une université du Midwest venait de découvrir que le soja était comestible. N'importe quel Chinois aurait ri bien plus encore, puisque les Chinois ont développé depuis 5000 ans une cuisine incroyablement variée à partir du soja)."**

Les combinaisons alimentaires dont les acides aminés sont complémentaires sont entre autres:

Riz + sésame (gomasio ou sésame non décortiqué broyé sans sel)
Riz + lait (pouding)
Tapioca + lait (pouding)
Sarrasin + lait (galette de sarrasin)
Riz + fromage
Millet + fromage
Millet + lait
Pain de blé + fromage
Pain de blé + soya (sandwich au tofu)
Pain de blé + sésame (sésame broyé dans la recette de pain ou beurre de sésame (tahini) sur le pain)
Riz + levure alimentaire
Riz + soya (tofu)
Haricots (pois ou autre légumineuse) + blé bulghur ou riz
Arachides + tournesol
Arachides + soya + sésame ou tournesol
Haricots + produits laitiers
Pois chiches + sésame
Pois cassés + yogourt
Graines + céréales (d'une façon générale)
Graines + fromage
Légumineuses + céréales
Lentilles + produits laitiers
Orge + lait
Pois chiches + fromage
Sésame ou tournesol + soja
Maïs + soja + lait
Pommes de terre + lait (ou fromage ou yogourt) etc.

Ces mélanges permettent d'accroître le taux d'assimilation des protéines en les combinant. Ils peuvent accroître la qualité protéinique de plus de 50% de la moyenne habituelle des aliments pris séparément. En fait les protéines ou acides aminés d'un aliment comblent les déficiences protéiniques d'un autre aliment. Exemple, le beurre d'arachides et le pain de blé.

Mais comment s'en sortir quand on est d'un tempérament bilieux, que l'on souffre d'un syndrome d'intoxication digestive ou de surminéralisation (voir classification de Paul Carton)? Ou encore, quand on a tendance à faire trop de mucus?

J'avoue que ce fut un peu mon dilemne. Je suis d'un tempérament bilieux et je peux très facilement lorsque je manque de vigilance face **à mes besoins alimentaires personnalisés quotidiens,** développer des problèmes de santé entrant dans la catégorie des métabolismes neuro-arthritiques. Mais je me connais! Je suis à l'écoute de mon corps. Je sais très bien ce qu'il faut faire pour avoir un mal de gorge, des douleurs articulaires ou une sinusite mais j'évite cela par un juste équilibre entre les divers groupes d'aliments et les combinaisons alimentaires qui me conviennent. Certes il m'arrive d'être fatiguée, d'avoir un rhume à l'occasion ou la voix enrouée (lorsque je dépasse mes capacités biologiques, car j'accomplis de multiples tâches) mais je fais le maximum avec les possibilités biologiques de mon métabolisme et de mon sang. J'ai donc trouvé le juste équilibre qui me convient. Et selon les saisons et les besoins de mon organisme, j'ai divers goûts: rage d'artichaut, carottes crues au lever, moutarde naturelle avec <u>grains</u> au temps de l'ovulation ou des menstruations, dégustation de melon d'eau, poulet de grains avec navet (rutabaga), tofu et riz, galette de sarrasin, graines de tournesol, de lin et de sésame assez régulièrement, etc.

Cela ne s'est pas fait du jour au lendemain. Mais j'ai depuis l'âge de vingt ans évité des aliments intuitivement. Je savais qu'ils me seraient particulièrement nocifs (le café, le vin, la bière, les épices fortes, les aliments très sucrés). J'ai fait évidemment quelques folies dans les desserts mais j'étais plus portée vers le sel et le vinaigre. Particulièrement lorsque j'étais enfant j'aimais beaucoup le vinaigre, les cornichons et le jus d'orange, ce qui ne me réussissait guère. Heureusement cela était compensé par une bonne nutrition car, les aliments acides peuvent déminéraliser l'organisme. Voici à ce sujet un exemple:

Dernièrement une de mes patientes souffrait de crampes aux jambes: elle mangeait beaucoup d'oranges et pas suffisamment de fromage. Je lui ai conseillé de rectifier cela et le tout est rentré dans l'ordre. Les crampes sont disparues. Chaque organisme est donc unique. Je l'ai d'ailleurs constaté chez mes enfants. L'aîné doit manger des produits laitiers suffisamment écrémés et se limiter dans les farineux. Le deuxième court la ciboulette, il n'aime pas tellement ce qui est sucré. Il préfère le salé et je dois surveiller la complémentarité de ses acides aminés de façon plus stricte. Il a un grand besoin de silice et de calcium. Le troisième est un mangeur de noix, de graines et de fruits séchés. Il se satisfait rapidement avec de la viande et préfère les farineux. Il raffole des fruits. Quand au second il aime beaucoup le poulet, me demande souvent des pommes de terre et des petits morceaux d'oignons. C'est un amateur de levure alimentaire et d'oeufs. Notre cher Victor nous a d'ailleurs démontré son savoir vers l'âge de deux ans alors qu'il avait croqué et avalé la moitié du contenu d'une bouteille de capsules d'huile d'ail vers six heures du matin, alors que nous dormions tous paisiblement.

Je me souviens de cette odeur d'ail dans la cuisine. Quelle odeur! Mais c'est qu'il semblait très heureux de son exploit. Je me suis dit: "Il y a certainement une raison à cela", et j'ai vu comme il est sage de soigner sa famille avec des substances naturelles. IL n'y avait aucun risque d'empoisonnement, peut-être de la diarrhée... mais non. Ce cher enfant n'eut aucune diarrhée et le lendemain matin, à notre très grande surprise, il termina la bouteille de capsules d'huile d'ail. Imaginez cette odeur d'ail dans la maison! Enfin le surlendemain, alors que j'étais à notre magasin d'aliments de santé, la gardienne m'appelle pour m'annoncer qu'elle venait de trouver un ver dans la couche de Victor. Voilà pourquoi il avait mangé autant d'ail! Le ver devant ce bombardement d'ail n'avait pas résisté. (Il s'était sans doute introduit caché dans un chou ou un brocoli).

Mais parlons à nouveau des acides aminés. Quelles sont donc, dans les aliments dont les acides aminés se complètent, les combinaisons les moins lourdes? J'opte pour:

Le riz et le sésame
Le tapioca et le lait (de chèvre, s'il y a problème de mucus)
Le millet et le lait (de chèvre, s'il y a problème de mucus)
Le riz et le lait (de chèvre, s'il y a problème de mucus) ou fromage maigre
Le sarrasin et le lait (de chèvre, s'il y a problème de mucus) ou fromage maigre
Le millet et le fromage
Le blé et le tofu
Le riz et la levure alimentaire
Les produits laitiers et les pommes de terre
Les graines de sésame ou de tournesol et le tofu (ou soya séché)
L'orge et le fromage
Le pain de soya et blé

Tout dépend des capacités d'assimilation, car il y a bien d'autres combinaisons. Les combinaisons de légumineuses et de céréales sont nettement plus lourdes. En fait tout dépend de notre métabolisme et de nos habitudes ancestrales, c'est pourquoi il faut les expérimenter. Mais il arrive assez souvent que des personnes ont de fortes fermentations intestinales avec ces combinaisons. Alors il vaut mieux les éviter, car des substances mal assimilées et qui fermentent dans l'organisme peuvent vraiment produire des toxines. Pour certaines personnes, la cuisson des légumineuses avec double changement d'eau réduira sensiblement les fermentations (phénomène de déconcentration). D'autre part (j'en ai d'ailleurs parlé au cours de ce volume), il y a des combinaisons qu'il faut éviter comme: farineux et viande ou sucre et farineux.

Au cours des années, j'ai constaté par exemple que le germe de blé et le yogourt ne constituent pas un mélange approprié pour les bébés et les jeunes enfants. Il provoque facilement une accumulation de mucus.

Il m'est arrivé de soigner une dame qui avait de véritables bosses (qui coulaient) sur une grande partie du corps depuis des années. Elle ne savait plus quoi manger. Il semblait qu'elle était allergique à beaucoup d'aliments. Elle était découragée. En vérifiant donc avec elle:

1. Les aliments irritants,
2. Les combinaisons alimentaires lourdes,
3. En purifiant son sang avec diverses plantes et minéraux alcalins,

son état de santé s'est amélioré de façon remarquable.

Le terroir alimentaire

Voyons maintenant d'un peu plus près quelles sont nos habitudes ancestrales, ce que nous pourrions appeler le **terroir alimentaire.** Selon les ressources du milieu, les peuples ont intégré divers aliments à leur régime. Notre région nous offre:

La pomme, elle est riche en minéraux et en vitamines, en acides organiques, en oxydes ferriques, en agents de désintoxication et en substances aidant à prévenir l'inflammation des muqueuses intestinales. La pomme augmente les sécrétions de tout l'appareil digestif, lave le foie, décongestionne les reins, nettoie le sang et la lymphe. Le vinaigre de cidre de pomme devrait remplacer le vinaigre blanc. Quelques gorgées du breuvage ''d'eau, vinaigre de cidre et miel'' lors d'un repas riche en protéines, en facilite la digestion.

Le maïs, c'est un précieux cadeau que nous apporte la nature en été. Le germe de maïs contient des acides gras non saturés et divers sels minéraux. Le maïs ralentit la glande thyroïde. Il faut donc le manger particulièrement en été puisque la thyroïde est plus active durant cette saison. Il sera donc particulièrement indiqué pour les gens nerveux hyperactifs, hypersensibles. Les Amérindiens savaient apprécier les propriétés de cette céréale.

Le sarrasin fut bien populaire du temps de nos grands-mères. Comme la pomme et le maïs, il fait partie de notre terroir alimentaire. Cette céréale est riche en vitamine P (rutine). Cette vitamine fortifie les capillaires et aide à réduire les risques d'hémorragie. Elle contient plus de calcium que le blé. Elle est donc particulièrement indiquée pour les enfants, les femmes qui allaitent et les personnes dont l'organisme réclame du calcium. Elle contient également de la tryptophane, un acide aminé, et d'autres acides aminés essentiels.

L'orge: la soupe à l'orge était bien connue de nos grands-mères. L'orge contient du calcium, du potassium et du phosphore. Elle a donc une action recalcifiante. Grâce à un procédé de germination contrôlée on fabrique à partir de l'orge le malt qui aide à la digestion des amidons. Il est donc sage de **malter** les céréales lors de préparation de biscuits, muffins, crêpes, etc. On pourra réduire la quantité de miel de moitié et le remplacer par du malt. Avec l'orge on peut préparer un breuvage désaltérant, recalcifiant et adoucissant. Il faudra alors faire bouillir durant 30 minutes 40 grammes d'orge (1½ once) (mondé) dans 1 litre (1 pinte) d'eau. Laisser tiédir ou réfrigérer avant de servir.

Il y a évidemment le blé de l'avoine, mais on peut dire que le sarrasin, le maïs et l'orge ont particulièrement marqué les goûts de nos ancêtres. Du côté des légumineuses il y a la fameuse soupe aux pois et les fèves ''au lard''.

Les pois, ils contiennent du fer et du potassium. Du point de vue de la complémentarité des acides aminés, la soupe aux pois et le blé (pain ou biscottes) sont un mélange tout indiqué.

Les fèves, elles contiennent de nombreux sels minéraux et des vitamines B. Il est préférable de ne pas ajouter du lard à la recette mais un peu d'huile naturelle à la fin de la cuisson.

On ne saurait parler du **terroir alimentaire** et oublier les **légumes-racines** dont j'ai d'ailleurs parlé de façon plus précise dans mon livre Soins naturels de la femme enceinte (1975):

La carotte, elle est riche en carotène (pro-vitamine A). Elle contient des vitamines B et C et des minéraux (calcium, magnésium, sodium, potassium, soufre, cuivre, iode et fer). Elle améliore le fonctionnement du foie en fluidifiant la bile et tonifie les sucs intestinaux. Elle aide à augmenter le taux de globules rouges.

Le navet (rutabaga) en plus de contenir du calcium, il contient des vitamines A, B, C, du magnésium et du potassium.

Le panais, il contient de la vitamine A.

La pomme de terre, elle contient du manganèse et du potassium. Crue, elle contient de la vitamine C. Sa richesse en hydrates de carbone en fait plus un aliment générateur de force que producteur de matériaux de construction.

La betterave (dont j'ai parlé au chapitre "Un bouquet de santé"), elle est riche en sucres directement assimilables, en magnésium, en phosphore et en vitamines B dont la vitamine B_{12}.

Le radis, il contient de l'iode et de la vitamine C. Il aide à décongestionner le foie.

L'oignon (dont j'ai parlé au début du chapitre "Un bouquet de santé"), il est riche en sels minéraux alcalins etc.

Évidemment je pourrais parler du chou et de tant d'autres aliments que nos ancêtres mangeaient mais ceux dont je viens de parler me semblent particulièrement faire partie de notre **terroir alimentaire.** Il y a évidemment l'été et tous ses petits fruits et les plantes médicinales que nos grands-mères utilisaient de façon régulière. On rapporte même qu'à côté du jardin familial on retrouvait fréquemment le jardin des herbes médicinales. Qui n'a pas entendu parler **d'herbe à dinde** pour faire baisser la fièvre, **de verge d'or** pour purifier le sang, de **tripes de roche** pour nettoyer la vessie, de **camomille** et **d'écorce de bouleau?**

Connaître l'aspect thérapeutique des aliments du point de vue préventif et curatif est une des pierres précieuses du **grand trésor de la vie!** David et Barbara Reuben se sont d'ailleurs fortement intéressés à cette pierre précieuse au cours de leur investigation sur le régime alimentaire de l'Américain et de l'Anglais moyen. Ils ont prouvé jusqu'à quel point les fibres alimentaires sont importantes dans un régime alimentaire sain. On peut d'ailleurs lire au début de ce volume en page 8: **"Force m'est d'admettre que lorsque j'ai commencé mes recherches, je nourissais le scepticisme habituel aux médecins. Les articles, même ceux parus dans les publications médicales, me semblaient trop rappeler ces fameux régimes recommandant l'usage de germe de blé, mélasse noire, yogourt. Mais maintenant que plus de six cents articles inattaquables ont été publiés dans les journaux médicaux sérieux du monde entier, confirmant et reconfirmant la valeur de ces découvertes, il n'est plus guère possible de mettre en doute que le fait d'augmenter le ballast intestinal (fibres) de notre alimentation nous protège contre:**

1. **le cancer du côlon et du rectum**
2. **les cardiopathies ischémiques — principales causes des crises cardiaques**
3. **les diverticuloses du côlon**
4. **l'appendicite**

**5. les phlébites et les embolies pulmonaires qui en résultent souvent
6. l'obésité''.**

Barbara Reuben suggère d'ailleurs des recettes intéressantes où le **son** y est ajouté systématiquement afin de renforcer la teneur en fibres du régime quotidien. De même les pelures de pommes de terre, les fils des haricots, les pelures de pommes et la peau des raisins, etc. Les varices et les hémorroïdes sont d'ailleurs grandement améliorées par un tel régime. Le son comporte 12% de fibres alimentaires. Il peut être ajouté aux compotes de fruits, aux potages, aux recettes de biscuits, de muffins, de pain, de macaroni, aux céréales cuites, etc.

Parlant de fibre, Margaret Elisabeth Kenda et Phyllis S. Williams donnent une recette de **biscuits à dentition** pour les bébés que l'on veut initier au goût de la nature et aux fibres alimentaires (évidemment en quantité modérée pour leur âge, pas de son en supplément à l'alimentation mais des farines naturelles qui en contiennent). Cette recette fut écrite dans le livre <u>The natural baby food cookbook</u>.

**1 jaune d'oeuf battu
2 c. à soupe (30ml) de miel (non pasteurisé)
2 c. à soupe (30ml) de mélasse (de Barbade)
2 c. à soupe (30ml) d'huile
1 c. à thé (5ml) de vanille naturelle
¾ de tasse (170gr) de farine de blé entier (à pâtisserie)
1 c. à soupe (15ml) de farine de soya
1 c. à soupe (15ml) de germe de blé
1½ c. à soupe (23ml) de poudre de lait écrémé
Mélanger le jaune d'oeuf, le miel, la mélasse, l'huile et la vanille. Puis mélanger le tout aux farines de blé et de soya (préalablement mélangées) au germe de blé et à la poudre de lait. Faire une pâte de 5cm d'épaisseur. Couper en rectangles que le bébé pourra tenir facilement dans ses mains. Cuire à 350°F (175°C) durant 15 minutes.**

En terminant ce chapitre je pense qu'il serait sage de retenir que connaissance et intuition font bon ménage dans le choix des aliments, dans le cadre du menu hebdomadaire.

Il faut équilibrer les différents groupes alimentaires, savoir faire une rotation dans les farines, les graines, les huiles, les fruits, les légumes, sans oublier les aliments tels que les oeufs, les produits laitiers, les poissons, le poulet de grain, etc. Évidemment il faut tenir compte aussi de la saison, des activités et de l'âge.

J'avais pensé ajouter des recettes variées en fin de volume mais vraiment j'ai encore divers aspects à développer et si je ne m'arrête pas, je vais écrire une encyclopédie. Cependant je sens que vous ne manquerez pas d'idées après tout ce dont je vous ai fait part au cours de ce volume. Inventez donc une recette de biscuits riches en calcium ou encore une soupe riche en potassium (s'il y a quelques nerveux dans votre famille) ou encore, une salade pour les tempéraments bilieux, un petit pâté végétarien pour les neuro-arthritiques, un repas équilibré pour asthmatique, un dessert alcalin pour les enfants souffrant d'eczéma, etc.

Les pelures de pommes de terre sont particulièrement riches en potassium. On retrouve également ce minéral dans les fèves de lima, les épinards, etc. Il y a de quoi faire une bonne soupe!

Des livres de recettes composées d'aliments naturels sont disponibles dans les magasins d'aliments de santé et les librairies. De nombreuses femmes ont mis au point des recettes délicieuses et très variées. J'en ai d'ailleurs donné une liste en début de volume. Vous apprendrez donc facilement à utiliser le millet, le riz brun, l'orge, le tofu, le caroube, le miel, les diverses graines, les germinations, etc. Il y a un mélange de germinations que j'affectionne particulièrement. Je fais d'ailleurs germer ces graines en même temps. Il s'agit des graines de chou, de trèfle, de luzerne, de lentilles et de fèves mung. Je place ce mélange dans un pot en vitre brune de 48 onces (1.36 litre). J'y dépose ¼ de tasse (60ml) de ce mélange que je laisse tremper dans l'eau légèrement chaude durant une nuit. Je place sur le goulet une épaisseur de ''coton à fromage'' retenu par un élastique. Le matin je rince les graines. Je place le pot en position légèrement inclinée et je continue de rincer les graines matin et soir, en les égouttant bien à chaque fois, durant cinq à six jours. Les germinations sont alors suffisamment développées. Je les place à la lumière, de préférence près d'un fenêtre durant une heure ou deux, le pot recouvert autant que possible d'un couvercle de vitre. Elles se conservent bien au réfrigérateur durant deux jours et même trois jours en les rinçant une fois par jour. Ce mélange est tout simplement délicieux!

En ce qui a trait à la congélation, ce procédé ne doit pas être mis de côté, en autant que les aliments congelés ne perdent pas trop de leur valeur nutritive. Les conserves par contre doivent être utilisées avec grande modération. Les légumes en conserves baignant dans l'eau perdent une partie de leurs vitamines et minéraux; cependant il m'arrive occasionnellement d'utiliser une pâte de tomates (sans agent de conservation) en conserve, des ananas en conserve dans leur jus (sans sucre ajouté) ou des pêches dans un jus (sans sucre). J'avoue que l'hiver cela fait plus de variété au déjeuner, accompagné de fromage cottage, de graines de lin et de tournesol.

13

La loi de la compensation

J'entends encore mon père me dire lorsque j'étais enfant: "Trop d'une bonne chose devient une mauvaise chose". Cela m'intriguait toujours et je n'oubliai jamais cela. En vivant, en observant les gens malades et leurs troubles de santé, la nécessité de l'équilibre prit place de façon précise dans mon existence. Jusqu'au jour où je fis une lecture des plus intéressante: une oeuvre parlant de façon nouvelle et jusque dans les moindres petits détails de la vie du corps et de l'esprit, des lois de la Création. J'appris donc qu'elle était vraiment cette loi. J'appris à la connaître et à l'appliquer dans nombre de petits détails. Voyons ici aussi ce que nous dit le dictionnaire. Compenser: **équilibrer un effet par un autre.** Cette loi est naturellement présente dans notre vie. Dès ses premiers jours, l'enfant vit cette loi: inspirer-expirer, boire-éliminer, bouger-dormir. L'alternance entre le jour et la nuit est aussi l'application de cette loi. Elle est nécessaire au maintien de l'équilibre et de l'harmonie. Physiquement l'être humain garde son équilibre en marchant, grâce à l'action de ses deux jambes, gauche-droite, gauche-droite, etc. Le travail doit être compensé par le repos, le chaud par le froid, le mouvement par la détente, et ainsi de suite. Ayant observé cela je vis que cette loi est aussi présente dans la nutrition équilibrée et personnalisée. Déjà dans le menu quotidien, l'action des fruits s'équilibre avec celle des légumes, les protéines avec les hydrates de carbone, les liquides avec les aliments solides, les fibres avec l'ensemble du **bol alimentaire,** les substances acides avec les substances alcalines. Les aliments constructeurs et ceux générateurs de force, la carotène et la chlorophylle, les huiles et les substances solubles dans l'eau, les aliments doux et les aliments forts, les essences naturelles calmantes (lactucarium dans la laitue, l'eau d'avoine, l'eau d'argile) et les essences naturelles tonifiantes (clou de girofle, cannelle, marjolaine, graines de moutarde) etc. Il m'est donc apparu nécessaire de connaître cette loi de la compensation.

Je me rendis compte en observant la vie et ses manifestations, grâce à une oeuvre remarquable, que d'autres lois étaient présentes dans la Création: **la loi du mouvement, la loi des affinités, la loi des semailles, la loi de la pesanteur,** etc. Évidemment, il y a des éléments facilement observables dans la loi du mouvement: l'action du corps lui-même (les muscles doivent être en activité) et d'autre part la Terre, avec son mouvement de rotation et de translation. Mais là encore je l'observai dans les substances alimentaires et les fonctions essentielles à la santé.

La circulation du sang suit la loi du mouvement. Les intestins doivent suivre cette loi, sinon des risques d'intoxication peuvent surve-

271

nir. La loi des affinités est présente dans le choix des aliments et le type de sang et de métabolisme.

La loi de la pesanteur que nous connaissons par le phénomène de la gravitation est présente dans les manifestations de divers problèmes de santé. Des toxines **lourdes** et encrassantes provenant souvent d'aliments trop lourds et dénaturés vont se loger dans les veines des jambes (varices) ou provoquent la formation d'hémorroïdes, la déformation des os des pieds (oignons) ou la formation **excessive** de cors ou de durillons. Ces toxines pesantes intoxiquent donc la partie inférieure du corps, même les organes génitaux (champignons vaginaux, ulcères au col de l'utérus, congestion lors de menstruations).

La loi des semailles couronne le tout puisque dans le domaine de la santé on récolte aussi ce que l'on sème.

14

L'horloge biologique

Le corps a des cycles et des rythmes qui ne peuvent être négligés. Il est d'ailleurs regrettable que les horaires ou les conditions de travail ne soient pas organisés en fonction de divers éléments importants de l'horloge biologique. On a relevé chez l'être humain 40 processus physiologiques dont le rythme est de 24 heures. La plupart de ces cycles atteignent leur maximum durant le temps d'activité du corps. D'autre part, il est intéressant de noter que la température de l'organisme est à son minimum entre trois heures et quatre heures du matin et qu'elle est à son maximum entre dix-huit et vingt heures. D'une façon générale, la force physique elle-même est plus forte à certaines heures du jour: entre huit et douze heures et entre quatorze et dix-sept heures.

Du point de vue alimentaire, ce que l'on peut indiquer c'est que la majeure partie de la nourriture devrait être ingérée au déjeuner et au dîner. Le souper devrait être plus léger. Après seize heures, les personnes nerveuses ou souffrant d'insomnie, donc ayant un métabolisme neuro-arthritique devraient s'abstenir de fruits, de jus de fruits (y compris les tomates), de substances sucrées (y compris le miel et les fruits séchés), en somme de tout ce qui peut surexciter l'organisme, quelquefois même le vinaigre et les crudités. Les métabolismes formant facilement du mucus devraient éviter les aliments formateurs de mucus, particulièrement au souper. Les personnes ayant des troubles circulatoires faisant partie du syndrome d'hyposystolie devraient en plus d'éviter les aliments qui encrassent le système circulatoire, prendre des aromates et des tisanes ou des aliments stimulants au déjeuner ou au dîner.

Exemple: yogourt à la cannelle et au miel au déjeuner avec quelques dattes et une tisane de vigne rouge.

Les personnes au système glandulaire fragile ne devraient pas oublier les collations puisque leur horloge biologique est débalancée. Les cycles de certaines glandes sont perturbés et le taux de sucre sanguin est souvent plus bas que la normale (hypoglycémie). Dans les cas d'asthme par exemple, de migraines, de faiblesses subites, d'allergies, de chaleurs, etc. Évidemment ce n'est pas une règle générale. Mais dans ces cas, les collations constituées d'aliments naturels peu riches en sucre et en hydrates de carbone sont d'une grande aide, même durant la soirée et avant le coucher.

15

Les cures

Les cures sont très variées. Il y a la cure de raisin, la cure de riz (complet), la cure de jus de carotte, la cure à l'eau, c'est-à-dire le jeûne, la cure de jus de chou (pour les ulcères d'estomac) etc.

Évidemment les cures doivent être adaptées aux besoins du corps. Quelquefois une cure de deux ou trois jours prépare le corps à un changement de régime ou encore l'apaise lors de congestion, d'inflammation ou d'irritation. Que veut dire le mot "cure". Cure signifie dans le dictionnaire médical: **traitement et plus particulièrement traitement heureux.** La cure de jus de chou (vert frisé) fait merveille dans le traitement des ulcères d'estomac. On pourra par exemple faire une cure de jus de chou, de millet et de lait de chèvre dans ces cas.

Pour d'autres, quelques jours au jus de carotte aideront à décongestionner la peau, les intestins et les reins. Dans certains cas, une cure prolongée s'impose mais vraiment sous la surveillance d'un professionnel de la santé. Quant au jeûne, il peut être bénéfique dans bien des cas. Particulièrement lors de fièvre ou d'amygdalites aiguës. Les enfants par exemple refusent instinctivement tout aliment et même plusieurs boissons lors de ces affections. Toutefois le jeûne prolongé doit absolument se faire **sous surveillance d'un professionnel de la santé.**

N.B.: Le jeûne est contre-indiqué dans les cas d'hypoglycémie.

16

Les aromates et les plantes

Les aromates et les plantes entrent facilement dans la catégorie des aliments. J'ai parlé dans le chapitre "Les premiers soins et la médecine naturelle" de l'huile d'olive à la cannelle, indiquée lors de manque d'appétit. J'aimerais ici donner quelques indications sur la famille des aromates. Je m'y suis d'ailleurs attardée lors de la préparation de ma thèse qui fut publiée en 1973 (<u>Soins naturels de l'enfant</u>).

On pourrait qualifier les aromates de parfums de la nature. Ils facilitent la digestion, aident au fonctionnement du foie et des reins ou encore, activent la circulation. Ils ont quelquefois une fonction antiseptique. Ils neutralisent les fermentations et expulsent les gaz: menthe, muscade, anis, cumin, estragon, laurier.

Ont une action stimulante: clou de girofle, cannelle, moutarde, vanille, thym, romarin.

Favorisent la digestion: menthe, cannelle, moutarde (spécialement avec les viandes ou les plats lourds), ciboulette, thym, romarin, sauge, sarriette, muscade, laurier.

Stimulent le foie et les reins: romarin, sauge, cerfeuil, (reins et intestins), estragon.

Tonifient le système glandulaire: cannelle, thym, moutarde.

Indiqués lors de rhume, grippe et autres troubles respiratoires: thym, moutarde, romarin, sauge, sarriette, clou de girofle, coriandre, laurier.

Soulage les maux de tête: cannelle.

Il existe bien d'autres aromates tels que le poivre rouge ou poivre de cayenne qui est un antiseptique et un cicatrisant, etc. Les aromates peuvent être ajoutés dans les soupes, les pâtés, les compotes, les biscuits, les plats de poisson, de poulet, etc. Ils peuvent également être pris sous forme de tisanes. J'aimerais ajouter quelques mots concernant la moutarde. La **vraie bonne moutarde** sans colorant et sans sucre contenant encore des morceaux de grains de moutarde est un tonique glandulaire dont j'ai pu apprécier la valeur lors d'une période d'ovulation ou durant les menstruations, à certains temps de l'année, lorsque le corps est fatigué. Dans un hamburger au tofu, dans un sandwich à la purée de pois chiches (hummus), avec un rôti de veau, dans une sauce, etc. Les germinations de graines de moutarde (les graines de sénevé dont on parle dans l'Évangile) sont également tonifiantes. On peut les faire germer avec de la luzerne et des graines de radis.

Quant aux plantes, leurs fonctions sont toutes aussi diverses. J'ai parlé de la camomille, de la verveine, de la vigne, de l'infusion de thym et de quelques autres, mais j'aimerais ajouter que l'infusion de lavande aide à décongestionner les voies respiratoires, ainsi que l'infusion de mauve et de guimauve. La busserole, les queues de cerises et l'aubier de tilleul favorisent l'élimination rénale. L'herbe à dinde aide à faire baisser la fièvre. L'écorce de bouleau est un bon dépuratif. La bourrache est laxative. La tisane de feuilles de framboises est indiquée durant la grossesse. La vignette indienne et l'actée à grappe bleue (durant le dernier mois de la grossesse) préparent à l'accouchement. Le fenouil et le chardon bénit sont indiqués durant la période de l'allaitement. L'écorce d'épinette rouge aide à soulager l'eczéma. L'écorce d'aulne rouge est vermifuge. Le buis est conseillé pour l'hypertension et on lui reconnaît des propriétés fébrifuges et antivirales, etc. Les herbes ont des fonctions curatives qu'il ne faut aucunement négliger.

17

''Maman, regarde mes cigarettes
Popeye!''

"Maman, regarde mes cigarettes Popeye!" Ah! Le jour où j'ai vu Jean-Guillaume entrer avec une boîte de cigarettes en bonbons que lui avait donnée son amie. Quel choc! Mais cela devait arriver un jour ou l'autre. Comment réagir devant les bonbons de toutes les formes et de toutes les couleurs? Comment réagir devant la réalité du dépanneur et des sacs de bonbons de l'Halloween? **Premièrement ne pas s'énerver.** J'ai laissé mon garçon manger sa boîte de bonbons et je lui ai parlé. Il avait à ce moment-là quatre ans. Par la suite il a mangé un peu de bonbons des petits voisins puis tout est entré dans l'ordre. Mais je ne cesse pas d'en parler et de dire à mes fils: "Vous avez tout ce qu'il vous faut à la maison dans les desserts et les bonbons, vous n'avez pas besoin d'en manger ailleurs, venez manger à la maison". Évidemment, il est nécessaire de leur offrir quelque chose d'intéressant. L'alimentation naturelle nous offre une grande variété de substances délicieuses et hautement nutritives. Voici ce que mangent mes garçons:

Desserts maisons

- gélatine naturelle aux fruits
- yogourt au miel, aux graines de lin et de tournesol
- biscuits aux graines de lin
- compote de pommes
- salade de fruits
- yogourt au miel, à la noix de coco râpée et à la vanille
- gâteau aux carottes et au caroube
- pouding au millet
- fromage quark aux fraises et au sucre brun (pour remplacer la crème glacée sur un cornet)
- arachides
- graines de citrouille et raisins secs
- dattes enrobées de noix de coco râpée ou de morceaux d'arachide
- tapioca
- yogourt glacé, etc.

En réalité, ce n'est pas le choix qui manque. Il y a d'ailleurs bien d'autres recettes que l'on peut faire mais pour les occasions un peu plus spéciales: tarte aux pommes (sucrée au miel), aux fraises et aux bleuets (toujours sucrée au miel), lait malté (lait + poudre de malt + miel) et ainsi de suite. Il n'y a qu'à consulter les livres de recettes dont je vous ai donné une liste ou même à inventer des recettes. Il est important de donner aux enfants des desserts simples, sucrés au miel ou au malt ou simplement aux fruits, accompagnés d'aromates (vanille, cannelle, caroube).

Il y a également les petites gâteries **naturelles** tels que la réglisse naturelle, les tablettes de caroube, les suçons de miel, les bonbons maltés, les croustilles de maïs etc.

Je suis bien consciente qu'il n'est pas toujours facile de lutter contre l'influence du milieu, c'est pourquoi je fais des substitutions avec de bons ingrédients nourrissants et délicieux. Mais pourquoi les enfants ont-ils ce goût pour les sucreries pensez-vous? Il faut dire qu'ils ont de fortes tentations avec les ''dépanneurs'', la télévision et souvent les oncles, les tantes et les grands-parents qui ont quelquefois l'impression que les enfants fonctionnent à coups de bonbons. D'autre part, ils sont tellement actifs qu'ils ont souvent besoin de ''se nourrir'' avec des aliments riches en hydrates de carbone. Mais ces aliments doivent être constitués de bons ingrédients!

Dans ma famille je n'ai pas ce problème de gâteries peu saines et mes enfants regardent peu la télévision. D'ailleurs quand il y a une annonce ils sont souvent les premiers à dire que ce n'est pas bon pour la santé. Quand je vais faire des emplettes dans un supermarché ils ne s'arrêtent pas dans l'allée des bonbons. Ils savent que ce n'est pas bon et que de toute façon je n'en achèterai pas. L'été il m'arrive d'acheter du yogourt glacé mais je choisis vraiment la marque constituée des meilleurs ingrédients. Je leur achète quelquefois par année (une fois par deux mois) un sac de chips sans agents de conservation. Quand il y a une fête, si je ne fais pas le gâteau j'achète une tarte aux fruits dans une pâtisserie sur laquelle je fais placer un morceau de pâte d'amandes ou encore j'achète un gâteau à la cossetarde mais jamais de gâteau avec un glaçage rempli de sucre blanc.

Concernant le ''dépanneur'' je suis vraiment <u>très stricte</u>. C'est vrai qu'ils ont essayé d'y aller et c'est normal. Cela se produira peut-être à nouveau mais ils savent qu'ils sont punis dans ce cas. Car je tiens à ce que cela soit bien compris. Par contre au temps des Fêtes, je leur ai acheté des petites cloches de chocolat et ils étaient ravis. Je dirais qu'ils ont une alimentation bonne à 95% avec 5% de **petites tricheries** (et cela je **le fais consciemment**). Ils vont prendre leur chocolat chaud avec mon mari au restaurant une fois par semaine. Ils ont droit à un hamburger de restaurant deux fois par année avec frites et liqueur blanche. Je pense que la moyenne est bonne. Par contre, ils ont déjà mangé des mets chinois, un peu de pizza et du poulet commercial. Juste assez pour connaître ce que c'est.

Ils sont d'ailleurs heureux de manger des aliments naturels; ils parlent de cela à leurs petits amis et à leurs professeurs. Ils sont très intéressés par tout ce qui est du domaine alimentaire. Et lorsque je fais

288

du pain, j'ai toujours un assistant. D'ailleurs, j'en aurais facilement trois à chaque fois mais vraiment la fabrication du pain deviendrait un peu compliquée.

Mes enfants sont en bonne santé, ils n'ont pas d'allergies, ils ne souffrent pas de constipation, ils toussent rarement et lorsque cela arrive, la toux disparaît en deux à trois jours sans aucun médicament pharmaceutique. Ils n'ont jamais pris d'antibiotiques et de sirop pharmaceutiques. Bébé, ils n'ont jamais eu de coliques. Ils ne souffrent pas d'otite. Une fois mon fils aîné eu mal aux oreilles. Ce n'était pas vraiment rendu au stade de l'otite mais du catarrhe commençait à s'accumuler dans son oreille. J'en ai trouvé rapidement la cause: une recette de **lait de tigre** trop concentrée qui avait surchargé son organisme. Le lait de tigre est un lait auquel on ajoute diverses substances naturelles hautement nutritives (mélasse, levure, germe de blé, huile). La recette est donnée par Adelle Davis dans un de ses volumes. J'ai donc tout simplement supprimé ce lait, mis une goutte d'huile chaude dans son oreille sans oublier le phosphate de fer dont il a pris quelques petits comprimés avant de se coucher. Le tout entra dans l'ordre très rapidement. Quant à leurs maux de gorge ils sont traités avec de la chlorophylle et vraiment ils en ont rarement.

Lorsqu'ils se blessent j'utilise des cataplasmes d'argile et je désinfecte les blessures avec du vinaigre de cidre, des gouttes de rudbeckie (échinacea) ou de l'aloès. Quand ils se brûlent j'utilise de l'onguent à la vitamine E. Ils sont plus en forme que moi à cet âge-là. Je n'étais pas en mauvaise santé mais je ne digérais pas le lait de vache et je souffrais d'une carence en calcium et sels minéraux alcalins, ce qui me donnait d'affreux maux de jambes et mes gros orteils étaient quelquefois très douloureux. Mon cadet développerait facilement cette tendance et je dois surveiller son apport en calcium: graines de sésame, orge, navet (rutabaga) produits laitiers, oignons, et sels biochimiques no. 12 (silice) particulièrement lorsqu'il a de nouvelles dents et lorsqu'il fait une poussée de croissance. Sinon il est facilement nerveux, il a des sautes d'humeur. Il est important de connaître le tempérament biologique de nos enfants, en fait celui de tous les membres de la famille, ce que réclament leur métabolisme et leur sang. **Le sang est un précieux liquide, il nous permet non seulement d'être en bonne santé mais harmonise le comportement et aide au développement de nos talents.**

Durant mes trois grossesses, j'ai bien mangé, j'ai veillé à conserver l'harmonie de mes pensées et je ne l'ai jamais regretté. Évidemment je n'ai pas la prétention de dire que mes enfants sont parfaits. Certes ils ont des tendances héréditaires mais elles sont contrôlées par leur nutrition et l'ensemble de leur mode de vie. Et s'ils restent conscients de l'importance d'une alimentation naturelle et d'un mode de vie équilibré, leur corps sera toute leur vie durant un bon outil au service de leur esprit.

Étant jeune j'ai eu beaucoup de caries dentaires. Il y a vraiment une différence entre l'état de mes dents durant mon enfance et l'état de leurs dents. Mon fils aîné a eu des petites caries, j'ai donc mis l'accent dans son alimentation sur les aliments alcalins, particulièrement les fromages et les graines de tournesol. Ce qui lui a fait beaucoup de bien. Ses deux dents d'en avant sont un peu croches. En cela il est fidèle à sa mère. Enfant j'ai eu le même problème et on a dû me faire corriger les dents. Cela était dû à un déséquilibre en calcium et divers autres minéraux. Mais je dois dire que ses dents sont nettement moins croches que les miennes.

Mes fils n'ont jamais eu de brossage de dents au fluor et d'ailleurs je ne veux pas qu'ils en aient. On retrouve du fluor sous sa forme naturelle (fluorophosphate de calcium), dans divers aliments: la carotte, la betterave, la courgette, le blé complet, la pomme de terre, le miel, le seigle, le jaune d'oeuf, le poisson, les graines de moutarde. Chez le dentiste, ils n'ont jamais eu de radiographies. Une fois, cela s'est produit chez l'orthodontiste, puisque mon aîné a deux dents un peu croches. Mon cadet a également eu une radiographie puisqu'il est tombé trois fois sur la même dent. Heureusement, ce n'était pas une dent permanente mais le bourgeon de sa dent permanente fut déplacé. Les radiographies sont utilisées avec exagération par plusieurs dentistes. Il est important de savoir que chaque radiographie des dents a un effet sur la glande thyroïde. Elles doivent donc être utilisées uniquement **dans certains cas bien précis.**

Voici un conseil de Grégoire: manger beaucoup de légumes surtout des carottes et du céleri. Pour soigner: de l'argile, des cataplasmes de graines de lin et ne pas avoir le ventre gonflé. Bien surveiller sa digestion.

Un conseil de Victor: manger du navet (rutabaga), des courgettes et boire du lait de chèvre. Pour soigner: bain d'algues, beaucoup de levure et bouillotte chaude.

Un conseil de Jean-Guillaume: manger du pain de blé entier, du yogourt, des biscottes de riz et de la bonne soupe. Pour soigner: pansement avec jus d'aloès et phosphate de fer (sel no. 4).

Grégoire avait d'ailleurs donné à l'âge de quatre ans un conseil qui avait bien fait rire mes patientes. Pour soigner le rhume: de la tisane, de la vitamine C et des becs.

Les enfants s'adaptent beaucoup plus qu'on ne le croit à l'alimentation naturelle. Évidemment c'est important qu'ils aient l'exemple à la maison, l'exemple de maman et de papa. Et tout est plus facile encore s'ils ont toujours mangé de cette façon. Cependant, un changement d'alimentation peut se faire dans une famille mais progressivement, sur une période d'à peu près douze mois.

Quant à l'Halloween eh bien! ce que nous avons fait jusqu'à maintenant ce fut de les amener au restaurant manger un muffin et boire un chocolat chaud. Ils ne s'en plaignent pas et se costument à d'autres temps de l'année. Il est possible qu'ils veuillent ramasser des bonbons à l'Halloween un jour. J'irai donc avec eux et nous ferons un tri judicieux des bonbons qu'ils auront reçus. Nous jetterons ce qui n'est pas acceptable. Chaque sucrerie jetée sera remplacée par une petite gâterie faite avec des ingrédients naturels. Le sucre blanc est l'ennemi des enfants!

18

Les maladies de la femme

Voilà un autre sujet que l'on ne peut passer sous silence. Je m'attarderai en premier lieu aux menstruations. J'ai mentionné au chapitre "Un bouquet de santé", que les algues marines (qui peuvent être prises sous forme de petits comprimés) favorisent le fonctionnement normal des menstruations. Toutefois, d'autres substances peuvent aussi être utilisées.

N.B.: Ces recommandations n'excluent pas la nécessité d'un examen gynécologique et de certains tests jugés utiles par la ou le gynécologue consulté (e).

Menstruations douloureuses

— les algues marines

— le sepia (voir chapitre "Un bouquet de santé")

— le cataplasme d'argile verte au bas-ventre pendant 10 jours, avant les menstruations. Durant les menstruations le cataplasme d'argile peut être remplacé par le cataplasme chaud de son (voir au chapitre "Les premiers soins naturels" le bain de son). Le cataplasme se prépare de la même façon sauf qu'il n'est pas ajouté à l'eau du bain.

— tisane favorisant les **fonctions hépathiques:** boldo-romarin-artichaut, à laquelle on ajoutera de l'aspérule, de la prêle, de la busserole. Cette tisane se prépare de la façon suivante: 1 c. à soupe (15ml) de boldo, 1 c. à soupe (15ml) de romarin, 1 c. à thé (15ml) d'artichaut, 1 c. à soupe (15ml) de prêle, 1 c. à thé (15ml) de busserole, 1 c. à soupe (15ml) d'aspérule. Verser sur le mélange d'herbes 1 pinte (1 litre) d'eau bouillante et laisser infuser durant 15 minutes. Prendre cette tisane avant le repas du midi et du soir.

— régime alimentaire riche en fibres et crudités variées.

— éviter les aliments acides et ne manger que des aliments naturels, c'est-à-dire sans colorants et non sucrés.

En somme diverses carences en minéraux (calcium, magnésium, iode, manganèse, etc.) peuvent accentuer les douleurs menstruelles ainsi que le mauvais fonctionnement de certaines glandes, particulièrement le foie et la glande hypophyse.

Menstruations insuffisantes

Des menstruations douloureuses peuvent être causées par un écoulement sanguin insuffisant. Dans ce cas, il faudra prendre en plus des deux tasses de la tisane suggérée plus haut, une à deux tasses de tisane de sauge par jour 7 à 10 jours avant les menstruations.

Menstruations trop abondantes

Dans ce cas il est absolument nécessaire de fortifier et de nettoyer le foie. La tisane favorisant les fonctions hépathiques est donc suggérée ainsi que l'adjonction au régime alimentaire d'aliments riches en calcium et en rutine (sarrasin, peau blanche des piments). La tisane de bourse à pasteur (ou la teinture de bourse à pasteur) et les capsules de prêle sont indiquées.

Pertes blanches (leucorrhée)

Les pertes blanches abondantes (je ne parle pas de la glaire cervicale qui s'écoule à certains temps du cycle) et les pertes jaunâtres appelées **leucorrhée** peuvent avoir des causes diverses dont: régime alimentaire trop acide et carence en calcium, régime alimentaire trop lourd, faiblesse glandulaire, etc.

Dans ce cas il est absolument nécessaire d'éviter les aliments acidifiants ou encrassants. Au lever, un demi-bain frais et au coucher un cataplasme d'argile verte au bas ventre peuvent soulager grandement. D'autre part, il faudra manger des aliments alcalins et des crudités variées. La douche vaginale à l'argile blanche est recommandée (voir chapitre ''Un bouquet de santé'', et la tisane de boutons de roses. (Infuser 1 à 2 c. à thé (5 à 10ml) de boutons de rose dans 1 tasse (250ml) d'eau bouillante.)

Démangeaisons vaginales

Qu'il s'agisse de simples démangeaisons vaginales ou de champignons vaginaux, l'alimentation thérapeutique et les suppléments de plantes ou de minéraux peuvent ici aussi être très utiles. Il faudra:

1. Absolument s'abstenir de sucre blanc (sous toutes ses formes),

2. Ne pas boire de thé ou de café,

3. Réduire les farineux et les autres aliments formateurs de mucus,

4. Ne pas manger de viande rouge,

5. Boire beaucoup d'eau et manger des aliments alcalins et riches en calcium,

6. Prendre des jus de carottes,

7. Améliorer les fonctions hépatiques (tisane suggérée au début de ce chapitre ou tout autre, et teinture de plantes).

Le bain de siège à l'argile blanche (3 à 4 c. à soupe (45 à 60ml), soulage grandement. De plus il faut absolument utiliser un savon naturel et porter des sous-vêtements de coton sans teinture. Tous ces conseils sont valables lorsqu'il y a présence de champignons vaginaux et lors de démangeaisons vaginales. Toutefois, il faudra ajouter en plus de l'alimentation thérapeutique, lorsqu'il y a des champignons:

— La douche vaginale au magnésium (faire fondre 1 à 2 comprimés de magnésium (la formule de Delbet) dans un peu d'eau et ajouter ce magnésium à 3 tasses (680ml) d'eau bouillie. Placer ce mélange dans un sac à douche vaginale. Il est nécessaire de faire ce lavage vaginal tous les soirs et ensuite il faudra appliquer localement un **ovule vaginal** de bactéries de yogourt (vendu dans les magasins d'aliments de santé et préparé spécialement pour renforcer la flore vaginale)). L'ovule vaginal peut être remplacé par 3 c. à soupe (45ml) de yogourt auxquelles on a ajouté 1 c. à soupe (15ml) de bactéries de yogourt en poudre, utilisées dans la préparation du yogourt. Un tampon interne pourra être imbibé de ce mélange et appliqué localement.

Brûlements vaginaux

Il arrive souvent que des brûlements vaginaux soient causés par un manque de sécrétions vaginales. Il m'est arrivé à plusieurs reprises de conseiller l'application locale du contenu d'une capsule de vitamine E naturelle de 200 u.i et les dames qui avaient ce genre de problème furent grandement soulagées. Il faudra toutefois appliquer la vitamine E au coucher durant une quinzaine de jours et plus souvent si nécessaire et éviter de consommer des aliments acides.

Bartholinite

Il s'agit ici d'un abcès localisé sur une glande de Bartholin. Cette glande assure la lubrification vaginale. Cet abcès est très douloureux. Si les traitements naturels sont appliqués avec soin, on peut éviter la prise d'antibiotiques, l'incision de l'abcès et l'ablation de cette glande. Dès le début, des élancements sont perceptibles localement et ce durant plusieurs jours, avant qu'ils ne deviennent insupportables et que la température ne se manifeste. Il faudra immédiatement se tourner vers l'alimentation thérapeutique:

Jus à l'extracteur: carotte (4 onces ou 120ml) + céleri (2 onces ou 60ml) + poivron vert ou rouge (2 onces ou 60ml);
ou

carotte (4 onces ou 120ml) + céleri (2 onces ou 60ml) + persil (1 once ou 30ml).

Aliments désinfectants: petite cure de raisin frais (bien mâché), s'il y a fièvre.

Traitement local: bain chaud avec sel de mer gris (½ à 1 tasse ou 115 à 225gr) et application d'une figue coupée en deux et cuite dans du lait pendant une dizaine de minutes. Il faudra alors appliquer sur l'abcès la partie interne de la figue bien chaude. Garder en place durant deux heures et renouveler. Dès que l'abcès commence à couler, le traitement local se fera au moyen de cataplasme d'argile verte. Il est nécessaire d'ajouter à ce traitement la prise d'ampoule de vitamine C avec pectine (2 à 4 par jour), de la chlorophylle, et parfois même du propolis. **Il faudra consulter un professionnel de la santé.** L'examen gynécologique est nécessaire.

J'aimerais ici citer Johanna Brandt auteur du livre: La cure de raisin (Éditions Dunant, Genève, p. 85) puisqu'elle a utilisé et recommandé la cure de raisin avec succès dans nombre de maladies. **"À ma connaissance le raisin est le dissolvant le plus naturel et le plus puissant de nombreux dépôts chimiques, en même temps que l'éliminateur le plus drastique. Grâce à ses propriétés extraordinaires, l'appareil excréteur devient efficacement actif sous l'influence d'un régime bien compris de raisins".**

Il est nécessaire pour prévenir l'apparition de divers problèmes des organes génitaux d'éviter les aliments acidifiants, surminéralisants et ceux congestionnant les intestins. Le mauvais fonctionnement des reins ou la surcharge des filtres rénaux par une alimentation trop lourde ou mal équilibrée peut à la longue encrasser les organes génitaux. Raymond Dextreit parle en ce sens des fermentations intestinales et particulièrement de la constipation chronique qui au cours des ans peut détériorer les organes génitaux de la femme: **"Par osmose, les toxines traversent les parois intestinales et viennent corrompre les organes génitaux féminins. Il est donc insuffisant d'entreprendre un traitement spécifique, sans action de drainage des déchets ainsi accumulés".** (Les maladies de la femme, Éditions de la Revue "Vivre en harmonie", p. 18).

La salpingite

Voilà un autre problème de santé qui pourrait être prévenu par une saine nutrition et un bon fonctionnement intestinal. La salpingite est caractérisée par l'inflammation de la trompe qui est un petit tube reliant chaque ovaire à l'utérus. Ici, le cataplasme d'argile verte au bas-ventre est indiqué. **Il faudra toutefois subir un examen gynécologique afin d'avoir le diagnostic d'un ou d'une gynécologue** et appliquer les traitements naturels avec précision. Pour cela une rencontre avec un professionnel de la santé spécialisé dans les traitements naturels s'impose, ainsi que l'utilisation de l'alimentation thérapeutique. Une cure de raisin d'une semaine est tout indiquée lorsque la saison le permet et que les raisins sont suffisamment alcalins. Ne pas prendre de bain chaud.

N.B.: Lors de salpingite, il pourrait être nécessaire d'associer au traitement naturel les médicaments suggérés par le médecin.

La ménopause

Les aliments acides et surminéralisants sont contre-indiqués durant la ménopause car ils entretiennent et provoquent des chaleurs. D'ailleurs j'ai entendu souvent les femmes en faire mention: une chaleur après avoir bu un café, une chaleur après avoir mangé un spaghetti assez épicé, etc. La ménopause n'est pas une maladie, toutefois des troubles glandulaires peuvent se manifester au temps de la préménopause et de la ménopause parce que le foie s'est affaibli au cours des ans. Dans ce domaine, il faudra donc premièrement agir de façon préventive. Bien des femmes souffrant de constipation, de digestion lente, de maux de tête chroniques, de **rages de sucre** ont des problèmes hépatiques et elles auraient avantage à favoriser le bon fonctionnement de leur foie et de leurs glandes.

Ne traiter que les symptômes par des médicaments pharmaceutiques durant plusieurs années rend souvent la ménopause plus difficile. Du point de vue nutritionnel, il faut parler des céréales à grains entiers et particulièrement du blé entier et du germe de blé apportant à l'organisme de la vitamine E. La vitamine E favorise le fonctionnement harmonieux des glandes, elle aide à prévenir et à faire disparaître les chaleurs de la ménopause. Il est quelquefois nécessaire de la consommer sous forme de suppléments. La tisane de sauge riche en hormones végétales est fortement recommandée, ainsi que les comprimés d'actée à grappe noire.

Menstruations irrégulières

Ici également on ne peut ignorer le travail si important du foie favorisant l'équilibre hormonal. La tisane de **fleurs de souci,** riche en hormones végétales aidera à régulariser les menstruations ainsi que le sepia, les algues marines, et dans certains cas des dilutions homéo-pathiques de glandes animales (non pas d'hormones animales) et l'organothérapie.

Les crevasses aux seins

Il arrive que des femmes souffrent de crevasses aux seins durant la période d'allaitement. Voilà pourqouoi je suggère toujours l'application du contenu d'une capsule de vitamine E naturelle 400 u.i ou de lanoline après chaque tétée durant les trois premières semaines de l'allaitement.

N.B.: Bien s'assurer qu'il ne reste plus de vitamine E sur les mamelons lorsque le bébé boit.

De plus je veux mentionner comment une alimentation riche en iode peut prévenir et aider à guérir des kystes aux seins; je citerai ici un article du Dr. Gifford Jones paru dans "Plus, Montréal" (La Presse), samedi 25 février 1984: **"Voici succinctement l'expérience réalisée par le docteur Eskin. Bien au fait que la glande thyroïde a besoin d'iode pour fonctionner, il soumit un groupe de souris à un régime totalement dépourvu d'iode. Très tôt, il nota l'apparition de lésions précancéreuses dans les seins de ses cobayes. Ensuite, il découvrit qu'en leur administrant des oestrogènes, il provoquait des tumeurs encore plus considérables. Pour terminer, il s'aperçut qu'il pouvait renverser le processus pathologique avec le retour à une alimentation normale. Y a-t-il une analogie entre les femmes et les souris du laboratoire? Oui, d'après les scientifiques Russes. Ils rapportèrent, il y a quelques années, avoir guéri la presque totalité d'un groupe de patientes atteintes de kystes aux seins à l'aide d'iode de potassium. Chez nous, des chercheurs de l'Université Queens, à Kingston, ont corroboré la validité de ces expériences. Le Dr. Ghent, professeur de chirurgie, expliquait au dernier congrès de la Société canadienne du Cancer avoir traité 1000 patientes à l'aide de l'iode. Résultats: guérison spectaculaire des kystes chez 88 p. cent des sujets. À son avis, avec l'amélioration de la technique, le traitement sera efficace à 100 p. cent sous peu".**

Ces constatations sont des plus intéressantes et nous devons considérer l'importance pour toute femme de consommer des aliments riches en iode. (Voir la liste de ces aliments au chapitre "Un bouquet de santé": le potassium et l'iode,).

Le syndrome pré-menstruel

Concernant cet ensemble de malaises (nervosité, agressivité, dépression, maux de tête) dont souffrent nombre de femmes une à deux semaines avant les menstruations, de plus en plus de chercheurs ont constaté l'importance de la vitamine B_6 (pyridoxine) dans ce domaine, l'administration de cette vitamine ayant atténué le développement de ce syndrome chez plusieurs femmes. La vitamine B_6 qui est une des vitamines du complexe B favorise le bon fonctionnement des glandes surrénales, elle aide ainsi à stabiliser le taux de sucre et favorise l'équilibre hormonal.

Les sources alimentaires de vitamine B_6 (pyridoxine) sont: riz complet, maïs, levure de bière, légumes à feuilles (céleri vert), fruits (sauf les avocats et les bananes), levure alimentaire (type engevita), mélasse, foie, germe de blé, soya.

Je suggère particulièrement l'adjonction régulière au régime de levure alimentaire contenant les vitamines du complexe B et nombre d'acides aminés (dans les soupes, riz, couscous, salades, sauces, etc.). Pour certaines la consommation de 1 à 3 c. à soupe (15 à 45ml) de cette levure dans de l'eau.

du jus de légume (ex: carotte et céleri) ou dans le lait sera d'une grande aide. Ici également il ne faudra pas oublier de favoriser le bon fonctionnement du foie afin de réduire l'hypoglycémie pré-menstruelle.

Je veux également mentionner que l'acide folique, une autre des vitamines du groupe B doit être présent dans le régime alimentaire de la femme. Cette vitamine fortifie le système nerveux et le sang. Elle est un élément non négligeable **dans la transmission du bagage héréditaire.**

Les sources alimentaires d'acide folique sont: levure alimentaire (genre engévita), levure de bière, germe de blé, pain de blé entier, riz brun, amande, boeuf, farine de sarrasin, beurre d'arachides, avocat, épinards (légumes à feuilles vertes), saumon, etc. On peut se procurer dans les magasins d'aliments de santé un excellent tonique à base de: levure, miel pur, sucre de fruits concentrés (de raisins rouges, de mûres sauvages, de poires, de cassis et de cerises) et d'extraits d'épinards, de varech de mer, de fenouil, de carottes, de germe de blé, de zeste d'orange, d'églantier, de racine d'angélique et de baies de genévrier. Ce tonique entièrement naturel fournit par 20ml (4 c. à thé): 15mg de fer, 2mg de thiamine (B_1), 1.8mg de riboflavine (B_2), 1mg de vitamine B_6 et 1mg d'acide folique. Ce merveilleux tonique, je l'ai conseillé très souvent à des femmes qui vinrent me consulter et j'en ai moi-même apprécié les effets.

La pilule anticonceptionnelle, en plus de déséquilibrer les fonctions hépatiques, diminue dans l'organisme le taux d'acide folique et combien de femmes souffrent de ce débalancement sans le savoir. J'aimerais ici attirer votre attention sur le contenu d'un article paru dans La Presse du mercredi 11 avril 1984 ayant pour titre: "La carence de légumes rend l'homme débile": **"Les carences vitaminiques peuvent avoir une influence néfaste sur l'évolution de l'intelligence humaine. Parmi les désordres vitaminiques, les carences en folate (acide folique) se révèlent être une des plus fréquentes et paradoxalement une des plus négligées. Quand on sait les troubles graves qu'entraîne cette pathologie (anémie, troubles neuropsychiques, troubles immunitoires), malformations foetales, etc.) et l'efficacité d'un traitement précoce ou d'une prévention activée, il apparaît inadmissible de laisser plus longtemps cette question au second plan, affirment les médecins. Comment remédier à ces carences? Le cerveau est l'organe qui utilise le plus de monocarbones. Les monocarbones sont des petits fragments de molécules contenant un seul atome de carbone et qui sont transportés par l'acide folique. Or, dans le cerveau, nous avons une pompe à acide folique. Le cerveau arrive à concentrer d'avantage d'acide folique que l'ensemble des tissus. On est sûr, aujourd'hui, que l'acide folique joue un rôle déterminant dans le métabolisme cérébral. (...) Le retentissement des carences en folates sur la grossesse est maintenant bien connu. La carence est d'autant plus fréquente que les grossesses sont rapprochées, que les femmes allaitent et qu'elles ont été traitées par des oestroprogestatifs. (...) En ce qui concerne la prévention de la spinabifida (une malformation congénitale), des travaux ont été réalisés par plusieurs équipes et le résultat est au-delà de tout doute possible. (...) Dans tous les traités d'obstétriques, il est noté qu'il existe vers le deuxième mois de la grossesse une carence, dite physiologique, de l'acide folique:** <u>c'est simplement dû au fait que les femmes modernes ne mangent pas assez de légumes verts et que</u> **l'acide folique se trouve dans les feuilles de ces légumes** <u>(d'où son nom)"</u>.

Je ne peux évidemment parler de tous les problèmes de santé dont souffrent les femmes mais j'insiste sur le point suivant. **Les femmes souffrent souvent d'une carence en calcium. Il faudra donc considérer l'importance des aliments riches en calcium dans le régime alimentaire soit:** les produits laitiers (de vache ou de chèvre), les graines de sésame non décortiquées, le navet (rutabaga), l'orge, la carotte, le chou, le blé, la pomme de terre, les coquilles d'oeufs (pulvérisées, particulièrement les bruns car les coquilles sont plus épaisses), le poireau, la laitue, les haricots, les noisettes, les amandes, le céleri, les oignons, les raisins, les oeufs, le miel (non pasteurisé), la pomme, la poire, la pêche, le panais, etc.

Les aliments riches en silice sont également importants puisqu'ils aident avec le calcium à la consolidation des os et des dents. La silice rend les tissus plus résistants et les cellules moins perméables aux toxines. **Ces aliments sont:** l'ail, l'oignon, le chou-fleur, les pois verts, la ciboulette, l'échalotte, le radis, le concombre, le chou, l'asperge, l'olive noire, la laitue, la figue, le son de blé, etc.

Les vitamines A et D (soleil, huile de foie de poisson, lait et beurre (l'été) ainsi que le **phosphore** et le **magnésium** (voir liste) aident l'assimilation du calcium). **Les sources alimentaires de vitamine A sont:** la carotte (sous forme de carotène), le navet (rutabaga), le panais, le beurre, les épinards, la laitue verte, le jaune d'oeuf, la tomate (bien mûrie au soleil), l'artichaut, le chou, le maïs, l'abricot, le persil, la chicorée, la pomme de terre sucrée, les huiles de foie de poisson (morue et flétan), le piment vert, la pêche, la citrouille, l'asperge, le brocoli, les pois, les fromages, etc. **Les sources alimentaires de phosphore sont:** les céréales à grains entiers (particulièrement riches), le germe de blé, l'ail, le maïs, l'amande, le chou, les lentilles, les épinards, l'oignon, la laitue verte, la carotte, la pomme, le riz brun, le céleri, la pomme de terre, le chou-fleur, le poireau, la prune, le concombre, les champignons, les noix, les produits laitiers, les oeufs, le miel, le poisson, etc.

Il y a également les **aliments riches en fer** qu'il ne faut aucunement négliger: le germe de blé, le persil, le jaune d'oeuf, l'épinard, les noix de Grenoble, l'abricot, la datte, la mélasse de Barbade ou Blackstrap, la pêche, la prune, le raisin, le cresson, les amandes, le riz brun, l'oignon, le poireau, la cerise, le miel, l'artichaut, la betterave, la laitue, les choux de Bruxelles, etc.

Ce chapitre, j'en suis consciente, ne constitue qu'un aperçu des problèmes de santé des femmes. Il y a également les ulcères au col de l'utérus résultant de carences et d'un état d'acidité, **l'hyper-sécrétion** de folliculine avant les menstruations, etc. Avec les menstruations, les grossesses, le stress qu'elles subissent et qu'elles ont souvent de la difficulté à assumer physiquement, à cause également de leur grande sensibilité et de leur difficulté à prendre enfin toutes ensemble cette place de guides écoutées et respectées, combien de femmes souffrent en silence et vivent une oppression intérieure qui les épuise? Voilà pourquoi chaque femme doit connaître les secrets si importants de la santé du corps et également les secrets de l'harmonie de l'esprit.

Oui, les femmes ont un don pour soigner, et je ne pouvais garder pour moi cette connaissance de la santé, c'est pour cette raison que j'ai écrit ce livre: Soigner avec pureté. Cependant il y a un autre point important: **Soigner la pureté!** Soigner la pureté et la clarté de notre royaume intérieur. **"L'essentiel est invisible pour les yeux"** disait le petit Prince de St-Exupéry. Si cet invisible, ce principe spirituel dont j'ai parlé et qui nous habite est ténébreux, tourné vers les désirs terrestres de façon excessive, l'appât du gain, la soif du pouvoir et diverses attitudes négatives, le corps subira certes toutes ces tensions. Et que feront ces tensions? Elles épuiseront les glandes et le système nerveux. Le foie lui-même sera perturbé dans son fonctionnement et souvent le taux de sucre deviendra plus bas que la normale. La capacité de digestion et d'assimilation sera amoindrie. Le corps sera chargé de résidus alimentaires. Les risques de fièvre, d'acidité et d'inflammation seront plus grands. On ne peut donc tout rapporter au point de vue alimentaire. C'est évident!

Il faut de plus parler de l'ensemble des facteurs naturels de santé: **l'oxygénation, l'ensoleillement, le mouvement, etc.** La marche permet d'en réunir trois. De plus, elle calme et favorise la digestion. Il y a également le sommeil, le comportement moral, l'aspect psychologique et la vie de l'esprit, cette vie si précieuse qui peut s'épanouir et rayonner tel un précieux cristal. Dès mon enfance, mes yeux intérieurs ressentaient cette dimension. Seule sous les étoiles ou couchée dans la neige dans le silence de "l'heure douce" des fins d'après-midi, j'interrogeais la vie. Et je demandais à mon père: "Mais avant que la vie existe, est-ce que c'était la nuit? Est-ce que tout était noir?" Il y avait certainement un espace en haut, loin bien loin au-dessus de tout où jamais il n'y avait eu de noirceur, où était la Lumière, la Source de tout... Dieu... Tout cela me touchait et j'en parlais avec mon père. Je nourrissais les oiseaux avec des biscuits écrasés et tout à coup, un de ces jours où ma mère repassait dans la cuisine, il me sembla que je pris conscience d'exister... Cela resta toujours si présent... cette conscience d'être. Durant toutes ces années j'ai marché sur la route de la vie. Quel apprentissage! Cela ne fut pas toujours facile. De l'enfance à l'adolescence et de l'adolescence à l'âge adulte il y a tant à regarder, à apprendre, tant à constater. Il faut faire des choix et les choix que j'eu à faire m'orientèrent vers la **vie marginale:** du point de vue artistique, du point de vue médical, du point de vue de la compréhension de la **Féminité.**

Élevée dans un milieu artistique, mes goûts artistiques se canalisèrent dans la chanson, l'écriture de contes et de pièces de théâtre symboliques. Mais il me fallait découvrir les secrets de la santé et plus tard parler de ce merveilleux alliage **corps-esprit.** Mais pour cela quelle route il me fallut suivre! Vivre en marge de la société afin d'acquérir des connaissances principalement dans le domaine de la médecine douce. Comme je l'ai d'ailleurs indiqué, j'ai lu nombre de volumes sur le sujet, j'ai prononcé des conférences, lu des dizaines et des dizaines d'articles de journaux, participé à des congrès, écrit des articles, etc. J'ai rencontré des parents inquiets, des bébés malades, des mères fatiguées. J'ai pris connaissances des diverses théories de la médecine moderne, de la naturopathie, de l'organothérapie, de l'homéopathie, de la diététique, de l'hydrothérapie, etc. J'ai constaté les effets du stress, le manque d'harmonie du mode de vie, l'absence de vie spirituelle dans la vie quotidienne et la société en général. Tout cela n'améliore guère la santé. Comme je l'ai mentionné, j'ai écrit deux volumes qui furent publiés en 1973 et 1975. Le volume publié en 1975: <u>Soins naturels de la femme enceinte</u> portait cette dédicace: **"Pour une revalorisation de la maternité, dimension de la féminité; aux femmes de mon peuple".** Certes cela n'avait aucune connotation politique. Mais j'ai voulu écrire ce livre pour aider les femmes à prendre conscience de l'importance d'une grossesse bien vécue physiquement et spirituellement.

J'ai de plus participé à des colloques et émissions de radio sur le respect de la vie. Ainsi le 4 mai 1974, c'est avec joie que j'ai prononcé une conférence dans le cadre du Symposium national Pro-Vie à Montréal qui rassembla de 5,000 à 6,000 personnes. Cette conférence avait pour titre: "L'enfant, espoir du Québec". Et je mentionnais dans cette conférence qu'il y avait place au Québec pour une élite féminine. Dans un article écrit en 1974 et qui fut publié dans <u>Le Devoir</u> du mardi 21 mai 1974, j'exprimai également cette conviction et je pris de plus en plus conscience à travers toutes ces années de réflexion, de conférences et de consultations, que les femmes n'avaient jamais pris vraiment leur place **d'élite féminine** et de guides. Mais pour qu'enfin toutes ensemble elles puissent harmoniser et rééquilibrer la société, pour ne pas dire la planète. En ce grand tournant de la fin du XXème siècle où la technologie et la production ont besoin de sagesse, de sensibilité et de Féminité elles doivent trouver la voie de leur épanouissement. Cette voie, cet escalier comporte plusieurs marches. Je crois que la première marche de la **véritable libération de la femme est celle de la santé.** Les femmes doivent reconquérir la santé de leur corps et la santé des êtres qui les entourent. Et cela par des moyens très simples comme: **l'alimentation thérapeutique, l'utilisation de cataplasmes et d'huiles essentielles, l'hydrothérapie. En retrouvant cette capacité qu'elles ont perdue dans le domaine des soins de santé, elles seront à même** de reconnaître que la vie a des lois et cela dans le domaine de l'infiniment petit (microbes, aliments) et de l'infiniment grand (gravitation, etc.). Lois applicables également dans le domaine spirituels.

Tant de femmes prennent des calmants: **"quatre fois plus de femmes que d'hommes de 20 à 29 ans et deux fois plus de femmes que d'hommes de 30 ans et plus reçoivent des prescriptions de calmants".** (Journal de Montréal, 17 février 1984). Évidemment on ne peut croire que tout cela soit dû à des carences alimentaires. Mais, un fait est certain, **un corps bien nourri et bien soigné résiste mieux au stress.** La cigarette est également à proscrire de même la marijuana et le haschisch. Durant la grossesse ils ont un effet très néfaste sur la santé du bébé. En tout temps, la femme doit éviter de fumer. La cigarette a un effet de stimulation sur le système glandulaire. Cet effet est des plus nocifs. De plus elle détruit la vitamine C (Docteur W.J. McCormick de Toronto, Prévention 1971), la vitamine B_1 (Docteur McCormick, Connecticut medical Journal, janvier 1957), et B_{12} (Docteur John McGarry et Dr. Joan Andrews).

Il y aurait tant à dire sur la santé des femmes, sur cette place qu'elles doivent reconquérir dans le domaine de la santé et sur ce **don** qu'elles ont pour soigner. Je me retiens, car je n'arrêterais pas d'écrire. Mais un fait est certain, je crois au **Grand Renouveau.** C'est pour cette raison d'ailleurs que j'ai écrit une conférence sur le sujet ayant pour titre: "Les femmes du "Grand Renouveau" "©. Cette conférence reconsidère la place des femmes dans le domaine de la santé, mais elle touche également d'autres aspects.

La véritable libération féminine conduira les femmes sur une voie où leurs valeurs seront pleinement respectées: étape par étape, marche après marche. Cela toutefois n'aura rien d'agressif. Et il faudra construire en utilisant cette fois **des matériaux purement féminins.** Cela je l'ai vu si clairement en écoutant les femmes. Les femmes par exemple sont deux fois plus nombreuses que les hommes à subir des traitements d'électrochocs, car leur système hormonal est plus complexe et leur corps plus délicat. Leurs aspirations au fond différentes, même dans le domaine de la santé. Elles ont une vision plus globale. Le **mouvement pour la santé du peuple** aux États-Unis au XIXème siècle accordait aux femmes un talent évident en médecine. Barbara Enrenreich et Deirdre English dans leur livre Sorcières, sages-femmes et infirmières, traduit en français et publié aux Éditions du Remue-Ménage, rapporte une déclaration de Samuel Thompson, un des chefs du mouvement pour la santé du peuple en 1934: **"On ne peut nier le fait que les femmes possèdent des capacités supérieures aux hommes dans**

le domaine médical". Il croyait toutefois que le domaine de la chirurgie était plus masculin, en somme plus technique. Sarah Hale (1788-1879) dont les écrits influencèrent grandement à partir de 1828 toute la littérature pour les femmes déclarait: **"Parlons-en du fait que la médecine serait le propre de l'homme seulement! Nous pensons avec 100 preuves à l'appui, que c'est plutôt le domaine des femmes et le leur uniquement"**.

Bien que défendant la cause féminine, elle croyait que la mission des femmes dans la société devait s'accomplir grâce à leur influence morale plutôt que grâce à une implication directe dans les affaires publiques. Elle demandait une meilleure éducation pour les femmes et croyait qu'il était des plus important qu'elles accèdent à des fonctions de professeurs.

Considérant le cheminement des femmes à travers l'histoire, leurs rapports particuliers avec la nourriture, la santé, l'éducation, la grossesse, leur fonction d'inspiratrices, il nous faut réaliser que les femmes, si elles portent bien leur féminité, ont une **action formatrice.** Elles façonnent, elles moulent. Quel rôle important et des plus précieux! Au fond tout se joue dans le moule. Mais à l'heure actuelle que se passe-t-il? Non seulement le Québec mais la planète se structure en niant l'importance du moule. Nous vivons dans la structure, le pouvoir et la multiplication effrénée des objets de toutes formes et de toutes couleurs. Est-ce la voie du bonheur? Les hommes (et je le dis positivement), s'intéressent règle générale plus aux objets qu'aux êtres vivants et cela dès l'enfance (mécano, camions, ballon, hockey, auto, camions, bâtons, arc, fusil, etc.) Leurs activités dès cet âge ont un rapport moins direct avec la vie. Je m'arrête ici pour donner quelques explications. Je ne veux pas dire qu'un garçon manque de sensibilité. Il peut être sensible et aimer beaucoup les animaux mais les objets auxquels il s'intéresse sont souvent différents ainsi que la façon dont il les considère.

Diane McGuiness et Karl Pribam du département de neuropsychologie de l'Université de Stanford ont d'ailleurs conçu une synthèse de toutes les études consacrées aux aptitudes respectives des hommes et des femmes et ils en ont tiré des conclusions intéressantes, montrant des différences dans les aptitudes et les comportements féminins et masculins. Ils mentionnent dans leur synthèse: **"Les hommes: déjà, lorsqu'ils sont petits, s'intéressent plus aux objets qu'aux gens. (...) Les femmes: s'intéressent plus que les hommes aux gens — plutôt qu'aux objets — et font preuve de plus de chaleur humaine et de compassion. (...)"** (Jacques Languirand, Mater Materia, Éditions Minos, p. 3435).

Évidemment il ne s'agit pas de trancher cela au couteau mais la simple observation nous le démontre souvent. Cependant, le fait qu'ils s'intéressent plus aux objets n'a rien de dévalorisant. Au contraire, cela est important et utile: dans la construction, la technologie, le travail du bois, la fabrication des instruments de musique, des meubles, les découvertes de toutes sortes, l'électricité, etc. Toutefois, l'aspect plus délicat de la femme, tournée dès l'enfance vers les jeux de motricité plus fine, sans oublier les poupées: objets certes, mais nettement plus vivants et moins "moteurs", chants, coloriage, peinture, vaisselle, couleurs, vêtements, etc. démontrent des champs d'actions différents **que l'on essaie malheureusement de niveler.**

Et pour moi cette prise de conscience de l'importance de la Féminité et de la complémentarité (femme-homme) dans le domaine de la santé est la première marche, je le ressens profondément, d'un **Grand Renouveau** qui apportera sagesse et équilibre en cette fin du XXème siècle. Plus que jamais du point de vue physique, moral, psychologique et spirituel, l'histoire a besoin des femmes.

Je crois que la vie n'a pas dit son dernier mot. Il sera si clair, si noble, si beau ce dernier mot. Il sera empreint d'une si grande douceur, d'une si grande sagesse. Il sera porté par tant de femmes au service de la paix, au service de la Lumière. Si... elles le veulent... Si elles cessent de se lancer dans la course au pouvoir. **Si elles forment l'autorité agissant sur le pouvoir.** Alors je le crois, des pensées claires et lumineuses naîtront sur la Terre. Les hommes eux-mêmes en seront très heureux. Ceux qui portent encore en eux une étincelle de respect envers la vraie femme.

Depuis des siècles et des siècles, les femmes se cherchent. Elles ont été des mères, des séductrices, des intellectuelles, des garçons manqués, des servantes, etc. La maternité est une très belle dimension de la féminité mais ce n'est pas la seule. **La femme doit ennoblir son entourage, son environnement. Elle en a la capacité grâce à ses fines facultés intuitives.** Mais pour cela, elle doit revaloriser la notion même de Féminité dans nombre de secteurs de l'activité humaine.

Pierre Gourou qui est un des grands de la géographie déclarait dans un article publié dans la revue L'Actualité de janvier 1983, alors qu'il était âgé de 82 ans, que le rôle des femmes devrait être moins oublié dans l'évolution des pays pauvres. Du point de vue de leur rôle en ce qui a trait à l'instruction des enfants (quant à la salubrité et à la compréhension de l'assainissement d'une région), du point de vue du contrôle des naissances etc. **"Les femmes ne jouent pas un rôle suffisant. Elles feraient peut-être moins d'erreurs que les mâles"** dit-il. La présence féminine est donc souhaitée non seulement dans les pays pauvres mais également dans les pays industrialisés car on ne sait plus **prendre soin de la vie.**

Et voilà que je pense à Jonathan Livingston le Goéland. Habité d'un désir irrésistible, il parvient après de longs et douloureux efforts à dépasser les limites du comportement de ses congénères. Il veut voler haut, toujours plus haut et c'est ainsi qu'il rencontre deux frères goélands venus vers lui avec calme et assurance afin de le mener plus haut encore vers sa patrie. **"Jonathan, tu peux t'élever davantage encore, car tu as voulu apprendre".**, lui disent-ils. **"Ton apprentissage élémentaire est terminé et il est temps pour toi de passer à une autre école".**

En faisant une rétrospective de la présence, de la considération et de l'évolution de la Féminité dans l'histoire, n'est-ce pas ce qu'une voix dit en nous: **"Ton apprentissage élémentaire est terminé. Il est temps pour toi de passer à une autre école".** Oui nous avons appris à être des mères. Cela est important et doit être considéré. Nous avons appris à soigner mais il nous faut maintenant reprendre à nouveau les guides dans le domaine de la santé. Nous sommes des plus sensibles à l'amour mais il nous est arrivé de nous tromper alors, nous avons séduit au lieu de rayonner dans notre pure féminité. Il nous arriva même d'envier les hommes et de croire que notre liberté était de nous masculiniser et que seule notre intelligence pouvait nous sauver. Mais il nous faut maintenant passer à une autre école.

Après de nombreuses années de révolution féministe on parle à nouveau de la Féminité. **Il était temps certes que la femme revendique ses droits, mais on considère encore plus sérieusement maintenant que pour les femmes, le "droit à la différence" a une signification plus profonde encore qu'on ne l'avait cru.** Les deux sexes même pourrait-on dire, les deux genres présents dans la Création n'ont pas qu'une fonction de reproduction. Car alors les femmes ou les hommes sans enfants seraient des êtres inutiles. Au XXème siècle d'ailleurs plusieurs femmes se sont interrogées sur le sens de la féminité: Simone de Beauvoir, Betty Friedan, Christiane Collange, Dominique Dallayrac, Françoise d'Eaubonne, Mariella Righini, etc.

Il est malheureux que la tendance à l'unisexe soit de plus en plus répandue car déjà physiquement les différences sont évidentes. Au niveau chromosomique, le chromosome "X" est féminin et le chromosome "Y" est masculin. D'autre part les femmes font en général preuve d'un sens moral plus développé; psychologiquement elles ont un comportement différent et le principe spirituel qui les habite ne s'est pas retrouvé par hasard dans un corps féminin. **"La femme est l'avenir de l'homme"** écrivit Louis Aragon et Abd-ru-shin (Oskar Ernst Bernhart) lui-même dont l'oeuvre spirituelle marque le XXème siècle, si haut s'élève son envol, parle non seulement de la femme mais de la Féminité qui doit **précéder** l'humanité. Il écrit: **"Considérez la femme! L'intuition lui fournit cette sensibilité à laquelle nulle créature ne peut atteindre et qui est le bien le plus précieux de la féminité. C'est pourquoi on ne devrait pouvoir parler dans cette création que de la noblesse de la féminité, car celle-ci porte en elle <u>les dons les plus efficients pour permettre la réalisation de tout ce qui est bien</u>.**

Mais cela nous confère également une plus grande responsabilité car **il nous faut trouver le chemin du véritable épanouissement de l'humanité.** Chaque jour les journaux nous incitent à réfléchir sur les conditions de vie des femmes. Le 24 mai 1984 le Journal de Montréal publiait un article: <u>Les femmes ont plus besoin des services de santé que les hommes</u>. **"Bien qu'elles vivent plus longtemps et surtout parce qu'elles assurent la continuité de la race, les femmes ont plus besoin de services de santé que les hommes. Au travail ou à la maison, elles perdent deux fois plus de jours d'activité que les hommes pour des problèmes de santé. Elles consultent plus souvent les médecins, et surtout elles consomment la plus grande partie des médicaments prescrits au pays, dont près des trois quarts des tranquilisants"**.

Il y a beaucoup à faire. Toutefois, quoique les femmes consultent plus les médecins, les hommes, eux, fréquentent plus souvent les hôpitaux que les femmes. Et globalement, les femmes ont de meilleures habitudes de vie que les hommes. Elles boivent moins et fument moins, nous révèle une étude intéressante publiée par Statistiques Canada dont plusieurs données furent révélées dans cet article. Dans 70% des cas elles assument seules les soins qui doivent être donnés à la maison à un enfant malade. Dans 30% des cas seulement les parents partagent la responsabilité (même lorsque la femme travaille à l'extérieur). C'est ce qu'a constaté Herbert Northcott, un sociologue de l'Université de l'Alberta, lors d'une étude réalisée auprès de 34 familles d'Edmonton.

Vraiment, partout où notre regard se pose il apparaît évident que **savoir prendre soin** est une notion profondément inscrite dans le coeur des femmes.

La première marche de la véritable libération des femmes fera en sorte, qu'ayant retrouvé la voie de la santé, les femmes auront non seulement plus de résistance au stress mais, elles seront plus en mesure de développer leur créativité, elles apprendront à mieux organiser leur vie quotidienne, elles graviront ensemble l'escalier du "Grand Renouveau". La fin du XXème siècle je le crois, sera marquée **par l'action des femmes au service de la vie.**

19

Questions et réponses

J'aimerais ici répondre à plusieurs questions qui m'ont été posées régulièrement, suite à la publication de mes deux premiers volumes et lors de consultations.

1. Pourquoi ne doit-on pas donner des céréales à un bébé avant l'âge de cinq mois?

Parce que très peu de ptyaline est sécrétée dans la salive du bébé avant l'âge de 4½-5 mois. La ptyaline est un enzyme permettant une **pré-digestion** des hydrates de carbone dans la bouche.

2. Pourquoi suggérez-vous de donner aux bébés les fruits comme premier aliment solide?

J'ai toujours suggéré de commencer par les fruits parce qu'ils sont très faciles à digérer, principalement la pomme jaune, la poire, la pêche ou la nectarine en saison. Deuxièmement les légumes tels la carotte, la pomme de terre sucrée, la courgette, le céleri (finement coupé pour éviter la présence de fils). Troisièmement: yogourt. Quatrièmement: fromage cottage, céréales (millet, riz (pulvérisé), mélange de céréales biologiques pour nourrisson. Cinquièmement: bananes, légumes verts puis tofu, noisettes (cuites à la vapeur et broyées avec les légumes, etc.) Et je n'ai pas remarqué que le fait de faire manger à un bébé les fruits avant les légumes lui fasse refuser les légumes par la suite parce qu'ils sont moins sucrés. Cependant il faut considérer que règle générale il est bon de mélanger des légumes au goût plus marqué avec des légumes au goût plus doux donc plus sucré pour la plupart des bébés. N'oublions pas que le lait maternel a déjà un goût sucré et c'est ce que recherche instinctivement le bébé. Lorsque le bébé grandit et qu'il commence à manger seul des petits morceaux il me semble alors plus prêt à goûter individuellement aux légumes au goût plus marqué ex: navet (rutabaga), asperge. Ainsi, certaines purées que j'avais suggérées lors de la composition de ma thèse m'ont semblé plus difficiles à intégrer au régime alimentaire des bébés, par exemple: la purée de piment vert et poireau et la purée de panais à l'huile d'olive.

3. Vous ne parlez pas dans votre volume <u>Soins naturels de l'enfant</u> du lait de chèvre?

Je n'en parle pas parce que ce lait n'était alors aucunement disponible sur le marché.

4. Pourquoi suggérez-vous d'ajouter des huiles telles que les huiles de sésame, de carthame ou de tournesol aux purées de bébés?

J'ai suggéré cela parce que j'étais bien consciente de l'importance des gras non-saturés (vitamine F) dans l'assimilation et la diffusion du calcium dans l'organisme: **"Les acides gras non saturés portent le nom de vitamine F. Parmi des acides, nous retrouvons l'acide linoléique, l'acide linolénique et l'acide arachidonique. Qu'on se souvienne que le lait humain est très riche en vitamine F surtout aux premiers jours de la lactation, alors qu'il y a sécrétion d'un liquide jaunâtre le colostrum. La vitamine F est un accélérateur biologique du transport de l'oxygène. Elle aide à l'assimilation du calcium et à sa diffusion. Elle améliore le fonctionnement de la glande thyroïde, régularise la coagulation du sang, le taux de cholestérol et améliore la santé"**. (<u>Soins naturels de l'enfant</u>, Éditions du Jour, 1973, p. 90).

Il est d'ailleurs toujours important d'ajouter ces huiles à l'alimentation. Principalement si l'enfant ou le bébé prend du lait de vache écrémé à cause de difficultés d'assimilation. Mais ces huiles ne contiennent pas uniquement des gras non saturés. Elles contiennent aussi des gras saturés. Exemple: règle générale l'huile de tournesol contient dans 100gr. (7 c. à table): 80gr d'acides gras non saturés, 52gr d'acide linoléique (faisant partie des gras non saturés), 15gr d'acides gras saturés. Le lait maternel lui-même contient une certaine proportion d'acides gras saturés.

5. Pourquoi le lait maternel est-il si sucré?

Le lait humain est riche en sucre (lactose) parce que le cerveau, le cervelet et les muscles ont besoin d'une importante quantité de sucre naturel pour se développer normalement.

6. Pourquoi suggérez-vous dans votre livre <u>Soins naturels de l'enfant</u> de donner des aliments solides à l'âge de trois semaines, c'est-à-dire des fruits?

Lorsque j'ai écrit ce livre j'ai suggéré deux régimes alimentaires:

1. Régime liquide et solide pour bébé allaité au sein: dans lequel le jus de carotte ou de pomme est intégré vers l'âge de deux mois mais l'alimentation solide c'est-à-dire l'introduction de la purée de fruits ne débute que vers l'âge de quatre mois.

2. L'autre régime fut suggéré pour combler les besoins d'un bébé ayant été sevré du lait de sa mère. Évidemment je dois dire que onze ans après avoir écrit ce livre je me rends compte qu'il est nécessaire de faire certains ajustements. Quelques années plus tard le milieu pédiatrique remit en vigueur cette théorie qui veut qu'un bébé ne soit nourri que de lait pendant les premiers mois de sa vie (de 4 à 6 mois). Non seulement s'il est allaité par sa mère (ce que je croyais possible) mais aussi s'il reçoit une **formule de lait.** J'ai donc expérimenté ce régime liquide dans le lait de chèvre ou la formule-maison (constituée d'ingrédients naturels) et cela s'avéra efficace. J'ai par la suite proposé les mêmes étapes alimentaires mais à partir de l'âge de 4, 5 ou 6 mois selon chaque bébé.

7. Est-il bon que les enfants prennent des collations?

Lorsque les collations sont constituées d'ingrédients sains et que l'enfant les réclament sans qu'elles nuisent à l'appétit lors du dîner et du souper, elles sont recommandées.

8. Pourquoi suggérez-vous de donner de l'eau la nuit lorsqu'un bébé s'éveille?

Il est normal qu'un bébé ne fasse pas ses nuits les deux ou trois premiers mois de sa vie. J'ai toutefois constaté qu'il arrive que certaines mères manquent un peu de fermeté en ce domaine. Évidemment, plusieurs facteurs sont à considérer et donner de l'eau n'est pas la solution idéale. Voilà pourquoi ce n'est plus la seule solution que je propose mais je me permets d'indiquer que le bébé doit ressentir (s'il ne la comprend pas) la manifestation de la loi de la compensation dans cet équilibre entre le jour et la vie.

N.B. Dans certains cas, lorsque le bébé est nourri au sein, une révision du régime alimentaire de la mère s'avère nécessaire.

9. Est-il absolument nécessaire que le bébé ou l'enfant prenne du soleil nu pour que cela lui soit profitable?

Non cela n'est pas absolument nécessaire. Il peut arriver dans certains cas où les glandes sont particulièrement affaiblies que le point de vue thérapeutique l'exige (si cela est réalisable). Je suggère maintenant, quoiqu'un enfant ne soit pas un adolescent ou un adulte, que le corps soit couvert en conséquence chez le garçon ou la fille. Car le sens de la pudeur dans la vie en société s'est largement détérioré et cela doit être cultivé dès l'enfance.

10. Vous parlez dans certains conseils du point de vue éducatif que l'enfant doit développer sa sensualité. Qu'entendez-vous par cela?

J'entends par cela le développement réel des sens qui permettent d'entrer en contact avec la Création, non pas le mot dans un sens déformé. Je dis maintenant pour que tout soit clair: l'enfant doit développer ses sens afin de mieux explorer son environnement.

11. Est-ce que la naturopathie guérit tous les problèmes de santé?

La naturopathie ou encore disons la médecine douce traitant avec l'ensemble des facteurs naturels de santé ne guérit pas les cas terminaux tels que les cancers, la sclérose en plaque*, le diabète, les maladies vénériennes, la fibrose kystique etc. Elle soigne les maladies de la zone grise.

* Le Dr. C. Kousmine lauréate de l'Université de Lausanne en 1928 a toutefois expérimenté les effets d'une alimentation saine et naturelle et l'utilisation des suppléments alimentaires dans le traitement de la sclérose en plaque.

Premièrement **l'aspect préventif est très important** et on ne le prend pas suffisamment en considération. Comme je l'ai expliqué, on doit connaître son type de métabolisme, découvrir les aliments avec lesquels nous sommes en affinité et qui nous permettront d'adopter un régime alimentaire adéquat. Ce type d'alimentation préviendra la formation de problèmes de santé.

Deuxièmement **l'aspect curatif par l'alimentation est important,** mais il ne faut pas oublier les autres facteurs naturels. Là, nous pouvons **soigner avec pureté.** Il y a les problèmes de santé aigus qui une fois traités naturellement se résorbent mais il y a aussi les problèmes de santé chroniques. Ceux-là demandent un traitement plus en profondeur et il faut savoir être **patient et persévérant.**

La naturopathie ne met toutefois pas à l'abri du stress; toute personne voulant conserver la santé doit absolument développer la maîtrise de soi et une attitude positive devant l'existence.

12. Que pensez-vous des médicaments pharmaceutiques?

Le gouvernement du Québec dans le cadre du Conseil des Affaires Sociales et de la Famille indique en page 60 et suivantes dans: <u>Médicaments ou potions magiques</u>: entre 5 et 7 p. cent des admissions à

318

l'hôpital sont consécutives à des réactions anormales aux médicaments et pendant l'hospitalisation, entre 6 et 36 p. cent des malades voient leur état aggravé par les médicaments au point de devoir passer plus de temps à l'hôpital que les autres malades.

Les statistiques parlent d'elles-mêmes. Il n'y a qu'à lire régulièrement les journaux pour se rendre compte avec statistiques à l'appui que les médicaments pharmaceutiques sont souvent inutiles et dangereux. Dans La Presse du 24 mars 1984, on pouvait lire un article très intéressant ayant pour titre: ''268 remèdes inutiles contre la grippe vendus au Canada''. Non seulement inutiles mais aussi toxiques, indique le Dr. Murray Katz, conseiller de l'Association des médecins de l'Ontario.

Des millions pour ne pas dire des milliards sont investis chaque année dans l'industrie pharmaceutique. Les médecins eux-mêmes sont fortement sollicités par cette industrie et soignent à grands coups de médicaments. **Il arrive qu'un médicament pharmaceutique soit utile lors d'une maladie terminale ou d'une crise aiguë, lorsque la vie d'une personne en dépend mais la connaissance des facteurs naturels de santé et l'application de ''l'alimentation thérapeutique'' permettent d'éviter l'utilisation des médicaments pharmaceutiques, sinon de réduire l'utilisation de ces médicaments. Tout dépend du problème de santé.** Il faut aider à rétablir le corps alors le médecin constatant l'amélioration de la santé de la personne cessera ou réduira la médicamentation pharmaceutique.

13. Croyez-vous que les suppléments alimentaires soient tous recommandables et de qualité égale?

Je ne crois pas que les suppléments alimentaires soient de qualité égale. Ce dont il faut principalement tenir compte c'est de la source alimentaire de chaque ingrédient constituant un supplément. De plus, autant que possible, il est préférable que le supplément ne soit pas trop concentré.

14. Que signifient les termes ''aliments naturels'' et ''aliments organiques''?

Les aliments naturels ne sont pas tous des aliments organiques, c'est-à-dire cultivés sans engrais chimiques ni produits chimiques comme les herbicides, les pesticides, etc. Le terme d'''aliment naturel'' veut dire un aliment qui a été peu travaillé et non raffiné industriellement après la récolte ou l'extraction. Règle générale de grands efforts sont faits dans les magasins d'alimentation naturelle pour avoir des aliments biologiques. Ils sont toutefois assez chers et peu nombreux, la culture biologique étant peu répandue.

15. Comment peut-on changer l'alimentation d'une famille ayant de mauvaises habitudes alimentaires?

Il faut faire cela étape par étape. Par exemple:

1) **Changer le pain et les farines,**
2) **Remplacer le sucre par le miel,**
3) **Manger plus de fruits et de légumes,**
4) **Consommer plus de viande blanche et moins de viande rouge,**
5) **Éviter les colorants et les produits alimentaires remplis d'additifs.**

Les livres de recettes constituées d'ingrédients naturels permettront également de préparer des mets délicieux qui sauront satisfaire les palais capricieux. Évidemment je crois qu'il est nécessaire de conserver un faible pourcentage de **petites tricheries** (environ 5% du régime alimentaire).

16. Est-ce que l'alimentation naturelle coûte plus cher?

Tout dépend du point de vue où l'on se place. Évidemment que cela pourrait coûter moins cher, c'est une question d'offre et de demande.

Il y a des aliments naturels très peu chers comme: le son, la mélasse de Barbade, le riz complet, la farine de blé entier, le caroube, la camomille, etc. Cependant il faut y aller selon son budget. Mais, si on ne dépense plus pour acheter des cigarettes, de la gomme, de la bière, des tablettes de chocolat et des liqueurs, on pourra investir cela ailleurs et acheter des aliments plus naturels et plus nutritifs.

De plus, bien manger permet d'avoir de meilleurs réflexes au volant, assure une meilleure productivité au travail, etc. On peut s'en tirer à bon compte en se procurant les divers aliments nécessaires dans les magasins d'alimentation naturelle et dans les supermarchés. C'est ce que je fais d'ailleurs. Et je préfère investir dans l'alimentation plutôt qu'avoir deux télévisions et acheter nombre de choses qui par rapport à l'importance d'une saine alimentation me semblent superflues.

17. Est-ce que les aliments naturels font engraisser? Et que pensez-vous des régimes amaigrissants?

J'ai très souvent constaté par exemple qu'une femme ayant une alimentation naturelle équilibrée, donc plus riche en fibres, en vitamines et minéraux maigrissait sans le vouloir lorsqu'elle avait des livres en trop. Cela principalement parce qu'elle digérait mieux, parce que ses intestins fonctionnaient plus régulièrement et que sa circulation était meilleure.

Toutefois il est évident que l'alimentation naturelle peut faire engraisser si une personne consomme trop de pain de blé entier et beaucoup de pâtes alimentaires. Il y a là une question d'équilibre entre les divers groupes alimentaires. Quant aux régimes amaigrissants je crois qu'il vaut mieux éviter les poudres en sachet et acquérir de bonnes habitudes alimentaires. Il faut aussi considérer l'aspect glandulaire et chez certaines personnes le **stress** peut faire enfler.

18. Doit-on absolument devenir végétarien et que pensez-vous du végétarisme?

Je pense beaucoup de bien du végétarisme mais je ne crois pas que l'on doive être végétarien toute sa vie durant. Je me permets ici de citer un extrait d'une oeuvre dont j'ai parlée précédemment: le Message du Graal, Dans la Lumière de la Vérité, de Abd-ru-shin. Ce qu'explique l'auteur concernant le végétarisme est très juste:

"En aucun cas le corps d'aujourd'hui ne saurait sans transition, se contenter d'une alimentation végétarienne, comme on veut si souvent en faire l'essai. C'est très bien si elle est appliquée temporairement, et, à l'occasion, chez un malade, même durant des années. C'est même nécessaire pour guérir certaines affections ou comme adjuvant et pour fortifier dans un certain sens, mais cela ne doit pas durer. (...) Le premier pas en guise de transition est la limitation à la viande blanche, c'est-à-dire, la volaille, le veau, l'agneau, etc. accompagnée d'une alimentation végétarienne accrue." (Dans la Lumière de la Vérité, Abd-ru-shin, Éditions Françaises du Graal, Tome II, conf. 57).

Il y a là une question **d'affaiblissement du système glandulaire avec les années.** Le corps humain n'étant plus habitué à l'alimentation végétarienne exclusive depuis très longtemps.

19. Que pensez-vous des diverses disciplines médicales?

Du côté de la médecine moderne on a étudié le **corps mort** de façon tellement technique que les spécialités se sont de plus en plus multipliées. En somme des spécialités sont devenues utiles, semble-t-il, mais à cause de la dégénérescence de l'organisme humain. C'est un cercle vicieux. Les gens ne considèrent plus la santé de façon globale et ne tiennent plus compte des lois de la nature. Ils sont de plus en plus malades. Et les médecins qui les soignent agissent de même.

Il m'arrive cependant de recommander à un patient d'être suivi par un spécialiste lorsque certaines fonctions de son organisme sont dangereusement affaiblies, par mesure de sécurité. Même si cette personne fait une démarche pour changer son alimentation et reconstruire sa santé, par la voie de la médecine douce. Malheureusement, plusieurs personnes comprennent le bien-fondé de **l'alimentation thérapeutique** après bien des années d'erreurs alimentaires et de manquements aux lois de la nature, sans oublier le stress. Elles doivent donc faire preuve de patience. Quand on a mangé du sucre blanc exagérément durant 20 ans par exemple, il faut quand même accepter que le corps prenne de 3 à 7 ans pour se reconstruire. Ce qui n'est quand même pas si mal!

En somme actuellement les diverses disciplines médicales du point de vue technique sont utiles mais dans l'avenir, elles devront être moins nombreuses, lorsque l'on tiendra à nouveau compte de l'aspect global de la santé.

20. Que pensez-vous, au terme de toutes ces années d'implications dans le domaine de la santé, de ce que l'on peut appeler l'éducation populaire ou encore l'aspect social de la santé?

J'ai, il y a quelques années, oeuvré dans la Section enfant-famille du mouvement naturiste social. Section que j'avais d'ailleurs fondée et qui m'apparaissait capable d'aider l'éducation populaire dans le domaine de la santé. Mais je vois aujourd'hui cette implication dans le mouvement naturiste social comme ayant été une partie de mon cheminement. J'y ai vécu des expériences valables et cela m'a permis d'approfondir ma vision de l'existence, des divers problèmes sociaux, de l'importance d'une véritable définition de la Féminité et des rapports de force qui souvent ne font que relancer les problèmes provenant de cette difficulté qu'ont les gens à s'assumer et à devenir autonomes.

Après toutes ces années d'implication dans le domaine de la santé, je crois que la trop grande multiplication des médicaments de toutes formes et de toutes couleurs (et, même quelquefois le danger de la trop grande multiplication des vitamines prises isolément sous forme de supplément alimentaire, dans certains cas où l'on néglige de réviser l'alimentation) fait partie de ce **règne des objets** auquel j'ai fait allusion précédemment. Règne auquel n'échappent pas certains professionnels de la santé ainsi que l'industrie pharmaceutique et alimentaire.

De plus, plusieurs suppléments alimentaires sont très utiles (comme je l'ai mentionné déjà), mais il faut faire preuve de vigilance dans ce domaine comme dans bien d'autres d'ailleurs. Tout n'y est pas parfait. Mais qu'on ait affaire à l'industrie du vêtement, au monde du livre, aux divers produits ou instruments utiles à la vie quotidienne, à l'entretien du corps ou à l'éducation on constate cette même imperfection. Partout règnent les objets. L'art véritable s'en est allé... la vie intérieure de l'être humain, la maîtrise des forces mises à sa disposition.

J'ai réfléchi moi-même à tout cela de façon autonome, **en me dissociant de tout mouvement ayant trait à l'éducation populaire dans le domaine de la santé.**

21. J'aimerais connaître votre opinion sur la vaccination?

Il m'apparaît toujours délicat de donner mon opinion sur la vaccination car je sais que c'est une chasse-gardée. Mais je me permets de dire ceci. Il y a des bébés et des enfants qui réagissent très mal aux vaccins. Les parents constatent qu'ils sont plus nerveux après un ou des vaccins, qu'ils dorment moins bien. Soudain, se déclenche une otite ou une amygdalite. Le corps semble en état de moindre résistance. Mais on n'ose jamais du point de vue médical admettre que cela fut provoqué par un vaccin. **Il arrive même qu'un vaccin soit une véritable bombe dans l'organisme d'un enfant.** Tout dépend de l'hérédité. On soupçonne même certains virus utilisés pour la vaccination d'être cancérigènes. Du moins de préparer dans certains cas le lit du cancer. Je dis bien dans certains cas. Il faut donc dans ce domaine agir avec prudence. (cf: F. Delarue, La rançon des vaccinations, Société Parisienne d'impressions).

22. Le naturisme est-il au fond une religion?

Le naturisme n'est nullement une religion. D'ailleurs ce terme a été beaucoup galvaudé. On étiquette souvent du mot ''religion'' toute pensée ou mode de vie un peu marginal.

Ce qui toutefois est certain, c'est que plusieurs personnes qui s'intéressent à l'alimentation naturelle et à la médecine douce sont en recherche. Elles s'interrogent sur le sens de l'existence, sur les lois qui favorisent la santé du corps et de l'esprit.

C'est d'ailleurs ce chemin que j'ai suivi. N'était-il pas dit: **"Cherchez et vous trouverez"**, **"Frappez et l'on vous ouvrira!"...**

23. Lorsque vous parlez d'aromates faites-vous une différence entre les herbes et les épices?

Il est certes plus important d'utiliser des herbes pour aromatiser les aliments, par exemple: cerfeuil, estragon, sariette, etc. Toutefois je ne suis pas prête à bannir la cannelle, la muscade, le clou de girofle et la moutarde, classés dans la catégorie des épices. Mais je ne recommande aucunement l'utilisation du poivre, du raifort ou d'autres épices très fortes. J'utilise la cannelle, la muscade et le clou de girofle de façon très modérée et la moutarde occasionnellement. Ici encore, il faut agir avec modération. En 1973 je suggérais l'adjonction d'un peu de muscade ou de cannelle à quelques purées pour bébés dans mon livre Soins naturels de l'enfant, mais il fallait bien comprendre qu'il s'agissait de n'ajouter qu'une **légère pincée.**

24. Est-il toujours nécessaire de prendre des suppléments alimentaires?

Non cela n'est pas toujours nécessaire, mais cela peut être d'une grande utilité, lorsqu'une personne a abusé de sa santé durant plusieurs années ou encore lors d'une période de plus grand stress, de plus grande activité, d'une grossesse ou d'un allaitement.

25. Est-ce que se préoccuper de son alimentation peut amener certaines personnes à se centrer de façon extrémiste sur l'alimentation?

Oui cela est possible, à cause de l'attitude de la personne. Certaines personnes qui font une démarche dans le domaine de la santé en arrivent à penser qu'une bonne alimentation est la solution à tous les problèmes de l'être humain. D'autres par ailleurs croiront que l'exercice est la solution à tous les problèmes de l'être humain et ne vivront que pour faire du jogging. Ici aussi la vision globale est importante et il faut parler de l'ensemble des facteurs naturels de santé tels que nous les offre la nature.

En somme, respecter l'équilibre de la Création sans oublier le sens de la Beauté. Le lever et le coucher du soleil, les fleurs, l'eau de la source nous montrent à chaque jour que la beauté qu'il nous faut d'ailleurs cultiver dans notre environnement est un gage de joie et de bien-être. La beauté est une précieuse nourriture pour l'âme et pour l'esprit.

CONCLUSION

Madeleine Blanchet, présidente du Conseil des Affaires Sociales et de la Famille, déclarait dans *La Presse* du 12 novembre 1983, que le Québec se situe au même rang que les autres pays industrialisés en ce qui a trait à son taux de mortalité. On constate d'une part une surmortalité masculine, qui le situe au deuxième rang des pays industrialisés et d'autre part que l'espérance de vie des Québécois s'est améliorée de 1951 à 1980. Toutefois, mentionne madame Blanchet: **"Si la mort a reculé, la bonne santé elle, n'a pas fait de progrès. (...) L'élaboration du système de santé ou l'orientation du système de soins devra désormais tenir compte <u>de la qualité de vie</u> et non pas seulement de la durée de celle-ci"**. Tenir compte de la qualité de la vie cela se fait premièrement dans la vie quotidienne.

Il est décevant de constater par exemple que le Dispensaire diététique de Montréal, dirigé par des femmes et qui oeuvre depuis 103 ans dans le but d'aider les femmes enceintes à avoir un régime alimentaire adéquat, ait de la difficulté à obtenir des subventions. Et cela, quand on sait jusqu'à quel point l'alimentation de la femme enceinte détermine le développement et la croissance du foetus, on se pose des questions sur les responsables des budgets gouvernementaux et leurs sens des priorités. Le Dispensaire diététique de Montréal oeuvre en milieu défavorisé et son travail devrait être reconnu et soutenu au maximum.

L'histoire de la nutrition, celle de la médecine et celle de l'être humain se confondent dans la nuit des temps car, dès que l'être humain fut capable de penser, il tint compte de plus en plus de ses aliments et il eut besoin de soins. Il chercha des remèdes à ses maladies. Différentes avenues furent tracées en médecine. Avant la révolution pharmaceutique on savait utiliser les plantes, les essences végétales, les cataplasmes mais l'hygiène était peu développée à grande échelle. Certes le microscope découvrant l'infiniment petit et les travaux de Pasteur ont favorisé le développement de l'hygiène mais il ne faut pas craindre de dire que l'histoire a souvent oublié de citer les actions féminines. En réalité aux États-Unis, au XIXème siècle, les femmes furent les piliers du Mouvement pour la Santé du peuple. Elles formèrent un peu partout des **sociétés de physiologie** (Ladies physiological societies) où elles donnaient des cours simples d'anatomie et des notions d'hygiène personnelle. Elles parlaient de prévention. Elles recommandaient des bains fréquents, une alimentation à base de céréales entières, la tempérance, etc.

Au XXème siècle, Florence Nightingale, dont la vie ne fut pas toujours facile, fit beaucoup pour le rôle de la femme dans le domaine des soins de santé. Elle valorisa le rôle de l'infirmière. Mais comme il apparut souvent aux autorités médicales que la femme a une âme d'infirmière et l'homme une âme de médecin, les infirmières appliquèrent les soins dictés par les médecins. **"Les soins à prodiguer à un malade sont d'une importance capitale, à la fois pour ce malade lui-même et pour le médecin responsable du traitement. De ces soins peut dépendre tous le pronostic; soigner comme il convient, le patient guérira; sinon il risque de perdre la vie. Cependant, les soins à donner aux malades et aux blessés ne furent considérés comme un art qu'à partir de la seconde moitié du XIXème siècle"**. Voilà ce que l'on peut lire dans l'histoire de la médecine de Kenneth Walker (Collection Marabout Université) au chapitre de la profession d'infirmière et de l'oeuvre de Florence Nightingale. D'ailleurs le secrétaire d'État du ministère de la guerre invita celle-ci à se rendre en Crimée, afin d'y organiser les services sanitaires. Dès son arrivée sur les lieux elle retira la direction des soins aux blessés des mains des autorités militaires, pour la confier aux femmes qu'elle avait emmenées avec elle.

Le rôle de l'infirmière fut primordial. Il reste encore primordial mais serait grandement revalorisé si ces femmes étaient plus autonomes et chargées d'éduquer. Elles aideraient grandement les femmes à reprendre leur place dans le secteur de la médecine douce et des soins dans la vie quotidienne. Mais pour cela elles devront reconsidérer l'importance de l'art médical. Elles qui souvent ne sont pas en accord avec les traitements de la médecine moderne. Les diététistes seraient également de précieuses alliées si elles se tournaient pleinement vers **l'alimentation thérapeutique.** Les femmes médecins seraient un support des plus appréciable et permettraient de considérer l'introduction de la médecine douce dans les hôpitaux. D'autre part, les fermières pourraient sensibiliser leur mari à l'agriculture biologique ou du moins dans un premier temps, aux engrais mieux équilibrés.

Je ne veux pas semer la zizanie dans le camp médical et être taxée de féministe car, comme je l'ai dit je suis pour la considération des qualités féminines et ma prise de position n'est aucunement agressive. Toutefois, il faut agir, et je crois profondément que la première marche de la véritable libération féminine est celle qui permettra aux femmes d'apporter cette dimension de compréhension plus délicate, plus intuitive et plus globale dans le domaine des soins de santé. Des femmes ont d'ailleurs commencé à suivre cette voie: propriétaires de magasins d'alimentation naturelle, étudiantes en naturopathie ou en phytothérapie, professeurs de cuisine à base d'ingrédients naturels, sages-femmes, etc.

On pourra objecter que les femmes qui ont **un don pour soigner** semblent peu conscientes de leurs possibilités. Les femmes qui de tout temps furent des médecins non reconnus et des sages-femmes ont été mises de côté par l'organisation médicale. Elles se défendirent un peu puis elles abdiquèrent. **Elles abdiquèrent en bien des domaines d'ailleurs.** Mais aujourd'hui est arrivé ce temps où elles doivent se réveiller. La vie même fait appel à leurs valeurs et à leurs dons. Particulièrement celui de soigner. Un document intitulé ''Pour une politique québécoise en matière de nutrition'' publié par le Ministère des Affaires Sociales en 1977, indique en page 69: **''Les mères de famille qui, pour la plupart n'ont reçu aucune éducation en nutrition, ne savent pas le plus souvent équilibrer les repas, faire le marché de façon rationnelle, conserver les vitamines et utiliser les restes de façon économique. <u>Ce que les générations précédentes savaient de façon empirique et instinctive, de mère en fille, n'est guère transmis de nos jours</u>''.**

Ivan Illich, sociologue et philosophe, a dénoncé l'inefficacité globale et le danger de la médecine coûteuse. On ne cesse de part et d'autre de considérer la faillite de la médecine moderne mais on ne sait où trouver la solution à ce grave problème. L'État de Californie serait sur le point semble-t-il d'adopter une déclaration des **droits nutritifs.** Chez-nous, allons-nous attendre longtemps avant de renverser la vapeur?

L'industrie pharmaceutique, il faut le dire, a un énorme pouvoir économique et les médecins eux-mêmes sont devenus les courroies de transmission de ce pouvoir. **On ne peut détruire ce pouvoir. Il faut cesser de l'alimenter!**

Les femmes doivent reprendre leur place de guides dans le domaine de la santé. **J'espère que ce livre qui se veut non politique et non féministe sera un outil positif dans les mains des femmes et des hommes qui voudront les épauler.** Je l'ai écrit dans le but d'aider car je crois en la simplicité, en la vie, en la féminité. Balzac dit un jour: **''Je fais partie de l'opposition qui s'appelle la vie''** et je pensais comme lui depuis bien des années. J'ai toutefois écrit ce livre pour qu'ensemble nous disions un jour: **Nous faisons partie de la vie qui s'appelle la vie.** Cela sera clair comme un cristal et je l'espère, la Terre sera alors nettoyée de nombre de saletés.

Une petite parabole souvent oubliée m'indiqua dans les paroles de Jésus ce que peut être l'action féminine. C'est la parabole du levain: **''Le royaume des cieux est comparable à du levain qu'une femme prend et enfouit dans trois mesures de farine si bien que toute la**

masse lève''. La femme, je le crois, peut faire lever la masse, les foules, les peuples. Et elle le fera. Si elle le veut, si elle y croit, elle le fera. Tant d'amour... tant de clarté... tant de pureté est dans son coeur lorsqu'elle va sur la voie de la Féminité.

Le Journal de Montréal du mercredi 21 mars 1984 publiait un article ayant pour titre: ''Bombe de paix''. Un réseau planétaire pacifiste suggérait à la population de la planète de se recueillir pendant 5 minutes environ et de penser de tout son coeur à la paix et à l'amour, souhaitant les voir régner dans le monde. Inspiré par la **pensée positive** ce groupe s'appuie sur une théorie scientifique voulant que si un nombre **important** de personnes pensent à la même chose au même moment, il peut en résulter une réaction en chaîne dont les effets pourraient dépasser l'imagination: en l'occurence une bombe de paix.

Ce petit article m'intéressa vivement. Tant de choses se passent dans l'invisible et ne devraient pas être oubliées. C'est un peu dans cette ligne de pensée que j'avais capté quelques mois auparavant la forme particulièrement belle et rayonnante d'une maison non visible devant resplendir au-dessus de chaque peuple et de chaque pays soit la **MAISON de la VIE.** Moi qui parle si souvent de vie, je ne pouvais lui donner un autre nom. Mais qu'est donc cette **MAISON de la VIE? ''C'est une maison formée de pensées, d'intuitions, de volonté, d'amour, de pureté et de projets servant la Vie, et cela issu du coeur des femmes servant la noblesse et la Lumière. Ses murs sont délicats et lumineux comme un cristal, des lys y fleurissent et une source des plus pures abreuve l'esprit des femmes qui aident à la former. Cette ''MAISON de la VIE'' peut et doit resplendir au-dessus de chaque peuple, au-dessus de chaque pays qui verra s'éveiller la noble féminité''.** (Johanne Verdon-Labelle, ''Les femmes du ''Grand Renouveau''©, octobre 1983)*.

Que les femmes du Québec donnent le ton et rendent possible la formation de cette **MAISON** est un souhait qui m'est très cher. J'ose espérer que ce livre sera pour beaucoup de femmes du Québec et d'ailleurs (l'ensemble du Canada, les États-Unis, la France, l'Angleterre, l'Allemagne, etc.) un outil harmonieux et délicat permettant de construire dans la joie. Le secteur de la santé nous offre un vaste champ d'activités. Nous aurons à y semer des «Fleurs sociales», en somme des actions qui s'épanouissent dans la société... comme des fleurs. Alors cessera le règne des objets!

Johanne Verdon, n.d.
septembre 1998

Index personnel

N.B. Veuillez constituer au fur et à mesure de votre lecture, votre index personnel auquel vous pourrez référer rapidement lorsque nécessaire.

Index personnel

Index personnel

Index personnel

Bibliographie

Peale, Ruth, L'aventure d'être une épouse, Éditions "Un monde différent", 1978.

Illich, Ivan, Némésis médicale (l'expropriation de la santé), Éditions du Seuil, 1975.

Carrel, Alexis, L'homme cet inconnu, Le livre de poche, 1975.

Ribble, A., Margaret, The rights of infants, New American Library, 1973.

Carton, Dr. Paul, L'art médical, Librairie Le François, 1930.

Linden, Dr. Zur, Mon enfant, sa santé, ses maladies, Éditions Triades, 1968.

Gassette, Grace, La santé, Éditions Astra, 1950.

Kirschner, Dr. H.E., Buvez vos légumes, Éditions Kirschner, 1957.

Favier, Joseph, Équilibre minéral et santé (sixième édition), Éditions Dangles, 1951.

Tapp, J., Les merveilles de la nature par les plantes, Imprimerie Mercantile, 1968.

Kervran, Dr. Louis, À la découverte des transmutations biologiques, Le courrier du livre, 1966.

Nigelle, Éric, Les pouvoirs merveilleux de l'ail, La diffusion Nouvelle du livre, 1959.

Nigelle, Éric, Les pouvoirs merveilleux de la pomme, La diffusion nouvelle du livre, 1966.

Jauvais, Dr. Grégoire, L'aliment biologique humain, Presse de l'imprimerie Jean Barbezieux, 1965.

Reuben, David et Barbara, Le régime alimentaire sauveur, Buchet-Chatel, 1979.

Chauchard, Dr. Paul, Une morale des médicaments, Le signe Fayard, 1966.

Villedieu, Yannick, Demain la santé, Les dossiers de Québec Science, 1976.

Jensen, Dr. Bernard, Chlorophyll magic from living plant life.

Verdon, Johanne, Soins naturels de l'enfant, Éditions du Jour, 1973.

Dextreit, Raymond, Vivre sains, Éditions de la revue Vivre en harmonie, 1968.

Ballentine, Dr. Rudolph, Diet and nutrition (holistic approach), Himalayan International Institute, 1978.

Jauvais, Dr. Grégoire, Erreurs scandaleuses des théories officielles en matière de santé, Éditions Série Radieuse, 1970.

Darrigol, Jean-Luc, Le miel pour votre santé, Éditions Dangles, 1978.

Peers & Poucet, Essai sur la santé des femmes, Gouvernement du Québec, 1983.

Dextreit, Raymond, Maladies des oreilles et surdité, Institut de culture humaine, 1962.

Vogel, Dr. A., Le petit docteur, Éditions A. Vogel, Teufen (AR) Suisse, 1972.

Carton, Dr. Paul, Alimentation, hygiène et thérapeutique infantile en exemple, Librairie Le François, 1939.

Capo, N., La carotte et votre santé, Collection de la médecine naturelle.

Hoerster, André, Les hormones pour ou contre la santé, La diffusion nouvelle du livre, 1960.

Pezet & Abrahamson, Dr., Le corps, l'esprit et le sucre, Éditions Laplante et Langevin, 1965.

Verdon, Johanne, Soins naturels de la femme enceinte, Éditions du Jour, 1975.

Lappé Moore, Frances, Sans viande et sans regrets, Éditions L'étincelle, 1976.

Brandt, Johanna, La cure de raisin, Éditions Dunant, 1967.

Ehrenreich, Barbara & English, Deirdre, Sorcières, sages-femmes, et infirmières, Éditions du Remue-Ménage, 1983.

Languirand, Jacques, Mater Materia, Éditions Minos, 1980.

TABLE DES MATIÈRES

Éditions Fleurs Sociales

OUVRAGES DISPONIBLES

VIENT DE PARAÎTRE

L'Alimentation Caméléon
Johanne Verdon, n.d.
ISBN: 2-920540-03-3
236 pages, $ 24,95

Le sommeil tranquille
Mario Chaput, n.d.
ISBN: 2-920540-21-1
240 pages $ 27,95

Vaincre les maladies rhumatoïdes et inflammatoires
Yvan Labelle, n.d.
ISBN: 2-920540-18-1
320 pages, $ 26,95

Dans notre société moderne, les médecines douces, bien qu'elles ne soient pas officiellement reconnues, rejoignent de plus en plus de gens. Ceci est normal, car elles demeurent un choix écologique et répondent à un besoin d'autonomie. Grippe, fièvre, toux, amygdalite, otite, asthme, eczéma, problèmes féminins, etc. Devant ces affections, l'auteur, riche de plus de 25 années d'expérience, suggère des solutions douces, efficaces et facilement réalisables.

L'insomnie est l'un des fléaux les plus ravageurs dans notre société moderne. Des chercheurs, des médecins et autres professionnels de la santé se sont longuement penchés sur ce problème inhérent à notre mode de vie miné par le stress.
L'auteur a souffert des problèmes de sommeil mais il en a été guéri. Il a voulu non seulement faire partager son expérience aux milliers de personnes qui vivent le même cauchemar mais surtout étudier la question de tous les points de vue, cerner le problème dans toute sa complexité, pour nous le présenter dans ce livre qui a nécessité plusieurs années de recherches et d'observations cliniques.

Les résultats des recherches scientifiques et cliniques obtenus par l'auteur dans le traitement des maladies rhumatoïdes et inflammatoires prouvent qu'il existe aujourd'hui des solutions valables pour vaincre ces maladies. Par la lecture de cet ouvrage, on comprend mieux les secrets du fonctionnement du système glandulaire, des conséquences du stress et des causes de l'inflammation qui y sont clairement identifiées. Une lueur d'espoir.

NOUVELLE ÉDITION

Le jardin Utérin
Johanne Verdon, n.d.
ISBN: 2-920540-05-X
364 pages, $ 24,95

L'arthrite: une souffrance inutile?
Yvan Labelle, n.d.
ISBN: 2-920540-19-X
218 pages, $ 24,95

L'hypoglycémie: un dossier choc
Yvan Labelle, n.d.
ISBN: 2-920540-08-4
484 pages, $ 27,95

Afin d'aider à protéger la qualité de la conception, de la grossesse, de l'accouchement et de la période post-natale, l'auteur dédie ce livre aux couples soucieux de la qualité de la vie. Facile d'accès, fort documenté et pratique, ce livre qui est le résultat d'une expérience clinique de plus de 25 ans dans le domaine de la médecine douce, présente un plan de désintoxication et de revitalisation pour la mère et le père, avant la conception de l'enfant, afin d'améliorer le bagage héréditaire de celui-ci. Ce livre unique en son genre aide les couples.

L'arthrite, est-ce une souffrance inutile? Non! nous dit Y. Labelle, n.d. puisque cette maladie est une alarme et non un état contre lequel aucun recours n'est possible. Opéré à l'âge de 26 ans dans la colonne cervicale puis, condamné par deux équipes de neurochirurgiens à subir deux greffes cervicales à cause d'une discarthrose. C'est la médecine douce, la naturopathie qui transforma sa vie. Il fut ainsi guéri de ses affreuses douleurs qui rongeaient son existence et comprit alors l'utilité de son arthrite.

Les résultats des recherches scientifiques et cliniques obtenus par l'auteur dans le traitement des maladies rhumatoïdes et inflammatoires prouvent qu'il existe aujourd'hui des solutions valables pour vaincre ces maladies. Par la lecture de cet ouvrage, on comprend mieux les secrets du fonctionnement du système glandulaire, des conséquences du stress et des causes de l'inflammation qui y sont clairement identifiées. Vraiment une lueur d'espoir.

1274, Jean-Talon Est, bureau 200, Montréal, Qué. H2R 1W3 Tél.: (514) 272-9093, poste 228, Fax: (514) 272-6956

IMPRESSION
IMPRIMERIE GAGNÉ

IMPRIMÉ AU CANADA

Avril 1996